KB181772

정치의 귀환

정치의 귀환_ 야당, 갈등을 지배하라!

1판 1쇄 | 2016년 3월 7일

지은이 | 유창오

펴낸이 | 정민용
편집장 | 안중철
편집 | 윤상훈, 이진실, 최미정, 장윤미(영업)

펴낸 곳 | 폴리테이아
등록 | 2002년 2월 19일 제300-2004-63호

주소 | 서울 마포구 양화로 6길 19(서교동) 3층
전화 | 편집_02.739.9929/9930 영업_02.722.9960 팩스_0505.333.9960

인쇄 | 천일_031.955.8083 제본 | 일진_031.908.1407

값 15,000원

ⓒ 유창오, 2016
ISBN 978-89-92792-48-6 03300

이 도서의 국립중앙도서관 출판시도서목록(CIP)은 e-CIP 홈페이지(http://www.nl.go.kr/ecip)에서
이용하실 수 있습니다(CIP제어번호: CIP2016005588).

정치의 귀환

야당,
갈등을
지배하라!

유창오 지음

폴리테이아

차

례

"우리는 전진해야 할 때 주저하지 말며,

인내해야 할 때 초조해 하지 말며,

후회해야 할 때 낙심하지 말아야 합니다."

_김대중

서문

1.

2011년 나는 『진보 세대가 지배한다』(폴리테이아)라는 책을 냈다. 당시 나는 손학규 민주당 대표의 싱크 탱크인 동아시아미래재단의 정책실장으로 일하고 있었는데, 책 발행 이후 새시대전략연구소 소장으로 일하게 되었고, 민주당 대선 후보 경선에서 문재인 후보가 선출되면서 민주당 대선 후보 캠프에서 문재인 후보 연설 팀장으로 23번의 방송 연설을 맡아서 쓰기도 했다.

그러나 대선은 패배했고, 나는 영화 〈이끼〉에 나오는 대사를 내 책상 위에 써 붙였다. "납작 엎드려 살아. 이끼처럼……, 조용히!" 그리고 이끼처럼 납작 엎드려 조용히 살기 위해, 과거에 했던 것처럼 다시 국회 보좌관으로 돌아왔다. 내 생각을 얘기하고 싶어서 좀이 쑤실 때가 많았지만 2013년 가끔 〈오마이뉴스〉에 실명으로 몇 번 칼럼을 썼던 것 외에는 3년 동안 직업에 충실했다.

그러다가 2015년 가을 우연히 통화하게 된 모 신문사 기자가 식사나 하자고 해서 만났더니『진보 세대가 지배한다』라는 책을 잘 읽었다며, 다음 책을 꼭 써 달라고 요청하는 게 아닌가. 그의 말은 이끼처럼 납작 엎드려 살던 내게 바람을 불어넣어 줬다. 사실, 나 역시도 좀이 쑤셨고, 조용히 옆에서 지켜만 보는 야당의 상황에 대해 하고 싶은 말이 많았다. 그래서 기자의 요청을 핑계 삼아 책을 쓰기 시작했다.

나의 문제의식은 이것이었다. 야당은 왜 갈수록 몰락하고 지리멸렬할까? 왜 이명박, 박근혜로 이어지는 두 보수 정부의 성과가 시원치 않은데도 반사 이익을 얻어야 할 야당은 오히려 갈수록 더 무력해질까? 민주 정부 10년 동안 당시 야당인 한나라당의 공격은 그야말로 거칠고 매서운 것이었는데 왜 지금 야당인 민주당은 순한 양처럼 순치되었을까? 도대체 왜, 언제부터 이렇게 무력해졌을까?

이 책은 그에 대한 내 나름의 답이다.『진보 세대가 지배한다』가 유권자 구도, 객관적 여건에 대한 분석이었다면,『정치의 귀환』은 정당의 주체적 역량과 전략, 그리고 정치철학에 대한 분석이다. 원고를 검토한 한 지인은 이렇게 말한다. "지나간 일들을 너무 후벼 파듯이 해서 고통스럽다." 희망을 듣고 싶은데, 아픈 얘기만 하는 게 아닌가 싶지만, 나는 그것이 희망으로 가는 길이라고 생각한다. 지나간 시간과 현실이 처참한데, 그에 대한 서술이 어떻게 평이할 수 있겠는가? 당연히 치열하고 절박해야 하지 않겠는가?

2.

"우리는 전진해야 할 때 주저하지 말며, 인내해야 할 때 초조해 하지 말며, 후회해야 할 때 낙심하지 말아야 합니다." 나는 김대중 전 대통령의 이 말로 책을 시작했다. 특히, 나는 "인내해야 할 때 초조해 하지 말라."는 구절을 좋아한다.

세월이 오래 지나서 기억이 가물가물하지만 나는 이른바 '운동권 출신'이다. 학생운동과 노동운동에 몸담았었다. 하지만 결국 생활 전선에 뛰어들었다. 나는 홀어머니의 장남이었고, 가족의 생계를 책임져야 했다. 지금 와서 생각해 보면 젊은 시절 운동의 경험은 내 인생에서 가장 호사스러운 경험이었다. 물론 어려움이 많았지만 정신적으로는 가장 행복했던 시절이었다.

당시 나와 내 주변 사람들은 대부분 김대중은 보수 야당이고, 따라서 견인해야 하는 대상이라고 생각했다. 김대중보다 운동권 내지 진보가 더 우월하다고 생각하기도 했다. 그 후 시간이 흘러 운동권 출신들이 야당에 대거 진입했고, 그들 가운데 일부는 정치 지도자의 반열에도 올랐다. 그런데 과연 민주주의의 관점에서 볼 때 그들이 김대중보다 우월했던가? 정치와 민주주의를 발전시켰는가?

내가 정치권에서 일하기 시작한 지 벌써 햇수로 18년째다. 처음엔 정치권에서 이렇게 오랜 세월 일하게 될 줄 몰랐다. 그저 잠시 있다가 떠날 줄 알았다. 그런데 이럭저럭하고 어영부영하다가 18년이라는 세월이 지나고 말았다. 그 전까지만 해도 나는 운동 경력을 정치적 출세의 수단으로 삼는 사람들에게 심한 거부감이 있었다. 그랬던 내가 정치권에 들어와 이렇게 오래 일하게 될 줄 상상도 하지 못했다. 다만, 내게 정치권은 출세의 수단이라기보다는 생활의 수단이었다. 정치 관련 업무는 내게 직업이었고 생계의 수단이었다. 나는 민주주의가 원활히 작동하게 하는 것을 직업으로 하는 실무자로 일해 왔다. 그리고 나름대로 전문적인 일이라고 자부해 왔다. 정치권에서 일한 지난 18년 동안 나는 결혼도 하고, 아이도 낳고 가족을 먹여 살렸다.

그런데 이렇게 오랜 세월 생계형으로 민주당에서 일하면서 끝없이 몰락하는 민주당의 모습을 안에서 지켜보고, 그리고 나름대로 민주주의에 대해 공부를 하면서, 민주주의의 중요성과 진보성을 깨닫게 되었다. 또한 김대중 노선은 부족하고 운동권은 우월하다는 생각도 문제가 있었다. 오히려 그 반대였다. 김대중이 민주주의의 원칙에 투철했고, 운동권은 그렇지 못했으며, 운동권적 시각이 야당에 들어와 김대중을 넘고자 하는 과정에서 야당이 망가져 갔다는 것이 지금의 내 생각이다.

나는 이 책 제3부에서 지금의 야당이 어떻게 패배의 늪에 빠지게 되었는지를 살펴볼 것이다. 탈(脫)김대중과 지구당 폐지, 열린우리당의 실패를 거치며 지금의 야당은 몰락하기 시작했다. 흔히 노무현 정부의 실패가 2007년 대선의 패배를 가져왔고, 문재인과 친노의 실패가 2012년 대선의 패배를 가져왔다고 지적되지만 내가 보기엔 그렇지 않다. 열린우리당의 실패가 노무현 정부의 실패를 가져왔고, 야당의 해체가 2012년 대선의 패배를 가져왔다. 그리고 그 실패의 근본 원인은 야당의 자학적 정당 개혁이 스스로에게 보복한 것이요, 야당의 반(反)정치 콤플렉스가 자기 무덤을 판 것이었다고 나는 생각한다.

이 책의 제목은 『정치의 귀환』인데, 그것이 갖는 현실 정치적 의미는 야당이 김대중 모델로 귀환해야 한다는 것이다. 그것은 또 두 가지

의미를 갖는다. 첫째는 정당과 정당 지도자의 중요성을 깊이 인식해야 한다는 것이고, 둘째 갈등이라는 호랑이 등에 올라타야 한다는 것이다.

김대중은 지역감정을 조장하지 않았다. 오히려 지역감정의 피해자였다. 호남은 지역 구도에서 소수파였기에 지역감정이 심해지고, 반호남 지역주의가 기승을 부릴수록 김대중의 대통령 당선 가능성은 낮아질 수밖에 없었다. 반호남 지역주의는 호남 출신의 야당 지도자 김대중의 집권을 막기 위한 정치 전략이었고, 보수에게 필승의 프레임이었다. 그러나 김대중은 지역주의라는 공격에 굴복하지 않았다. '호남의 한(恨)'을 소중히 했고, 호남 사람들과 육친(肉親)적으로 결합했다. 그리고 호남을 민주주의의 교두보이자, 민주 진보 진영의 최대 기반으로 만들었다. 2007년과 2008년 민주 세력이 전멸하다시피 한 절체절명의 위기 상황에서 민주 진영이 그나마 명맥을 유지한 것은 호남이 있었기 때문이다.

나는 사회적 갈등을 대변하려는 용기가 없다면 정당도 지도자도 미래가 없다고 생각한다. 갈등을 회피하거나 넘어서면 안 되고, 갈등을 지배해야 한다. 그런데 지금 야당은 중도의 함정에 빠져 있다. 그것은 박근혜 시대 '보수의 전성시대'에 어쩔 수 없는 측면도 있지만 갈등을 지배하지 못하고 지지자를 불러내지 못한다면 야당은 위기를 돌파할 수 없다.

그래서 나는 이 책 제1부에서 박근혜 시대 야당의 위기를 분석하고 갈등을 지배하는 정치에 대해 상세히 기술했다. 그리고 이 책의 부제를 '야당, 갈등을 지배하라'로 했다.

3.

책을 쓰고 있는데, 안철수와 김한길이 민주당을 탈당했다. 그들은 탈당 후 호남 마케팅에 집중하고 있다. "호남의 한을 풀어 드리겠다." 고 말하는 안철수의 변신은 놀라운 것이었다. 이전까지 안철수는 '반정치 콤플렉스'의 상징이자 '종결자' 같은 사람이었다. 나는 김대중 이후 나빠지기 시작한 야당의 잘못된 흐름(그 핵심은 반정치)의 전형이 안철수라고 생각했고, 그런 안철수가 호남을 호명하는 것은 희극적인 일이었으나, 어쨌든 안철수는 과감히 지역주의라는 갈등의 전면에 섰다. 이는 정치적 리더로서 현명한 일이라고 생각한다. 지도자는 갈등이라는 호랑이 등에 올라타야 한다. 갈등과 무관한 지도자는 테크노크라트일 뿐이며, 결코 대중적 지도자가 될 수 없다. 갈등의 전면에 선 안철수는 그로 인해 여론조사에서 지지도가 급상승하는 정치적 효과도 달성했다. 안철수 현상이 한창일 때 안철수 지지자는 2040세대였는데, 국민의당 대표 안철수의 지지자는 주로 호남의 5060세대로 바뀌었다. 지지자의 측면에서 봤을 때, 안철수는 전혀 다른 정치인이 된 것이다.

안철수는 김대중 계승을 표명하면서, 김대중을 중도로 평가한다. 김대중을 중도로 평가한 대표적 인물은 한상진 교수이다. 그는 제18대 대선을 평가하면서 김대중의 중도 정신이 노무현에 의해 훼손되었다며 '노무현과의 이별' 없이는 대선 승리도 없다고 주장한다. 한상진은 '친노 필패론', '문재인 필패론', '증오의 진영 논리 필패론'을 주장하며, 따라서 "어차피 이번 총선은 틀린 것이고, 다음 대선을 위해서라도 현재의 제1야당을 일단 무너뜨려야 한다."라고 말한다. 그는 주장만이 아니라 그렇게 실천했다.

　과연 김대중은 중도였을까? 김대중에게는 진영 논리가 없었나? 당시 김대중은 중도는커녕 '빨갱이'로 매도되었다. 그럼에도 그는 '빨갱이' 혐의를 벗기 위해 민주 진보 세력을 공격하지 않았다. 호남이라는 소수파의 굴레를 쓰고 있었지만, 반호남 지역주의에 굴복하지 않았다. 그는 '독재·수구·냉전·부자' 대 '민주·개혁·평화·서민'의 대결로 전선을 단순화했고, 자신이 민주 진보 진영을 대변한다고 생각했다.

　"무조건 뭉치면 산다는 식으로는 다 죽는다. 절대 야권 연대는 없다. 다자 구도가 더 유리하다. 국민의당이 제1당이 될 것이다."라고 공언하는 국민의당의 논리는 김대중과는 아무런 관련이 없다. 오히려 진보와 중도의 차이를 벌려서 야권을 분열시키려는 보수의 정치 전략과 관련이 있을 뿐이다. 김대중의 마지막 유언은 민주 진영의 대통합이었다.

　김대중 시절에도 야권 분열 전략은 있었다. 핵심은 반호남 지역 구도를 이용해 야권을 분열시키는 것이었다. 김대중이 야당 대표였던 시절, 민주 진보 세력의 최대 기반은 호남이었고, 그들은 소수파였으며, 광주의 한을 품고 있었다. 그 시절 야당에는 호남 필패론, 김대중 필패론을 주장하며 김대중의 퇴진을 주장한 사람들이 많았다. 나아가 호남이 지역적 소수파이므로 호남을 멀리하면 영남의 지지를 얻을 수 있으리라 생각한 사람들도 있었다. 물론 나는 잘못된 판단이라고 생각한다. 그리고 김대중은 그것을 돌파해 냈다.

　그런데 이 논리가 지금 다시 반복되고 있다. 민주 진보 세력의 지지 기반 가운데 많은 비중을 차지하는 20대에서 50대 초반까지의 사람들은 2002년 대통령 선거에서 기꺼이 노무현에게 지지표를 던졌고,

그를 당선시켰다. 이들은 노무현의 비극적인 죽음을 안타까워했고, 나아가 일종의 공통된 정서를 공유하게 된 것이 사실이다. 그런데 보수 언론과 새누리당이 노무현을 비난한다고 해서 노무현과 거리를 두면 보수 내지 중도가 지지할 것이라고 생각하는 사람들이 있다. 한상진과 안철수가 대표적이다. 역시 잘못된 판단이라고 나는 생각한다.

냉정하게 말해, 그리고 지극히 현실적으로, 나는 지난 시기 호남을 빼고 민주 진보 진영을 생각할 수 없었듯이, 지금은 노무현을 빼 버리고 민주 진보 진영을 생각하기 힘들다고 본다. 호남이든 노무현이든 늘 보수 세력의 거센 공격을 받아 왔다. 따라서 호남이나 노무현 지지자들을 멀리하면 더 큰 지지를 얻을 수 있으리라 생각하기 쉽지만, 이는 보수 세력의 틀에 갇히는 것이고 실패로 가는 지름길이다. 과거 호남 필패론, 김대중 필패론이 영남 패권주의에 대한 굴복이었다면, 지금 문재인 필패론, 친노 필패론은 보수 패권주의에 대한 굴복인 것이다.

나는 이 책 제2부에서 야당이 부활하기 위한 네 가지 조건을 상세히 기술했다. 특히 제4장에서는 친노·비노의 대립과 그 바탕인 지역 구도와 세대 구도에 대해 설명했다. 그리고 여론조사 정치와 청중 민주주의의 위험성(제5장), 그리고 지금 야당의 본질적인 문제인 반정치 콤플렉스(제6장)에 대해서도 내 생각을 정리했다.

4.

나는 이 책의 제목을 『정치의 귀환』이라고 했는데, 아는 사람들은 눈치를 챘겠지만 그것은 샹탈 무페(Chantal Mouffe)의 『정치적인 것의 귀환』(*The Return of the Political*)이라는 책의 제목을 차용한 것이다. 그런데 샹탈 무페의 『정치적인 것의 귀환』이라는 책은 칼 슈미트(Carl Schmitt)의 『정치적인 것의 개념』이라는 책의 제목과 '정치적인 것'이라는 개념을 차용한 것이다.

칼 슈미트가 말하는 '정치적인 것'의 규정은 섬뜩하고 무섭다. 칼 슈미트는 '정치적인 것'이란 '적과 동지의 구별'이라고 규정한다. 그것은 정치를 '진실한 사람'과 '배신의 정치'로 구별하는 박근혜를 떠올리게 한다. 과연 박근혜는 칼 슈미트를 읽었던 것일까, 아니면 서늘하고 무시무시한 정치의 본질을 체득하고 있었던 것일까?

그런데 무페가 슈미트의 '정치적인 것'을 차용하는 것은 슈미트의 통찰을 자유민주주의를 강화하는 데 사용하려는 것이다. 무페는 슈미트가 우리에게 '적과 동지의 구별'이라는 정치학의 중심에 관심을 두도록 함으로써, 갈등과 결정의 차원에 놓인 정치적인 것에 대한 안목을 갖게 하고, 적대가 사회적 삶에서 구성적인 역할을 한다는 것을 제대로 파악하게 한다고 지적한다.

무페는 정치적인 것을 이런 식으로 바라보는 견해와 자유주의 사유 사이에는 깊은 골이 있다고 말한다. 자유주의가 적대와 갈등의 현상과 마주칠 때 어리둥절해 하고, 대중들이 표출되어 나타나는 정치 운동을 이해하지 못하며, 파시즘 현상을 결국 체념하고 받아들이게 된 것도 이 때문이라는 것이다.

정치철학에서 민주주의, 자유주의, 공화주의, 민중주의, 공동체주의는 모두 별개의 사상이요, 별개의 전통이다. 이에 대한 자세한 설명은 이 책의 범위를 넘어선다. 다만, 내가 이 책에서 강조하고 싶은 것은 지금 야당에게는 단절된 민주주의 사고가 부활되어야 한다는 것이다. 야당에게 민주주의적 사고가 단절되었다니, 그게 무슨 말인가 하고 생각하는 사람이 많을 것이다.

흔히 한국에서는 민주주의를 자유주의와 혼동해서 이해한다. 왜냐면 보수는 민주주의를 공산주의에 반대되는 개념(즉 자본주의, 자유주의)으로 이해하고, 진보는 민주주의를 독재와 반대되는 개념(즉 자유주의)으로 이해하기 때문이다. 그것은 남북 분단과 군사독재의 한국 현대사가 만들어 낸 결과인데, 아이러니한 것은 보수든 진보든 민주주의를 자유주의로 이해하는 측면이 강하다는 점이다.

그러나 민주주의와 자유주의는 별개의 전통이다. 자유주의 전통의 핵심 가치는 자유인 반면, 민주주의 전통의 핵심 가치는 평등과 인민주권이다. 자유주의는 존 스튜어트 밀(John Stuart Mill)의 저서 『자유론』(*On Liberty*)으로 대표되는 정치적 전통이다. 자유주의는 법치의 중요성, 권력분립, 개인 자유의 인정 등이 핵심 개념인 반면, 민주주의란 '인민주권', 즉 민중이 지배하는 정치형태를 뜻한다. 그리고 민주주의에는 어떤 수준이든 '권력의지'가 전제되어 있다. 즉, 자신의 참여로 세상을 바꾸겠다는 '권력의지'가 있어야만 시민들은 정치에 참여하고 그 힘으로 세상을 바꾸는 것이다.

밀은 다수가 결정권을 가지는 것은 맞지만 소수의 의견 또한 반영될 수 있는 방법을 찾아야 한다고 말했다. 하지만 순수한 민주주의적 전통은 소수에 관심이 없었으며 다수가 결정 권한을 가져야 한다는 입장이었다. 민주주의가 이렇게 다수에 관심을 갖는 이유는 어느 사회에서나 그 사회의 다수는 가난한 사람들이기 때문이다.

자유민주주의는 자유주의와 민주주의라는 다른 두 전통이 긴장 관계를 유지하는 것이다. 자유주의와 민주주의는 자유민주주의의 두 축이다. 민주주의 전통과 자유주의 전통의 긴장 관계가 민주주의에 다원주의라는 개념을 도입했기 때문에 자유민주주의는 다원주의적 민주주의인 것이다.

　한국 보수의 기원은 박정희였고, 따라서 한국 보수의 기본 철학은 국가주의라고 할 수 있다. 독재에 저항했던 역사적 전통을 가지고 있는 한국의 민주 진보 세력은 사실은 민주주의의 전통보다는 자유주의적 전통과 친화력을 가지고 있다. 뒤에 살펴보겠지만 참여정부의 핵심적인 국정 철학인 '공정한 법치주의의 실현'도 그 철학적 기반은 자유주의다. 그나마 민주 정부 10년을 만들어 낼 때에는 민주주의적 전통이 있었는데, 지금은 갈수록 약화되고 있다.

　나는 한국 야당의 몰락과 지리멸렬의 근본 원인은 민주주의적 전통의 약화에 있다고 생각한다. 누군가는 또 철지난 민주주의 타령이냐고 할지 모른다. 그러나 그렇지 않다. 지금 민주주의 전통의 부활, 즉 인민주권과 평등에 기반을 둔 시민들의 권력의지가 조직화되지 않으면 야당과 민주 진보 세력에게 미래는 없다. 그러기 위해서는 자유주의적 개인주의만을 고집해서는 안 되고, 민주주의의 갈등적이고 투쟁적인 성격을 이해해야 한다. 정치가 사적인 이익들을 이기적으로 추구하는 활동으로만 제한돼서는 안 되며, 시민들의 '권력의지'를 불러낼 수 있어야 한다.

　합의와 만장일치가 가능하다는 생각은 '반정치주의'만큼이나 민주주의에 치명적이며, 가능하지도 않다. 정치 전선의 부재는 정치적 성숙의 기호이기는커녕 민주주의를 위험에 빠뜨릴 수 있는 공허함의 징후다. 동시에 자유주의적 개인주의에 대한 공동체주의의 비판을 경청하면서도 공동체주의적 접근의 여러 측면을 경계해야 한다. 다원주를 거부하고 '공동선'을 실체적 관념이라고 옹호하는 공동체주의는 갈등과 적대의 불가피성을 회피하는 또 다른 방식일 뿐이다.

내가 이 책의 제목을 『정치의 귀환』이라고 한 현실 정치적 의미가 김대중 모델의 귀환이었다면, 철학적 의미는 민주주의에 대한 깊은 성찰을 요구하는 것이다. 그리고 이 또한 사회적 갈등을 대변하려는 용기가 없다면 야당에게 미래가 없다는 점을 강조하는 것이다. 나는 이 책 제2부의 제6장과 제7장, 그리고 제4부의 제13장에서 이에 대해 자세히 설명했다. 특히 제13장에서는 민중들을 조직화함으로써 군주가 경멸의 대상이 되는 위기를 벗어날 수 있다고 마키아벨리의 『군주론』을 재해석했다.

5.

지난 18년 동안 나는 정치권에서 여러 가지 일을 했다. 우선 여러 상임위에서 정책을 두루 다뤘다. 국방위원회, 국토교통위원회, 정무위원회, 보건복지위원회, 문화관광위원회, 행정안전위원회, 통일외교통상위원회, 교육위원회, 예산결산특별위원회 등에서 정책을 다뤘다. 여러 선거 캠프에서 텔레비전토론팀장과 후보연설팀장으로 일했다. 대통령 후보(정동영), 서울시장 후보(한명숙), 당대표 후보(손학규, 이해찬) 캠프에서 텔레비전토론팀장으로 일했고, 문재인 대통령 후보 캠프에서는 후보연설팀장으로 일했다. 정치 관련 연구소에서도 일했다. 동아시아미래재단에서 정책실장으로 일했고, 새시대전략연구소장으로도 일했다.

직접 선거의 최전선에서 뛰어 보고, 야당의 여러 계파의 특성을 직접 겪기도 했기에 나는 정책의 전반, 선거의 맥락, 야권 각 계파의 장점과 단점을 잘 이해하고 있다고 자부한다. 서당 개 3년이면 풍월을 읊는다고 했는데, 18년 세월을 야당의 참모로 일하면서 각 부분의 경험들이 모여 정치에 대한 나름의 총체성, 나만의 독창적인 시각을 가지게 되었다고 나는 생각한다.

나는 직업이자 생활 수단으로, 그리고 실무자로서 정치권에 들어왔고, 정치 관련 업무를 출세의 수단으로 접근하지 않았다고 말했지만, 지금에 와서 보면 결국 정치권에서 성공하지 못한 셈이라고 할 수 있다. 그것도 내가 선택한 길이니 그러려니 하지만, 그동안 많은 야당 정치인들이 정치적 성공을 위해 자기 당을 공격하는 것을 자주 보았다. 정치 혐오를 정치적 성공의 수단으로 활용하는 사람들, 자신이 소속된 정당을 공격함으로써 권력의지를 다지는 사람들, 그런 정치인들을 많이 보았다. 그런 정치 행태가 야당에서 끝없이 반복되는 것을 옆에서 지켜보는 건 고통스러운 일이었다.

내가 서문에서 이렇게 나를 소개하는 이유는 이런 것이다. 출세하지 못한 사람이지만 그래도 내 얘기가 들어 볼 만하다는 것을 강조하려는 것이다. 아니 오히려 그렇기 때문에 더 읽을 만 하다는 것이다. 이런 나의 자격지심을 알기나 하는 듯이 마키아벨리는 『군주론』의 맨 앞 '헌정사'에서 이렇게 말하고 있다.

"저 같이 낮고 비천한 지위에 있는 자가 군주의 통치를 논하고 지침을 제시한다고 해서 그것이 무례한 소행으로 여겨지지 않기를 바랍니다. 땅의 형세를 그리고자 하는 사람은, 산이나 다른 높은 곳의 특성을 파악하기 위해 아래로 내려가고 낮은 곳의 특성을 파악하기 위해 산 위로 올라가지요. 그렇듯 민중의 특성을 잘 이해하기 위해서는 군주의 입장에 서볼 필요가 있고, 군주의 특성을 잘 이해하기 위해서는 평범한 민중의 입장에 서 볼 필요가 있습니다"(마키아벨리 2014, 106-107).

나는 그동안 정치학자들, 특히 우리나라 정치학자들의 글을 읽으면서 정치처럼 현실과 괴리된 학문이 있을까 생각하곤 했다. 그런데 아이러니하게도, 대체로 학문 명칭과 학문 대상을 가리키는 영어 표현이 다른데, 정치는 같다. 경제학은 economics, 경제는 economy이고, 사회학은 sociology, 사회는 society인데, 정치나 정치학은 모두 영어로 politics이다. 그걸 보면서 나는 현실 정치도 정치학만큼이나 학문적 가치가 있고, 정치학도 현실 정치만큼이나 현실적인 이유가 있는 게 아닐까 생각했다. 그래서 나는 정치의 최전선에서 겪은 경험과 고민에서 비롯된 지혜가 현실로서의 정치뿐 아니라 학문으로서의 정치에서도 소중하다고 생각한다.

이런 말을 하는 이유도 나처럼 부족한 사람이 이런 책을 썼다고 해서 무시하지 말고 한번 주의 깊게 읽어 보기를 바라기 때문이다. 이런 나의 간절한 마음과도 같은 글이 마키아벨리 『군주론』 '헌정사'의 다음 대목이다. 이 글로써 야당의 정권 교체, 진보의 집권을 바라는 시민들에게 이 책을 바치며, 서문을 대신한다.

"제가 가진 것 가운데 귀하고 높게 평가할 만한 것은 오로지 위대한 인물들의 행적에 대한 지식입니다. 이는 우리 시대에 일어난 일들에 대한 오랜 경험과 옛 역사를 다룬 저작들에 대한 꾸준한 독서를 통해 배우게 된 것들이지요. 저는 오랫동안 이 주제를 매우 신중하게 검토해 왔는데, 그 결과를 이 한 권의 작은 책자로 줄여 전하께 바치고자 합니다. 전하께 바치기에 이 책은 부족함이 있습니다. 그럼에도 불구하고 그토록 오랜 시간 동안의 위험과 역경 속에서 제가 경험하고 깨달은 바를 짧은 시간에 이해할 수 있도록 해 드리는 것 이상 제가 할 수 있는 더 큰 선물은 없다고 생각하기에, 자비로운 전하께서 이 책을 받아 주시리라 확신합니다"(마키아벨리 2014, 106).

야당,
갈등을
지배하라!

제 1 부

| 1 |

"바보야, 문제는 야당이야!"

절망의 중심에는 야당이 있다

클린턴은 쉽지 않은 선거였던 1992년 대선에서 이겼다. 선거 초반의 열세를 뒤집은 역전승이었다. 이 역전승으로 유명해진 구호가 바로 당시 클린턴이 쓴 "문제는 경제야, 바보야!"(It's the economy, stu-pid!)라는 구호였다. 이 구호는 부시 대통령이 걸프전 승리와 같은 대외 정책에서는 성과가 있지만 경제정책은 실패했음을 집요하게 파고든 것이었다. 나는 클린턴의 구호를 패러디하여 "바보야, 문제는 야당이야!"라는 말을 화두처럼 제시하며 이 책을 시작한다.

왜 이 말이 화두라고 생각할까? 그것은 박근혜 정부와 새누리당이 국민적 합의 없이 갈등적 사안을 일방적으로 밀어붙여도 여론의 지지가 안정적이고, 선거 때마다 이기는 이유가 야당에 있기 때문이다. 무능력한 야당! 국민들의 절망의 중심에는 바로 이런 야당, 특히 제1야당인 민주당[*]이 있다.

이 책 제1부에서는 먼저 보수 전성시대와 야당 내 중도 전성시대를 구가하는 박근혜 시대의 풍경을 살펴보겠다. 그리고 중도 프레임의 함정에 빠져 있는 야당의 중심은 텅 비어 있음을 확인한 후, 마지막으로 야당이 부활하기 위해서는 갈등을 지배해야 한다는, 이 책의 핵심 주제에 대해 함께 살펴보도록 하겠다.

박근혜 시대의 풍경 ①
어떻게 보수 전성시대를 구가하는가?

박근혜 정부 들어 한국은 보수 전성시대를 구가하고 있다. 세계적으로는 오히려 새로운 진보의 흐름들이 우세를 보이고 있으나, 우리나라에서는 보수가 압도적인 것처럼 보인다.

세상의 창인 언론이 특히 그렇다. 박근혜 정부 들어 언론은 정권에 의해 장악되었다고 해도 과언이 아니다. 보수 주류 신문, 지상파 방송에 더해 종합편성채널, 그리고 통신사까지 장악되었다. 이명박 정부

● 평화민주당(1987), 신민주당(1991), 민주당(1991), 새정치국민회의(1995), 새천년민주당(2000), 열린우리당(2003), 대통합민주신당(2007), 통합민주당(2008), 민주당(2009), 민주통합당(2012), 민주당(2013), 새정치민주연합(2014), 더불어민주당(2016) 등으로 시기에 따라 당명이 달라졌지만 이해를 쉽게 하기 위해 '민주당'으로 부르겠다.

때와는 비교도 할 수 없는 상황이다. 이명박 정부 때에도 언론의 편파 보도가 있었지만 형식적으로 공정성을 지키는 모양새라도 갖추었으나, 지금은 아예 내놓고 편파 보도를 한다. 야당은 조그만 약점만 잡혀도 맹렬하게 공격하면서, 박근혜와 여당은 좀처럼 비판하지 않는다.

왜 이렇게 되었을까? 첫째는 종편의 등장으로 상징되는 물리력의 변화다. 종편은 편파 방송의 돌격대 역할을 하면서 보수 전성시대의 첨병이 되었다. 종편을 앞세워 보수 진영은 화력에서 압도적인 우위를 차지했고, 진보● 진영의 물리력은 붕괴되고 말았다. 이명박 시대만 해도 민주 정부 10년 동안 만들어 놓은 시스템이 아직 작동하는 부분이 있었는데, 박근혜 시대에 들어서는 그것들이 모두 붕괴되고 보수의 물리력에 압도되었다. 2008년 광우병 촛불 집회도 MBC가 공영 방송이었고 〈PD수첩〉이 살아 있었기 때문에 가능했다. 박근혜 시대에 그것은 불가능한 일이다.

둘째, 사회적 분위기다. 이명박 시대 사회적 분위기는 오히려 '진보의 시대'를 방불케 했다. 2010년 지방선거에서 무상급식이 부각되면서 사회적 쟁점이 진보적 이슈인 복지와 경제민주화로 집중됐다. 당시의 여론조사 결과도 이를 반영했는데, 성장과 분배에 대한 국민 인식 조사(『한국일보』, 2011년 6월)에서 '분배 우선'이 57%로, '성장 우

● 이 책에서 말하는 '진보'는 민주당과 정의당 등 민주·진보 세력을 포괄적으로 지칭하는 개념이다. 물론 논란의 여지도 있고, 진보 스펙트럼을 넓게 잡았을 때 생기는 문제도 알고 있지만, 나는 양당제하에서 '진보'는 포괄적인 개념이 될 수밖에 없다고 생각한다. 다만, 맥락에 따라 '진보', '민주 진보' 등으로 부르도록 하겠다.

선' 39%보다 높았고, 한국인 주관적 이념 성향 조사(『한겨레』 2011년 5월)에서도 진보가 31%로 보수 25%보다 앞섰다(중도는 44%). 성장에 대한 요구 때문에 이명박이 압도적 표차로 대통령에 당선되었는데, 집권 중에 분위기가 달라진 것이다.

왜 바뀌었을까? 그것은 첫째, 2008년 가을에 일어난 미국 발 금융위기의 영향이 컸다. 그로 인해 세계적인 분위기에도 변화가 있었다. 내가 보기에 그보다 더 중요한 점은 이명박 시대 여당이 대부분의 선거에서 패배한 것이다. 그것이 진보의 시대를 만든 주된 원인이 되었다. 2007년 대선과 2008년 총선에서는 압승을 거뒀지만 이후 한나라당은 계속 선거에서 졌다. 2010년 6월 지방선거 패배(인천·강원·충남·충북·경남·호남·제주에서 민주당 승리), 2011년 4월 분당 보궐선거 패배(손학규의 승리), 2011년 10월 서울시장 보궐선거 패배(박원순의 승리)로 이어졌다. 이처럼 여당의 잇따른 패배는 사회적 분위기가 '진보의 시대'로 바뀌는 데 중요한 역할을 했다.

반면, 박근혜 정부는 출범 이후 실시된 모든 선거에서 승리했다. 모든 보궐선거에서 승리했고, 세월호 참사 직후 실시된 2014년 6월 지방선거에서도 사실상 승리했다. 박근혜 정부 들어 계속되는 선거 승리, 내가 보기에 이것이 '보수의 전성시대'를 만든 가장 큰 힘이다. 선거 승리는 여론조사의 지속적인 우위를 만들고, 물리력에서 앞선 언론 환경 속에서 노골적인 편파 방송을 가능하게 했다.

물론 선거 결과가 사회적 분위기를 만드는 것이 아니라, 사회적 분위기가 선거 결과를 만드는 것이라 말할 수도 있다. 그런 측면이 있다. 그러나 나는 이명박 시대 야당의 승리와 박근혜 시대 여당의 승리를 독립변수로 두었을 때 볼 수 있는 지점, 즉 정치적 역관계를 드러

내고 싶은 것이다.

이명박 시대, 야당은 어떻게 승리할 수 있었을까? 그 주된 이유는 박근혜에게 있다. 박근혜는 이명박 정부 때 선거를 이끌지 않았으며, 당시 사실상 여당 내의 야당이었다. 박근혜 지지자들에게 여당이 선거에서 승리한다는 것은 이명박의 주도권이 강화된다는 의미였고, 그것은 박근혜에게 그리 유리한 일이 아니었다. 따라서 적극적으로 여당에 투표하지 않았다. 그렇게 당시 여당은 분열되어 있었다. 반면 야당은 친노 대 비노의 대립도 희미했을 뿐만 아니라 선거 때마다 민주당과 진보 정당이 야권 후보 단일화에 성공해 야권이 단일 대오로 선거에 임했다. 그 결과 야당은 선거에서 승리할 수 있었다.

그렇다면 왜 박근혜 시대에는 여당이 승리하고 있는가? 그 주된 이유는 이명박 시절 야당이 승리했던 것과 마찬가지 이유다. 즉 여당은 통합되어 있는데, 야당은 분열되어 있기 때문이다. 여당은 박근혜를 중심으로 똘똘 뭉쳐 있는데, 야당은 친노와 비노가 극심하게 분열되어 있고, 민주당과 진보 정당의 단일화도 붕괴되었기 때문이다. 박근혜는 지금까지 자신이 이끈 모든 선거에서 승리했는데, 대통령이 된 이후에도 사실상 선거를 이끌고 있다.

그렇다면 국민의 정서 자체도 보수화되었을까? 언론 환경과 선거 결과 등으로 인해 보수화된 분위기를 감지할 수도 있지만 사회적 불평등에 대한 국민적 반발이 갈수록 커져 간다는 점에서 좀 다르게 생각할 수 있다고 나는 생각한다. 최근 한국 사회에서 불평등에 대한 반발을 보여 주는 사례는 많지만, 몇 편의 영화가 크게 흥행하면서 사회적 분위기를 대변한다는 평가가 많았다.

2012년 이후 한국 영화 가운데 8편이 1천만 관객을 돌파했는데,

〈광해〉(2012년), 〈변호인〉(2013년)처럼 노무현을 모델로 한 영화도 있고, 2015년 1천만 관객을 돌파한 〈베테랑〉과 〈암살〉은 그야말로 부글부글 끓는 것 같은 영화였다. 물론 영화라는 매체는 젊은 세대가 많이 본다는 점을 간과할 수는 없지만, 이들 영화의 성격과 흥행의 관계가 많은 주목을 받았다.

이처럼 국민적 정서 자체가 보수화되었다기보다는, 언론의 보도 행태와 선거 결과, 정당 간의 역관계에 의해 드러나는 분위기가 '보수의 전성시대'로 나타나고 있다고 할 수 있다. 그리고 그 원인은 바로 야당의 무력화에 있다. 그렇기 때문에 나는 지금 국민들의 절망의 중심에는 야당이 있다고 생각한다.

박근혜 시대의 풍경 ②
진보는 죽었고, 중도만이 희망인가?

박근혜 정부 들어 '보수의 전성시대'가 구가되는 것은 한때 진보적 희망에 부풀어 있던 이들이 풀이 죽어 있는 것과 무관치 않다. 모든 진보적 희망은 야당에서 막힌다. 사회적 분위기는 참으로 무서운 것이어서 박근혜 정부 들어 선거마다 새누리당이 승리하는데, 어느 언론이 '진보의 강화'를 주장할 수 있겠는가? 대부분의 언론은 야당에 대해 해법으로 '중도의 강화'를 주문한다.

이로 인해 박근혜 시대 정치를 두 가지로 요약하자면, 하나는 '보수 전성시대'이고 다른 하나는 '야당 내 중도 전성시대'다. 보수 여당의 우위 속에 여당은 더욱 보수화되고, 야당은 중도 전성시대를 구가하는 모습이 박근혜 시대 정치의 풍경이다.

박근혜 시대의 '야당 내 중도 전성시대'의 상징은 안철수다. 야당 내에서, 또는 그 주변에서 중도론을 주장하는 사람들은 대부분 안철수와 연계되어 있다. 대표적인 인물이 한상진 국민의 당 공동창당위원장이다. 그는 대선 직후인 2013년 상반기 민주당의 대선평가위원장을 맡았는데, 당시 그의 평가는 이후 야당의 지침이 되었고, 이후 야당은 중도의 전성시대를 구가했다.

한상진은 안철수의 민주당 탈당 일주일 전인 2015년 12월 5일『동아일보』기고에서 신당 창당을 통한 민주당 붕괴를 주장했다. 한상진은 문재인이 "협량한 정치력, 강고한 기득권, 골수에 밴 듯한 흑백논리, 철저한 무책임"을 보이고 있다며, "이런 지도부가 민주당 전통의 제1야당을 이끌고 있다는 것은 비극이자 수치"라고 비판했다. 한상진은 "어차피 내년 총선은 틀린 것이고 다음 대선을 위해서라도 현재의 제1야당을 일단 무너뜨려야 한다."면서, "박근혜 대통령의 오만에 못지않게 문재인 대표의 오만과 오판도 꼴불견"이라고 맹공격했다. 한상진은 증오의 정치를 극복해야 한다면서 민주당과 그 대표인 문재인에게 증오에 가까운 비난을 퍼부었다.

한상진의 논리대로라면 야당의 미래를 위해 가장 중요하고 우선해야 하는 것은 친노 청산, 문재인 청산이다. 문재인과 친노를 두고는 야당의 미래도 없고, 대한민국의 미래도 없는 것이다. 이처럼 중도론이 사실은 친노 청산과 문재인 청산, 그리고 민주당 붕괴를 의도하고 있음을 그는 분명히 보여 준다.

최근 제기되는 중도론의 논지를 잘 보여 주는 책이 민주당 소속 민주정책연구소(소장: 민병두)가 펴낸『새로운 진보 정치』라는 책이다.

이 책의 핵심은 이진복 정책위원이 쓴 "미국의 새로운 진보도 생각을 바꾸었다"라는 글인데, 1992년 대선 때 빌 클린턴이 '제3의 길'을 주창하고, 집권 이후 '새로운 진보 선언'을 한 것을 한국의 민주당도 따라야 한다며, '새로운 진보'의 핵심은 편 가르기 정치가 아니라 국민을 통합하는 '온 국민 정치'라고 주장한다.

이진복은 "제3의 길의 새로운 진보는 보수와 진보로 국민을 편 가르기 하는 두 국민 정치를 폐기하고, 국민을 통합하는 온 국민 정치를 실천한다."고 개념화한다. 그는 "온 국민 정치는 보수와 진보는 물론 중도라는 낡은 명찰을 거부한다. 오직 국민만 있을 뿐이다. 그래서 중도가 아니라 제3의 길을 말하는 것이다."라고 주장한다. 진보도 보수도 없고, 중도도 없는 정치, 오로지 온 국민만이 있는 정치가 제3의 길이요, 새로운 진보라는 것이다(민병두·이진복 외 2015, 103). '야당 중도 전성시대'를 상징하는 표현은 아마도 '편 가르기 없는 온 국민 정치'가 되지 않을까?

그런데 그것이 과연 가능할까? '온 국민 정치'라는 것은 가능할까? 그리고 그것이 과연 민주주의적 사고일까? 나는 생각이 좀 다르다. 전체를 위한 것은 옳고, 옳은 것은 하나이며, 전체를 위해 부분이 존재해야 한다고 생각하는 것은 민주주의적 사고가 아니다. '온 국민 정치'란 국민들을 동질적인 하나로 본다. 그러나 그렇지 않다. 국민들은 다양한 정치적 지향을 가진 주체들이다.

'온 국민 정치'는 정당정치와 민주주의의 원칙에 위배된다. 현대 민주주의는 정당정치다. 샤츠슈나이더가 "정당 없이는 현대 민주주의는 생각할 수 없다."고 단언했듯이(Schattschneider 1942, 1) 대의 민주주의의 제도적 골격이 20세기 초 선진 민주국가에서 확립된 이래 줄

곧 정당은 민주적 정치과정에서 중추적 역할을 해 왔다. 피터 마이어 (Peter Mair)는 "현대 민주주의에서 오래된 민주주의나 새로운 민주주의나 정치란 정당정치이다. 달리 말하자면 20세기는 민주화의 세기, 따라서 민주주의의 세기였을 뿐만 아니라 정당 민주주의의 세기였다."고 말했다(마이어 2011, 154).

그런데 현대 민주주의의 주축인 정당은 의미론적으로 '부분'의 뜻을 가지고 있으며, 부분을 대변하려는 의도를 가지고 있다. 정당의 영어 표현인 'party'는 부분을 뜻하는 'part'에서 온 것이며, 따라서 정당은 자신이 대변하는 부분(part)에 먼저 충실한 것이 존재 이유라는 것을 그 어원에서 내포하고 있다. 따라서 "편 가르기 하는 두 국민 정치를 폐기하고, 통합하는 온 국민 정치를 실천한다."는 주장은 정당정치의 원칙에도, 민주주의의 원칙에도 위배된다.

우리는 정당과 파벌의 차이를 명확히 알아야 한다. 정당은 전체의 목적에 봉사하는 전체 속의 부분인 반면, 파벌은 단순한 일부 그 자체에 불과하다. 따라서 선거에서 승리한 정당에게는 부분인 자신뿐만 아니라 모두에게 이롭도록 통치하기 위한 불편부당함이 요구된다. 이것이 정당이 파벌과 다른 점이다. 그렇지만 정당(party)의 기본은 먼저 자신이 대변하고자 하는 부분에 충실한 것이다(사르토리 1986).

박근혜 시대의 풍경 ③
'알 박기 정당'을 넘어 통합의 다당제로?

박근혜 시대의 세 번째 풍경은 민주당으로는 답이 없으니 제3당을 만들자는 일련의 주장과 움직임이다. 민주당 외에 진보 정당을 만들려는 신당 창당의 움직임은 물론 오래전부터 있어 왔다. 차이라면 최근 창당하려는 신당이 진보 정당이 아니라 중도 정당이라는 점이다. 다시 말해, 과거 제3당 건설이라고 하면 보수 양당제를 넘어서는 진보 정당 건설이었는데, 박근혜 시대에 제기되는 제3당 건설 주장은 양극화된 양당제를 넘어서기 위한 것이다. 그리고 그 상징 역시 안철수다. 안철수는 2013년 4월 노원병 보궐선거 당선 후 제3당 창당을 추진했다가 2014년 2월 민주당과 통합하더니 다시 2015년 12월 탈당하여 2016년 2월 국민의당을 창당했다.

2013년 당시 안철수 신당의 이론적 기초를 제공했던 최태욱 교수는 "안철수 신당이 유력한 중도 정당으로 부상하여 작금의 양당제 구도를 깨 주길 바란다."며 "그리하여 중도 신당과의 연합 없이는 민주당은 물론 새누리당조차 단독 정부를 구성할 수 없는 다당제 구도를 완성해야 한다."고 주장했다. 나아가 그는 "무엇보다 민주당과 하나가 될 생각은 버려야 한다. '안철수 세력'이 민주당을 대체해 버리든 아니면 그 당에 흡수되든 그 결과는 모두 '새 정치'와는 무관한 것이다. 도로 양당제일 뿐이다."라고 제3당 창당을 강조했다(『경향신문』 2013/03/29; 07/19).

그런데 과연 양당제를 극복하는 것이 가능할까? 결론부터 말하자면 나는 불가능하다고 생각한다. 이유는 두 가지다. 첫째, 현재의 소선거구제가 유지되는 한 양당제를 극복하기 어렵다. 세계적으로도 소선거구제를 채택하고 있는 나라들은 거의 모두 양당제로 귀결되었다. 미국이 그렇고, 영국이 그렇고, 일본이 그렇다. 우리나라도 선거제도가 비례대표제로 바뀌지 않는 한 지금의 양당제가 다당제로 바뀌기는 어려울 것이다.

한국 정치 현실에서 양당제를 극복하는 것이 불가능한 두 번째 이유가 있다. 그것은 설사 선거제도가 비례대표제로 바뀌더라도 제3당이 지금의 제1야당인 민주당의 위치를 대체하는 것이 불가능한 이유다. 그것은 정당 정치학의 대표적 학자인 립셋(Seymour Martin Lipset)과 로칸(Stein Georg Rokkan)의 '동결(freezing) 명제'를 살펴보면 알수 있다. 립셋과 로칸은 1967년, 그 후 수십 년간 정당정치 연구에 지대한 영향을 끼친 고전적 논문 "균열 구조와 정당 체계, 그리고 유권자 결속"에서 동결 명제를 제시했다. 이에 따르면 서구의 정당 체계는 1920년대에 확립되어 그대로 동결되었으며, 그 결과 1960년대 중반의 정당 체계는 본질적으로 1920년대의 정당 체계와 다름없다는 것이다(Lipset and Rokkan 1967).

립셋과 로칸은 "1960년대의 정당 체계는 극소수의, 그러나 주목할만한 예외를 제외하고는 1920년대의 균열 구조를 반영한다."며, "정당들은, 그리고 놀랍게도 많은 경우에 그 정당 조직들도, 대다수의 유권자들보다 나이가 많다."고 지적한다. 피터 마이어가 말한 것처럼 "20세기는 민주화의 세기, 민주주의의 세기였을 뿐만 아니라 정당 민주주의의 세기"였는데, 그 정당 민주주의의 주역인 정당이 1920년대에 정당 체계가 형성된 이후 변화되지 않았다니, 무엇 때문일까?

립셋과 로칸은 그 이유를 심층적으로 분석하지는 않는다. 다만 1920년대 투표권이 전 국민에게 주어지면서 형성된 정당 체계에 의해 정치 시장을 기존 정당이 완전히 장악함으로써 신생 정당이 새롭게 침투할 공간이 사실상 없어졌다고 보고 있다. 1910년대는 제1차 세계대전이 한창이었고, 각국은 전쟁을 수행하기 위해 국민들을 징병

할 수밖에 없었는데, 그 수단이 바로 모든 국민에게 투표권을 부여하는 것이었다. "남자 한 명당 한 개의 총과 한 개의 투표권"이 그 당시의 구호였고, 여성에게 투표권이 부여된 것은 여성도 전쟁 수행에 함께해 주기를 바랐기 때문이다. 이렇게 인류 최초로 전 국민에게 투표권이 부여되면서 형성된 정당 구조가 이후 신생 정당이 침투할 공간을 없애 버렸다는 것이 립셋과 로칸의 분석이다.

정당 정치학의 또 다른 대표 학자 피터 마이어(Peter Mair)는 『정당과 정당 체계의 변화』(Party system change)에서 립셋과 로칸의 동결 명제는 1997년까지도 대체로 옳다면서, "로칸에 따르면 1960년대의 정당은 대부분의 유권자들보다 오래되었다. 30년이 흐른 지금도 같은 정당들이 서유럽의 대중 정치를 장악하고 있다. 간단히 말해, 그들은 그때(1967년)보다 지금(1997년) 더 오래되었다."라고 지적한다(마이어 2011, 120).

물론 동결 명제를 한국 정치에 적용하는 것은 무리라는 주장도 있다. 박찬표의 『한국의 48년 체제』를 보면 1948년에 수립된 한국의 정치체제를 '정치적 대안이 봉쇄된 보수 패권의 정치 대표 체제'로 규정한다. 이러한 시각은 유럽에서의 정당 체제는 사회적 균열, 특히 노동·자본 간 균열을 반영하고 있어서 단단한 사회적 기반을 갖고 있는 정당 체제인 반면, 한국에서 정당은 사회적 균열을 반영해 만들어졌다기보다는 보수정당 내지 파생 정당에 불과하다고 평가한다(박찬표 2010).

이런 시각에 입각하면 결국 정당 구조는 노동·자본 간 균열을 반영하는 정당 구조, 즉 서구와 같은 진보적인 정당(노동당 내지 사회당) 대 보수당으로 변화되어야 하고, 그런 정당 구조가 등장하면 현재와 같은 보수 패권 정치는 결국 바뀔 것이라고 전망하게 된다. 다시 말해 현재의 민주당은 보수정당에 불과하므로 결국은 사라지고 진보 정당이 그 자리를 차지하게 될 것으로 전망하게 된다.

그러나 나는 한국 정당 구조의 정치적 대표 체제가 확장되고 특히 민주당이 노동 있는 민주주의로 나아가야 한다는 점에서는 동의하지만 한국 야당을 파생 정당으로 보는 시각에는 반대한다. 나는 민주주의와 갈등 구조를 한 가지로만 이해해야 한다고 생각하지 않는다. 민주주의와 갈등 구조는 나라마다 다양한 역사·지리적 맥락 속에서 다양한 방식으로 구현될 수 있다. 한국 정치사에서 노동·자본의 균열이 정치적으로 대표되지 못한 것은 이유가 있다. 그것은 냉전하의 반공 이데올로기, 억압적 권위주의 체제, 높은 사회적 이동성 등의 요인 때문이었다. 대신 여촌야도(與村野都)로 표현되는 도시·농촌의 대립, 영남과 호남과의 지역 대립, 그리고 지금의 세대 구도로 정치적 균열이 변화되어 왔다. 한국에서 정치적 균열이 서구와 다른 것은 사실이지만, 한국의 정당은 사회적 균열과 무관하지 않았으며, 한국 유권자들의 갈등 구조와 함께하다 보니 그런 정당 구조가 형성된 것이다(자세한 내용 제3장 참조).

립셋과 로칸의 동결 테제는 한번 만들어진 정당 체계는 잘 변하지 않는다고 말한다. 물론 한국의 정당은 사회적 균열 구조로부터 상대적 자율성을 갖는 측면이 있다. 그럼에도 불구하고 이런 균열 구조가 유지될 수 있었던 것은 다양한 이데올로기적(분단)·제도적(소선거구제) 토대가 있었기 때문이다. 그래서 좁은 이념적 스펙트럼 안에서 상대적으로 보수-진보라는 정당 구조가 형성된 것이며, 현실적으로 이런 조건이 변하지 않는 이상 오랫동안 변하기 힘들 것이다.

한국 정치 현실에서 양당제의 극복은 불가능하다. 첫째, 현재의 소선거구제가 유지되는 한 양당제를 극복하기 어렵고, 둘째, 설사 선거제도가 비례대표제로 바뀌더라도 제3당이 지금의 제1야당인 민주당의 위치를 대체하는 것은 불가능하다. 실제로 1958년 제3대 총선에서 양당제가 성립된 이후 한국 정치에서 양당제는 바뀌지 않았다. 자유당, 공화당, 민주정의당, 민주자유당, 신한국당, 한나라당, 새누리당으로 이어지는 정당이 한 축을 담당했고, 이름은 여러 번 바뀌었지만 대체로 민주당을 고수했던 정당이 다른 한 축을 담당했다. 이 두 정당이 양당제의 두 축을 형성하면서 법통을 이어 오고 있다. 시대에 따라 양당이 대변하는 이념의 수준이 바뀔 수 있고, 그 주도 세력이 바뀌어서 정당이 아예 바뀐 듯 보이기도 하지만 본질적으로 이 양당제를 넘어서는 것은 불가능하다.

이 말을 듣고 "그렇다면 우리나라는 일본처럼 보수 영구 집권으로 갈 수밖에 없다는 말인가?"하고 절망하는 사람들도 있을지 모르겠다. 박근혜 정부의 실정에도 불구하고, 정권 교체의 가능성은 물론 총선 승리의 가능성이 낮은 현실도 고통스러운데, 민주당을 다른 정당이 대체할 수 없다니, 세상에 이보다 더한 절망이 어디 있겠는가? 야당 때문에 아무것도 할 수 없는 현실, 모든 희망이 야당에서 막히는 기막힌 현실에 많은 이들이 절망할지 모른다.

그러나 다시 말하지만 안타깝게도 민주당을 넘어 다당제로 가거나 민주당을 제3당이 대체하는 것은 불가능하다. 민주당이 자멸한다면 모를까 그렇지 않다면 그런 일은 일어나기 힘들다. 바로 이 점이 야당을 더욱 절망의 대상으로 만든다. 국민들의 절망의 중심에 야당이 있을 수밖에 없는 것이다. 그래서 나는 "바보야, 문제는 야당이야!"라고 말하는 것이다. 그러나 민주당을 넘어 다당제로 가거나 민주당을 제3당이 대체하는 것이 불가능하다는 점이 실망스럽다 해도, 현실 가능한 희망을 꿈꾸기 위해서는 반드시 이런 냉혹한 현실을 염두에 둬야만 한다고 나는 생각한다.

쏟아지는 해법 : 진시황의 불로장생 약, 수은

박근혜 정부 들어 야당이 선거에서 계속 패배할 때마다 어디선가 몇 번씩 들어 본 듯한 익숙한 반성이 쏟아졌다. 선거 패배의 역사가 반복되면서 패배에 대한 분석과 반성도 야당에게는 일종의 습관이 되고 말았다. 그런데 그때마다 제시된 해법은 야당을 일으켜 세우기는커녕 오히려 더욱 절망의 대상이 되게 했으며 몰락과 자멸로 이끄는 것들이었다.

이상한 점은 여당도 위기에 처하면 당을 변화시키지만 그 방향이 언제나 정당을 강화시키는 쪽인 데 반해, 야당의 방향은 늘 정당을 약화시키는 쪽이라는 점이다. 새누리당은 당이 위기에 처하면 리더십을 강화하고, 당의 지지 기반을 확대하고, 구성원들의 팔로워십을 강화하는 방향으로 나아갔다. 반면, 야당은 당이 위기에 처할 때마다 리더십을 약화시키고, 팔로워십을 붕괴시키고, 당의 지지 기반을 해체해왔다. 지금 야당의 위기는 '해체 수준으로 혁신해야 미래가 있다', '정당의 기득권을 과감히 버려야 한다'는 식의 잘못된 사고 그 자체에 있다.

그것은 진시황이 먹었다는 불로장생의 약, 수은에 비교할 수 있다고 나는 생각한다. 중국 역사에서 최초로 통일국가를 건설한 진시황은 잘 알려져 있다시피 불로장생을 꿈꾸었다. 불로초를 구할 수 없자, 그는 불로장생의 약으로 수은을 먹었다. 수은은 썩지도 않고 변질되지도 않는데다가 아주 귀했다. 또한 소량을 섭취했을 때 나타나는 팽팽한 피부와 미백효과 때문에 진시황은 수은을 불로장생의 약으로 믿었다고 한다. 그는 전국의 수은을 모아 연못을 만들기도 했지만 결국 수은 중독으로 코가 썩고 정신병이 생기고 말았다. 중국 역사에서 최초로 통일국가를 건설한 진시황은 폭정을 거듭하다가 49살이라는 젊은 나이에 최측근 경호 무사에게 살해당해 허망하게 세상을 떠나고 말았다.

중세 시대 유럽에서도 귀족들은 여성미의 기준인 창백한 피부를 만들기 위해 수은을 애용했다. 얼굴이 썩어 가면 이를 감추려고 더 발랐다. 영국 여왕 엘리자베스 1세 역시 수은을 즐겨 사용했으며 맨 얼굴은 도저히 봐 줄 수 없을 만큼 흉측했다. 그녀는 수은중독으로 머리카락이 다 빠져 젊은 나이에도 가발을 썼다.

지금 우리는 수은이 독극물인 것을 안다. 그러나 인류는 오랜 세월 수은이 불로장생을 주는 명약으로, 아름다움을 주는 화장품이라고 생각해 왔다. 그로 인해 부작용이 발생하면 수은을 더 많이 먹고 더 많이 바르는 것으로 해결했다. 혹 야당과 진보 진영의 상황이 그런 것이 아닌지 돌아볼 일이다. 야당은 그동안 잘못된 처방 때문에 약화되고 무력화되었는데, 문제가 생길 때마다 또 다시 야당이 더 약해지고, 더 무력화되고, 더 해체되어야 한다고 주장하는 것은 아닌지 돌이켜 볼 일이다.

| 2 |

야당의 중심은 텅 비어 있다

중도만이 야당의 살 길인가?

지금 야당은 중도의 전성시대이다. 중도 프레임의 기본 논리는 간단하다. 유권자는 보수·중도·진보로 나뉘는데, 보수와 진보는 어차피 찍는 정당이 정해져 있기 때문에 중도의 선택이 권력의 향배를 결정하는 만큼 중도를 가져가는 정당이 권력을 가져간다는 것이다. 과연 그럴까? 이에 대한 반론을 살펴보자.

첫째, '중도가 선거를 결정한다'는 주장은 사실과 다르다는 반론이다. 흔히 중도층이 많다는 주장의 근거가 되는 것이 '주관적 이념 성향' 조사인데, 이런 조사에서 중도의 비율은 보통 40% 정도 나온다. 예를 들면 2015년 6월 서울대 아시아연구소가 조사한 바에 따르면 응답자 스스로 판단한 정치적 이념 성향은 중도가 47%, 보수 29%,

진보 21%였다. 『한겨레』의 2011년 5월 "한국인의 주관적 이념 성향 조사" 결과도 비슷했는데, 중도 44%, 진보 31%, 보수 25%였다. 이런 조사를 근거로 "표는 양쪽 극단이 아니라 중간 지대에 몰려 있고, 중도를 가져가는 사람이 승리한다."는 주장을 한다.

그러나 주요 정책 사안별로 여론조사를 실시해 보면 답변은 보수와 진보로 양분된다. 한국사 교과서 국정화에 대한 의견을 물으면 50%가 반대, 31%가 찬성한다고 답변한다(『서울신문』 2016/01/03). "현 시점에서 경제성장과 소득분배 중 무엇이 더 중요하다고 생각하는가?"라고 물으면 경제성장이 51%, 소득분배가 45%였다. 같은 질문에 대해 2011년 5월 조사에서는 경제발전 39%, 소득분배 55%였다(『조선일보』 2016/01/01). 이런 차이는 조사 방식의 차이 때문이다. 막연히 자신의 주관적 이념 성향을 선택하라고 하면 중도를 택하는 사람이 많은 반면, 특정 사안에 대해 입장을 물어보면 대체로 진보 아니면 보수의 답으로 양분되고, 중도의 비율은 확연히 줄어든다.

또한 중도파라고 불리는 사람들은 투표할 때, 때로는 보수정당, 때로는 진보 정당에 투표하기 때문에 중도파라고 불리기는 하지만, 사회적으로 쟁점이 되는 이슈에 대해 어정쩡하게 중간쯤 되는 견해를 가지고 있는 것은 아니다. 중도파는 '중도파'라는 표현처럼 중간에 있지 않다. 즉, 유권자를 '보수·중도·진보'의 프레임으로 구분하는 것은 사실 허상의 프레임인 것이다.

둘째, 중도 프레임이 실제로는 "진보는 잘못되었으니 보수 2중대나 해라."라는 충고에 불과하다는 것이다. 실제로 보수에게 중도를 요구하는 일은 드물다. "민주당이 정권을 잡아도 '나라가 어디로 가는 건 아니겠지'라는 믿음이 국민에게 있어야 민주당이 산다."라고 충고

하는 『조선일보』 김대중 칼럼(2014/01/28)이나 "민주당이 정말 '선거용 시한부 정당' 신세에서 벗어나고 싶다면 국민 주류(主流)의 생각에 접근해야 한다."라고 조언하는 『조선일보』 사설(2014/03/17)처럼 항상 진보와 야당에게만 중도를 요구한다. 물론 민주당이 과연 진보적인가라는 의문을 가진 사람들도 많겠으나, 중도 프레임을 주장하는 사람들은 지금의 민주당도 너무 진보적이라며 좀 더 중도적으로 가야 한다고 충고한다.

그런데 이들의 주장처럼 민주당이 집권해도 세상이 바뀌지 않는다는 믿음을 국민들에게 주어야만 민주당은 집권할 수 있는 것일까? 그렇다면 역으로 굳이 민주당이 집권해야 할 이유는 또 무엇일까? 민주당이 새누리당과 다를 바 없다면 왜 굳이 정권 교체를 하려고 할까? 아류는 아류일 뿐이다. 자기 색깔, 자기 정체성이 없으면 상품도, 가게도, 드라마도, 정당도 실패하고 만다. 아무리 야당이 여당을 따라가고 여당의 2중대가 된다 해도, 여당 지지자들은 여당을 찍을 것이며, 야당 지지자들만 지지 정당을 잃어버리게 될 것이다.

따라서 중도 프레임은 유권자에게도 비극이다. 비슷한 정당 중에 선택하는 것은 코카콜라와 펩시콜라 중에서 선택하라는 것과 다를 바 없다. 만일 이것이 주어진 선택지의 전부라면, 선택지는 없는 것이나 마찬가지다. 그 결과 정치적 무관심은 더 늘 것이고, 이는 민주주의의 근본적 위기를 만들어 낼 것이다. 여당을 지지하든, 야당을 지지하든 결국에는 같은 종류의 정책이 시행될 것이라고 느끼게 되면, 유권자들은 정치에 대한 흥미를 잃게 된다. 정치에 흥미를 가지려면 자신의 선택이 변화를 만들어 낸다는 느낌을 가져야 하는데, 아무런 변화가 없을 것임을 사전에 알아 버리면 정치에 관심을 잃고 굳이 투표하려하지 않을 것이다.

셋째, 중도 프레임은 결국 우리 사회의 변화를 부정하는 것이다. 보수 언론들은 기회가 있을 때마다 야당의 중도화, 심지어는 우경화를 부채질한다. 현실은 대폭적인 개혁이 필요한데, 대부분의 보수 언론이 내세우는 편향된 방침은 기득권 세력을 옹호하는 데 있다. 그들은 객관적 보도자가 아니라 현실 참여자가 되어 있다. 그러나 그것은 결과적으로 수구화일 뿐이다. 우리 사회의 밑에 깔린 계층의 고통을 외면하자는 이야기다.

중도 프레임의 함정 : 경멸의 대상으로의 전락

내가 보기에 중도 프레임의 결정적인 함정은 야당을 경멸의 대상으로 만든다는 점이다. 지금 야당은 국민들에게 경멸의 대상이 되어 있다. 마키아벨리는 『군주론』에서 민중을 기반으로 하는 군주는 경멸의 대상이 되기 쉽다면서 군주가 경멸의 대상이 되는 이유를 이렇게 설명한다. "군주가 경멸당하는 것은 변덕스럽고 경박하고 유약하고 소심하며 우유부단한 인물로 여겨질 때이다. 배가 암초를 피해 가듯, 군주는 이를 경계해야 한다. 그는 자신의 행동 속에서 어떤 위엄·기백·무게감, 그리고 강력함이 감지되도록 노력해야 한다. 신민들 사이의 사적 거래에 영향을 미치는 사안에 관한 한 자신의 결정을 번복하는 일이 없어야 한다"(마키아벨리, 2014 284).

중도 프레임의 결정적인 함정을 마키아벨리는 5백 년 전에 이렇게 정확히 지적했다. 표를 얻기 위해 중간으로 이동하는 것은 그리 큰 효과가 없다. 애초에 그런 생각을 가진 유권자도 없고, 따라서 설득할 대상도 없기 때문이다. 게다가 중도를 맞추기 위한 전략은 평소의 신념을 버리고 정치적으로 왔다 갔다 한다는 인상만을 주게 되어, 진정성을 중요하게 여기는 선거에서 패할 수밖에 없다. 또한 중도 프레임의 가장 결정적인 위험은 자칫 "변덕스럽고 경박하고 유약하고 소심하며 우유부단"한 느낌은 준다는 것이요, "어떤 위엄·기백·무게감, 그리고 강력함이 감지되도록" 할 수 없다는 것, 그래서 경멸의 대상이 될 수 있다는 것이다.

중도 프레임에 빠진 사람들은 이런 내 주장에 대해 이렇게 반박할 것이 분명하다. "그렇다면 야당이 비현실적으로 강경한 주장만 해야 한다는 말인가?" 그러나 야당이 무조건 진보적인 주장만 하자는 것이 아니다. 나는 야당이 민주주의와 진보의 가치에 철저하되, 현실적으로 가능한 정책을 추진해야 한다고 생각한다.

한국의 야당과 진보 세력은 도덕적 당위주의에서 자유롭지 못하고, 정치적 현실주의도 부족하다. 억압적 국가에 저항했던 역사성으로 인해 국가에 대한 부정적 사고와, 운동권적인 사고 내지 시민단체적인 사고에서 자유롭지 못하다. 따라서 야당은 더욱 실사구시(實事求是)의 정신을 받아들여서, 민주주의와 진보의 가치에 철저하되, 실현 가능한 정책을 추진해야 한다. 그런 점에서 다음과 같은 마키아벨리의 생각을 새겨들어야 한다. "인간이 실제로 어떻게 살고 있는가의 문제와 인간이 어떻게 살아야만 하는가의 문제는 너무도 다르다. 그렇기에 무엇을 행해야만 하는가의 문제에 매달려 무엇이 실제로 행해지고 있는가의 문제를 소홀히 하는 사람은 자신을 지키기보다는 파멸로 이끌리기 쉽다"(마키아벨리 2014, 262).

다시 중도 프레임을 주장하는 이는 이렇게 말할지 모른다. 그렇다면 그것이 바로 중도 아니냐고. 그러나 다르다. 중도 프레임의 가장 결정적인 문제는 진보는 '비현실적이고 강경하다'는 전제가 깔려 있고, 그래서 중도를 선택해야 한다고 보는 것이다. 그것이 중도 프레임의 결정적인 문제이다. 중도 프레임은 기본적으로 진보와 중도를 구분하고, 그런 다음 진보는 버리고 중도를 선택하라고 한다. 그것이 틀렸다는 것이다. 그런 식으로 사고해서는 야권은 분열될 수밖에 없고, 중도니 진보니 하는 노선 투쟁을 피할 수 없으므로 결코 성공할 수 없다.

물론 진보를 자처하는 사람들 중에는 실사구시의 정신과 정치적 현실주의를 거부하는 사람들도 많다. 이념적 선명성을 자신들의 존재의 이유이자 명분으로 삼는 이들도 많다. 그러나 결국 패배의 길이 될 뿐이다. 나는 이념적 선명성만을 내거는 진보도 문제가 있고, 진보와 중도를 분열시키려는 '중도 프레임'도 문제가 있다고 생각한다. 다시 강조하지만, 실사구시와 현실주의에 입각해 민주주의와 진보의 가치에 철저하되 실현 가능한 정책을 추진해야 하며, 진보와 중도를 분열시키지 말고 어떻게든 함께하도록 해야 한다. 그것만이 보수 우위의 한국 사회에서 진보가 승리할 수 있는 길이다.

요컨대, 중도 프레임은 정치와 선거에 대한 피상적 관찰의 결과일 뿐이다. 오히려 선거는 지난 대선 박근혜의 승리가 보여 주듯이 갈등의 중심에 서서 갈등이 초래하는 간절함을 적극적으로 대변하는 쪽이 이긴다. 그리고 그 간절함을 현실화시키기 위해 얼마나 철저히 준비했고, 그것을 얼마나 지지자들과 폭넓게 공유했느냐가 선거의 결과를 결정한다. 정치는 객관적 여건의 과학만이 아니고, 오히려 주체성의 과학이다. 주체적 역량이 역사를 만들어 내는 것이 정치다.

박근혜의 선거 승리가 증명하는, 중도 프레임의 허구성

중도 프레임의 한계를 가장 잘 보여 주는 사람은 그 누구도 아닌 박근혜라고 나는 생각한다. 중도 프레임에 따르면 박근혜는 필패의 후보다. 누가 박근혜를 중도라고 생각하겠는가? 박근혜는 그야말로 전통 강경 보수의 상징이 아니던가?

실제로 2012년 대선을 앞두고 그런 주장을 하는 사람들을 자주 봤다. 민주당에게 박근혜는 이기기 쉬운 상대이며, 김문수는 이기기 힘든 무서운 상대라는 것이었다. 중도 프레임으로 정치를 바라보면 맞는 얘기다. 그러나 이는 정치를 잘 모르고 하는 소리다.

나는 제1장에서, 박근혜 시대가 '보수 전성시대'가 된 것은 무엇보다도 선거에서 계속 승리했기 때문이라고 지적했다. 박근혜는 자신이 비대위원장으로 복귀해 선거를 주도한 2012년 4월의 제19대 총선 이후 연승하고 있다. 이전에는 보궐선거란 여당의 무덤이라고 평가되었다. 노무현 정부 때에도 야당인 한나라당이 승리했고, 이명박 정부 때에도 야당인 민주당이 승리했기 때문이다. 그런데 박근혜 정부 들어서는 왜 거의 모든 선거에서 새누리당이 계속 승리할까?

어떤 이들은 이명박 정부 때는 야당 지도부가 '비노'여서 선거에서 이겼는데, 박근혜 정부 때는 야당 지도부가 '친노'라서 선거에서 지고 있다고 말할지도 모른다. 물론 사실이 아니다. 2008년부터 2010년까지 야당 대표는 '친노'인 정세균이었는데 선거에서 이겼고, 2013년부터 2014년까지 야당 대표는 '비노'인 김한길과 안철수였으나 선거에서 졌다.

나는 답은 박근혜에 있다고 생각한다. 생각해 보면 박근혜는 자신의 책임하에 치른 거의 모든 선거에서 이겼다. 이기지 못했던 선거는 딱 두 번 있었다. 한 번은 2004년 제17대 총선에서 열린우리당에 졌던 것인데, 사실은 괴멸 직전의 한나라당을 기사회생시켰다. 또 한 번은 2002년 제3회 지방선거 당시 한나라당을 탈당하여 박근혜 신당인 '한국미래연합'을 창당해 지방선거에 참여했지만 참패했다. 그 두 번을 제외한 모든 선거에서 박근혜는 이겼다. 사실상 모든 선거에서 이겼다 해도 과언이 아니다.

박근혜가 '선거의 여왕'이 된 이유, 선거에서 연이은 승리를 만들어 낸 힘은 결코 중도 프레임으로는 설명할 수 없다. 물론 중도 전략을 선거 전략으로 썼던 적이 없었던 것은 아니다. 그러나 그것이 승리의 원인은 아니었다. 승리의 힘은 다른 곳에 있다. 박근혜는 우리나라 주류의 상징과도 같은 인물이다. 박정희 전 대통령의 딸로서 보수 세력과 영남, 5060세대라는 한국의 주류 세력에게 거의 육친적인 영향력을 가지고 있어서 이들의 간절함을 동원해 낼 수 있는 유일한 인물이다. 박근혜가 가지고 있는 지지자들과의 이 같은 육친적 결합이 박근혜 정부 시절에 치러진 선거에서 연승할 수 있는 힘이었다고 나는 생각한다.

지금 야당의 문제는 지지 기반의 붕괴다

흔히 야당, 특히 민주당을 비판할 때 중도층의 지지를 받지 못하는 정당, 증오의 정치에 빠진 정당, 싸가지 없는 정당이라 말하기도 하지만, 지금 야당의 문제는 그것이 아니다. 현재 야당 문제의 핵심은 지지 기반이 붕괴되고 있다는 것이다. 과거 김대중 시대에 야당은 호남의 압도적인 지지를 받았고, 민주주의를 갈망하는 유권자들의 압도적인 지지를 받았다. 노무현 시대에는 젊은 세대와 정치 개혁을 염원하는 사람들의 압도적인 지지를 받았다. 그러나 지금은 어떠한가? 어느 층에서도 압도적인 지지를 받지 못하고 있다.

크게 보면 야당을 지지하는 계층은 지역적으로는 호남·수도권·충청권, 세대로는 20대에서 50대 초반까지, 정치적 성향으로는 진보 내지 중도라고 할 수 있다. 이 가운데 어느 하나에도 포함되지 않는 사람, 예를 들면 영남의 60대, 보수적인 사람이 야당을 지지할 가능성은 거의 없다고 봐야 할 것이다. 그런데 지금 민주당은 지지 계층 가운데 어느 한 계층으로부터도 압도적인 지지를 받지 못하고 있다.

지지 기반의 상실을 부채질하는 가장 큰 이유는 야당 내 최대의 분열 구조인 친노 대 비노의 대립이다. 친노 대 비노의 대립에서 핵심 논리의 구조를 살펴보면, 안타깝게도 서로가 야당의 핵심 지지 기반에 생채기를 내서 떠나게 만드는, 그야말로 자학적인 대립 구도이다. 왜 그런가? 먼저 비노의 논리를 보자. 핵심은 이것이다. "친노·좌파로는 안 된다. 문재인과 친노 세력은 패권주의 세력이다. 이들로는 필패다. 노무현을 넘어서지 않으면 미래가 없다. 중도만이 답이다." 그렇다면 친노의 논리는 무엇인가? "호남으로는 안 된다. 지역 구도를 넘어서야 한다. 호남은 기득권에 빠져 있다. 영남의 표를 가져올 수 있는 영남 후보만이 필승 카드다."

이것이 비노와 친노 대립의 본질적인 논리다. 그런데 놀라운 것은 두 가지 논리 모두가 중도의 논리에 기반하고 있다는 점이다. 서로 자신이 야당의 중심이라고 내세우는 것이 아니다. "당신들 가지고는 안 된다. 내가 있어야 한다."라고 주장하는 것이다. 비노는 "진보적 유권자들은 어차피 야당을 찍을 텐데 거기에 매몰되면 선거에서 질 수밖에 없다."라고 주장하는 것이고, 친노는 "호남은 어차피 야당을 찍을 텐데 거기에 매몰되면 선거에서 질 수밖에 없다."라고 주장하는 것이다.

그런데 이러한 논리는 결국은 야당의 핵심 지지층인 진보적 유권자들과 호남 유권자들에게 생채기를 내는 것이다. 그래서 나는 지금의 친노 대 비노의 대립 구도를 가리켜 자해적인 대립 구도라고 말하는 것이다. 실제로 인터넷 댓글을 보면 대체로 민주·진보적 유권자들과 호남 유권자들을 비난하고 공격하고 폄하하는 내용으로 가득 차 있다. 이것이 도대체 실제 지지자들의 댓글인지 아니면 국정원 댓글 부대나 새누리당 지지자들의 댓글인지 분간이 안 될 정도이다.

이럴 때 민주당이 지지 기반을 상실하는 것은 당연한 일이다. 지지자는 정당이 자신을 불러 주지 않으면 정치적 주체가 되지 않는다. 그런데 지금 민주당은 지지자를 호명하기는커녕 끝없이 상처를 주거나 무관심하다. 그리하여 지금 민주당의 중심은 텅 비어 있다. 야당의 한가운데는 아무것도 없다.

이처럼 지금 민주당의 문제는 핵심 지지 기반의 붕괴임을 여실히 보여 주는 여론조사가 있다. 민간 싱크 탱크 '더미래연구소'가 2015

년 7월 24일부터 8월 7일까지 실시한 유권자 정치의식 조사가 그것이다. 조사 결과 지지 정당 만족도에서 새누리당 지지층은 만족도가 82.8%인 반면, 민주당 지지층의 만족도는 63.7%에 불과했고, 호남의 만족도는 47.1%에 불과했다. 호남의 지지 정당 만족도는 새누리당 지지층의 지지 정당 만족도의 절반 수준이었고, 전반적으로 민주당 지지층의 분열과 불만족이 심각했다. 그런데 이들은 대체로 민주당에게 진보적인 정체성을 요구했다. 민주당 지지층의 67.8%, 무당파의 63.8%가 민주당에게 진보·개혁적 정체성을 요구했고, 민주당 지지층의 69.0%, 호남의 76.5%가 민주당이 제대로 못 싸운다고 비판했다.

이처럼 민주당에 대해 불만이 많고 지지층이 분열된 반면, 전반적 지지도를 보면 보수 정권에 대한 피로감 속에서 야권이 미세하게 우세한 지형이 펼쳐지고 있었다. 총선 지지 의향에서 '야권 후보를 지지하겠다'(53.6%)가 '새누리당 후보를 지지하겠다'(46.3%)보다 많았고, 1997년 이후 역대 정부에 대한 평가에서도 김대중(63.3%), 노무현(59.6%), 박근혜(32.6%), 이명박(29.5%)순으로 긍정 평가가 많았다.

지금 민주당은 지지자 정당이 아니라 무당파 정당이다

앞의 여론조사에서도 알 수 있듯이, 지금의 야당, 특히 제1야당인 민주당은 자신의 지지 기반을 상실하고 정체성 확보에 실패하면서 진보 유권자, 호남 유권자, 젊은 층 유권자들의 무당층화가 심화되고 있다. 그도 그럴 것이 지금 민주당은 지지자를 위한 정당이 아니다. 지금 민주당은 무당파를 위한 정당이 되어 버렸다.

그 한 예를 보자. 민주당은 2016년 4월 제20대 총선을 앞두고 국회의원 후보를 공천함에 있어 현역 의원들의 활동을 평가해서 하위 20%를 탈락(컷오프)시키겠다고 공언했고, 선출직공직자평가위원회를 구성해 평가를 진행했으며, 문희상·유인태 등을 컷오프 대상으로 결정하고 공천에서 배제했다. 평가에서 반영 비율이 가장 높은 것은 여론조사였는데, 35%나 됐다. 그런데 여론조사를 앞두고 전북 익산에서 황당한 문자 메시지가 발송되었다는 보도가 있었다. 그 내용은 "지지하는 정당이 없다고 답해 주세요. 민주당을 지지한다고 답하지 마세요."라는 것이었다. 다른 곳에서도 "지지 정당은 없다고 해 주시면 고맙겠습니다."라는 문자가 발송되었다고 한다. 도대체 왜 민주당 소속 국회의원이 소속 당원들에게 지지 정당이 없다고 답하라는 문자를 보낸 것일까?

그것은 평가 방식이 현역 의원 개인 지지도에서 정당 지지도를 빼서 점수를 매기기 때문이다. 예를 들면, 개인 지지도가 30%, 정당 지지도가 30%면 0점이고, 개인 지지도가 30%, 정당 지지도가 20%면 10점, 개인 지지도가 20%, 정당 지지도가 30%면 –10점이 된다. 이처럼 개인 지지도는 높게 나올수록 좋지만 정당 지지도는 낮게 나올수록 좋으니 민주당을 지지하지 않는다고 답해 달라고 문자를 발송한 것이다. 어디 두 곳뿐이겠는가? 아마 거의 모든 민주당 현역 의원들이 조직을 동원해, 여론조사에서 민주당이 아니라 차라리 새누리당을 지지한다고 답하라고 요청했을 것이다. 이게 과연 제대로 된 정당인가?

놀라운 일이지만 이런 기가 막힌 풍경은 처음도 아니다. 2012년 총선 공천 때도 공천 심사에서 개인 지지도에서 정당 지지도를 뺀 것을 핵심 지표로 반영했다. 물론 정당 경쟁력을 제외한 순수한 후보 경쟁력을 측정하기 위해 그렇게 할 수도 있겠지만 공천 때마다 반복되다 보니, 현역 의원들이 민주당의 지지율은 가능하면 낮추고 개인의 지지율은 높이는 활동에 주력하게 되는 것이다.

이런 평가는 무엇이 문제인가? 결국 민주당 국회의원 후보를 결정하는 권한을 무당파와 새누리당 지지자들에게 넘겨준다는 것이다. 이런 식의 평가를 잘 알고 있는 민주당 국회의원들은 평소에 어떻게 활동해야 할까. 당원의 수를 늘리는 것은 자살 행위나 다름없는 일이니 그렇게 하지 않을 것이다. 또한 민주당 지지자들에게 관심을 기울이고 신경을 쓸 이유도 없을 것이다. 당의 구조를 잘 아는 합리적이고 현명한 민주당 국회의원이 관심을 기울일 곳은 결국 새누리당 지지자들과 무당파 유권자들일 것이다. 민주당은 이렇게 정당정치의 원칙과는 멀리 떨어진 정당이 되고 말았다.

김춘수 시인의 '꽃'

"내가 그의 이름을 불러 주기 전에는 그는 다만 하나의 몸짓에 지나지 않았다. 내가 그의 이름을 불러 주었을 때 그는 나에게로 와서 꽃이 되었다."

김춘수 시인의 유명한 시 〈꽃〉의 앞부분이다. 정치 이야기를 하다가 웬 시인가 싶겠지만, 나는 이 시야말로 정치와 정당의 본질을 가장 잘 표현한 글이라고 생각한다.

무엇보다 이 시는 철학적으로 해석될 수 있다. 꽃이 먼저 있었기에 사람들이 그것을 '꽃'이라고 부르게 된 것이 아니라, 사람이 '꽃'이라고 불렀기에 그것이 비로소 꽃이 되었다는 것이다. 철학사에서 인식의 주체인 인간과 인식의 대상인 객관적 물체의 관계에 대해 얼마나 많은 논의가 있었던가? 철학의 근본 문제라고 해도 과언이 아닐 것이다. 인식의 주체와 인식의 대상 간의 문제가 철학의 근본 문제이듯이, 정당과 지지자(시민) 간의 문제 또한 정치의 근본 문제라 할 수 있을 것이다. 과연 정치에서 정당과 지지자 간의 관계는 지지자가 먼저 있고, 지지자에 의해 정당이 만들어지는 관계일까, 아니면 정당에 의해 지지자가 만들어지는 관계일까?

나는 정치적 진실은 김춘수 시인의 〈꽃〉과 같다고 생각한다. "내가 그의 이름을 불러 주었을 때 그는 나에게로 와서 꽃이 되었"듯이 정당이 지지자(시민)들을 불러 주어야 지지자(시민)들은 비로소 정치와 민주주의의 주체가 된다. "내가 그의 이름을 불러 주기 전에는 그는 다만 하나의 몸짓에 지나지 않았"던 것처럼, 만일 정당이 지지자(시민)들을 불러 주지 않는다면, 지지자(시민)들은 다만 하나의 몸짓에 지나지 않게 되고, 정치와 민주주의의 주체가 되지 못한다.

그런데 지금 한국의 야당은 어떤가? 언제부터인가 민주당은 자신의 지지자들보다 무당파를 더 대접했다. 지지 기반이 되는 유권자들은 어차피 찍을 사람들이라고 생각하고, 중도층 내지 무당파, 심지어는 새누리당 지지자들을 민주당 지지자보다 더 소중히 하고 더 중요하게 대접했다. 지지자를 위한 정당이 아니라 무당파를 위한 정당이 되었다. 조국은 "내가 호남 사람이라도 새정치연합을 안 찍는다. 돈 대주고, 힘 대주는데 의사 결정에선 소외된다고 여긴다면 찍을 이유가 없다."라고 말했다. 민주당이 호남에 무관심한 것도 어차피 찍을 사람들이라고 보기 때문이다.

　이런 과정이 반복되다 보니 지지자들도 점차 무당파가 되었다. 민주당을 예뻐하고 싶어도 예쁜 구석이 없는데다가, 지지자들은 본체만 체하면서 무당파에만 애정을 퍼붓고 있는데 지지자들이 왜 민주당을 계속 지지하겠는가? 지지자들도 무당파가 되는 것이 남는 장사인데 왜 민주당을 지지하겠는가? 민주당 지지자들이 합리적 선택을 하는 사람들이라면 민주당을 지지할 이유가 없는 것이다. 그렇게 민주당의 지지 기반은 붕괴되고, 민주당의 중심은 텅 비어 가며, 민주당은 무당파의 정당이 되어 갔다.

| 3 |

야당, 갈등을 지배하라!

'갈등은 민주주의의 엔진'

중도 프레임은 사회적 갈등을 본질적으로 나쁜 것으로 사고한다. 따라서 갈등에 적극적으로 개입하지 않으려고 하고, 갈등에서 초래되는 분열에 무관심하며, 그로 인해 만들어지는 지지자들의 요구를 적극적으로 대변하는 것을 주저하게 된다. 그런데 과연 사회적 갈등은 나쁜 것일까?

이에 대해 미국의 유명한 정치학자 샤츠슈나이더는 이렇게 말한다. "갈등은 사람들을 분열시키는 동시에 통합한다. …… 통합 과정은 분열 과정만큼이나 갈등에 필수적인 요소이다. 갈등이 완연하게 발전하면 할수록 좀 더 격렬해지며, 갈등이 격렬해지면 격렬해질수록 상호 적대적인 양 진영의 내적 통합은 더욱 강화된다. …… 정치에 대한 몇 가지 잘못된 생각은 통합과 분열이 동일한 과정의 일부임을 이해하지 못한 데서 비롯되었다"(샤츠슈나이더 1975, 118).

샤츠슈나이더는 사회적 갈등이 민주주의의 엔진이고, 갈등을 키우고 사회화하는 것이 민주주의를 발전시키는 길이라고 말한다. 민주주의란 갈등 때문에 불러들여진 정치체제이고, 갈등이 없다면 민주주의가 존재해야 할 이유가 없다는 것이다. 그는 갈등을 사회화해 최대한 많은 사람들이 갈등에 관여하게 할수록 하층계급에 유리하고, 갈등을 민영화 내지 사사화(privatization)할수록 상층계급에 유리하고 말한다.

민주주의가 이처럼 갈등에 기반을 둔 정치체제인 만큼, 민주주의 정치에서 갈등의 한 축을 대변하지 않고서는 사회적 통합을 이뤄 낼 수 없다고 나는 생각한다. 갈등 없이 통합이 없는 것처럼, 갈등의 대변 없이 통합을 실현해 내는 것은 불가능하다. 역사는 이를 증명하고 있다. 스웨덴의 사민당 정부나 미국의 프랭클린 루스벨트(Franklin Roosevelt) 대통령처럼 국민적 통합을 이뤄 내 복지국가로 나아갔던 정부는 결코 중립의 정부가 아니었다. 그 정부는 갈등의 한 축, 특히 하층계급을 강력히 대변했던 정부였다. 갈등을 대변할 때만 사회적 통합 과정에서 반드시 필요한 양보를 설득해 낼 수 있다.

중립적인 위치에서 갈등의 당사자들을 모아 조정하면 통합이 이뤄질 수 있다는 생각은 언뜻 그럴 듯 해 보인다. 그러나 그것은 현실적으로 불가능하며, 그렇게 이뤄졌던 역사적 사례도 없다. 무엇보다 우려되는 것은 이런 사고의 바탕이 플라톤이 꿈꿨던 철인 정치적 사고와 비슷하다는 점이다. 플라톤의 철인 정치의 정치적 귀결은 군주정이다. 모두 알다시피, 플라톤은 민주정을 혐오했다.

립셋과 로칸의 시각 vs. 사르토리의 시각

정치학에서 정당론의 대가로 거명되는 학자들이 몇 명 있다. 그중에서도 손꼽히는 학자는 간부 정당과 대중정당을 개념화한 뒤베르제, 동결 명제를 개념화한 립셋과 로칸, 그리고 지금까지도 모든 정당 관련 연구를 대표하는 사르토리다. 그런데 정당과 지지자(또는 사회적 균열)의 관계에 대해서는 립셋·로칸과 사르토리의 시각이 사뭇 다르다.

립셋과 로칸은 정치적·사회적 균열과 그로 인한 지지자 그룹의 생성이라는 하부구조가 정당 체계라는 상부구조를 결정했다고 봤다. 서유럽에서는 국민혁명과 산업혁명이라는 두 가지 역사적 사건을 통해 중요한 정치 균열이 형성되었고, 여기에 각국이 처한 정치적 조건, 경제적 이해관계, 격변의 타이밍 등의 영향에 따라 서로 상이한 정당 체계가 형성되었다는 것이다.

립셋과 로칸은 국민혁명과 산업혁명이라는 두 가지 거대한 역사적 사건이 네 가지 균열을 만들어 냈다고 분석했다. 국민혁명의 결과, ① 중심부 대 주변부 간의 균열, ② 세속적인 국민국가와 교회 간의 균열이 만들어졌고, 산업혁명의 결과, ③ 도시와 농촌 간의 균열, ④ 고용주와 노동자 간의 균열이 나타났다는 것이다.

이 네 가지 균열 가운데 네 번째 노동시장의 균열(고용주와 노동자 간 균열)은 대부분의 나라에서 균질적인 모습을 보였지만, 다른 세 가지는 나라마다 조금씩 달랐고, 따라서 유럽 각국의 정당 체계가 상이한 모습을 보이는 것은 나머지 세 가지 균열에서의 차이 때문이라는 것이다(Lipset & Rokkan 1967). 이처럼, 정당과 지지자의 관계에 있어, 립셋과 로칸은 정치적·사회적 균열과 그로 인해 만들어진 사회적 집단이라는 하부구조가 정당 체계라는 상부구조를 결정한다는 것이다.

그러나 사르토리는 정치·사회적 균열에 의해 정당 체계가 규정되는 측면보다, 정치제도와 정당의 적극적인 역할을 강조했다. 그에 따르면 정당은 단순히 계급 균열의 '결과'가 아니다. 오히려 정당이 정치적으로 지지자들을 동원하기 위해 계급이라는 정체성을 부여했다는 것이다(Sartori 1990).

이렇게 되면 정치·사회적 균열, 그로 인한 지지자 그룹과 정당 체계 간의 인과관계는 역전된다. 정당이 정치사회를 반영만 하는 것이 아니라 정당이 정치사회를 형성하게 된다. 사르토리가 일깨워 주듯이 정당과 정당 체계는 대상일 뿐만 아니라 주체이기도 하다. 의제를 설정하는 주체로서 운영 규칙을 정하는 것은 정당이며, 시민들은 정당이 만들어 낸 운영 규칙을 통해 정치 세계를 이해하고 해석하게 된다. 김춘수 시인의 시 〈꽃〉처럼, 먼저 꽃이 있어서 내가 '꽃'이라고 부른 것이 아니라, 내가 '꽃'이라고 불렀기에 그것은 비로소 꽃이 되는 것이다.

갈등의 대체 또는 치환,
정치 전략의 핵심 중의 핵심

정당이 정치적으로 지지자들을 동원하기 위해 계급이라는 정체성을 부여한다는 사르토리의 지적은 정당이 갈등에 적극 개입하고 나아가 갈등을 활용해야 한다는 것을 의미한다. 갈등이 민주주의의 원동력이고, 갈등을 통제할 수 있는 가장 강력한 수단은 갈등 그 자체인 만큼, 정당은 갈등에 적극적으로 개입해야만 한다. 갈등에 개입하지 않는 정당은 존재 이유가 없다. 나아가 정당은 갈등을 활용해야 한다. 정당의 존재 이유는 갈등을 활용해 집권하고, 사회를 변화시키는 것이다.

정치 전략을 결정하는 것은 바로 이 갈등의 차원들이다. 일단 특정 방향의 갈등이 정해지면, 다수파의 지도자들은 자신의 연합을 유지하기 위해 그 갈등이 만들어 낸 균열을 계속해서 이용한다. 만약 반대파가 순순히 그와 같은 갈등의 방향을 수용한다면, 정치체제는 상대적 안정성을 유지하게 될 것이다. 그러나 다수파가 되고자 하는 반대파는 '갈등의 대체' 전략을 추구할 수도 있다. 정당은 새로운 갈등으로 모여든 지지자들을 새롭게 결집시키는 것이다(샤츠슈나이더 1975).

정당이 새롭게 지지자를 호명하는 것, 이것이 바로 갈등의 대체 또는 치환이다. 정당은 다수파가 되기 위해 기존의 갈등을 새로운 갈등으로 치환한다. 그러므로 갈등의 대체 혹은 치환, 즉 새로운 갈등을 불러들여 기존 갈등을 대체하는 것은 정치 전략의 핵심 중의 핵심이다. 이런 갈등의 치환은 민주주의 역사에서 자주 등장한다. 그 대표적인 사례를 미국에서 살펴보자.

1932년 프랭클린 루스벨트 대통령이 뉴딜 연합을 형성해 당선되기 이전까지 미국 정치의 갈등 구도를 보면, 북부는 공화당을 지지하고 남부는 민주당을 지지했는데, 이는 공화당의 압도적인 우위를 만들어 냈다. 실제로 1860년 대선에서 공화당의 에이브러햄 링컨이 대통령에 당선된 이후 1932년 전까지 치러진 총 18번의 대통령 선거에서 14번을 공화당이 승리했다. 그 기간 동안 민주당은 단 4번 승리했을 뿐이다. 압도적인 공화당 우위였다. 1860년대부터 시작된 70년간의 공화당 독주 체제는 이른바 '링컨 전략'이라는 공화당의 선거 전략에서 비롯되었다. 링컨 전략의 핵심은 노예해방을 공약으로 제시함으로써 노예제도에 거부감을 가지고 있던 북부를 공화당 지지 세력으로 전환시키는 것이었다. 그 결과 한낱 신생 정당에 불과했던 공화당은 기존의 중상주의(휘그당) 대 농본주의(민주당)라는 지배 균열을 노예해방(공화당) 대 노예제도 유지(민주당)라는 새로운 지배 균열로 대체함으로써 정당 체계를 재편성했고, 70년 독주 체제를 만들어 냈다(최준영 2007).

그러나 공화당 우위의 미국 정치는, 1932년 프랭클린 루스벨트에게 승리를 가져온 '뉴딜 연합'으로 인해 이후 1960년대까지 40년간 민주당의 압도적 우위로 전환된다. 1932년부터 1968년 이전까지 9번의 대선 가운데 민주당 후보가 7번 당선되었고, 공화당 후보가 2번 당선되었다. 공화당이 승리한 2번의 선거에서 당선자는 아이젠하워였는데 그는 집권 기간 내내, 민주당이 만들어 낸 뉴딜 정책의 근간을 흔들지 않았다. 이 시기 민주당 우위의 정치 구도를 만들어 낸 뉴딜 연합이란, 뉴딜 정책을 통해 남부의 백인 세력과 북부의 노동 계층을 하나로 묶어 낸 정치 연합이었다. 정부의 적극적인 역할을 강조한 뉴딜 연합으로, 민주당은 '남부 백인들의 정당'에서 '가난한 사람들의 정당'으로 바뀌었다. 갈등의 대체가 이뤄진 것이다. 갈등의 대체에 성공한 민주당은 다수파 정당이 되어 1960년대까지 미국 정치를 지배했다.

뉴딜 연합이 변화하기 시작한 것은 1960년대 중반이었다. 1964년 민주당 존슨 대통령이 뉴딜 연합을 해체시키는 법안을 통과시켰다. '민권법'과 '투표권법'이었다. 이것은 남북전쟁 이후 주의 자치권이라는 명분으로 유보되어 왔던 남부 흑인들의 인권과 투표권을 보장해 주는 법이었다. 이것이 남부 백인들의 마음을 흔들었다. 그들은 이를 남부에 대한 민주당의 배신으로 간주했다.

이때 공화당은 전략적 선택을 감행하는데, 바로 '남벌 전략'(southern strategy)이었다. 남북전쟁 이후 1백 년 넘게 민주당의 전통적 지지층이었던 남부 백인들을 공화당 지지자로 바꾸는 것이다. 뉴딜 연합의 3분의 1을 차지했던 남부를 뉴딜 연합에서 떼어낼 수 있다면 공화당은 다시 다수파가 될 수 있었다. 이를 위해 미국의 보수 세력들은 흑인에 대한 남부 백인들의 멸시의 감정을 적극 활용했다. 이는 1964년 공화당 대선 후보 배리 골드워터(Barry M. Goldwater)에서 시작되었고, 1980년대 레이건(Ronald Reagan)에 의해 완성되었다. 그 결과 남부는 공화당의 기반이 되었다.

인종 문제는 미국 정치의 숨은 비밀이다. 왜 미국에는 여느 선진국과 달리 사회주의 정당과 사회운동이 없었는가에 대한 체계적인 연구(Alesina, Glaeser, and Sacerdote 2001) 역시 그 원인이 '인종'에 있다고 결론 내린다. 사회주의도, 사회운동도 결국은 함께 잘 살자는 것이요, 부자의 부를 가난한 사람에게 나눠 주자는 것인데, 미국에서 가난한 사람이란 결국 흑인이었던 것이었다. 인종주의가 사회운동의 확산을 막았다는 것이다.

미국에서 루스벨트, 트루먼(Harry Truman), 케네디(John F. Kennedy), 존슨(Lyndon Johnson)으로 이어지는 40여 년의 민주당 집권기(1930~60년대)에 남부는 민주당의 중요한 정치적 기반이었다. 그것은 민주당이 경제적 평등을 추구했지만 인종차별에 반대하지 않았기 때문에 가능했다. 그런데 존슨 대통령 때 인종차별을 폐지하는 민권법을 통과시킨 후 남부는 공화당으로 돌아서기 시작했다. 그리고 이후 공화당의 보수주의자들은 흑인에 대한 남부 백인들의 반발심을 적극 활용했다. 그들은 거기에 기독교 원리주의를 결합해 미국 남부에서부터 세력을 확장하기 시작했다. 이 전략은 성공했고, 다시 미국 정치에서 보수 세력이 장기 집권하는 원동력이 되었다. 1968년부터 2008년 대선 이전까지 총 10번의 대선에서 공화당은 7번을 승리했으며, 민주당은 겨우 3번의 승리에 그쳤다.

한국 정치에서 갈등 구조의 변화 : 갈등을 동원하는 정당만이 살아남는다

그렇다면 우리나라에서 정치적 갈등 구조는 어떻게 변화해 왔는가? 한국에서는 서구와 달리 노동 대 자본 간의 균열이 정당 체계의 근간으로 발전하지 못했다. 그 까닭은 무엇보다 노동-자본 간의 갈등이 정치적 균열로 성장하는 것을 반공 이데올로기와 군부독재의 억압적 지배가 막았기 때문이다. 보수-진보 간의 갈등이 첨예화되지 않은 데에는, 전쟁과 남북 대결의 심화로 인해 진보의 영역이 축소되었고, 진보 혁신 세력에 대한 박정희의 사전 봉쇄가 큰 영향을 미쳤다. 박정희는 군정 기간에 통일사회당, 사회대중당, 혁신당, 사회당, 교원 노조 등 진보 혁신 세력을 철저히 제거했다.

또한 한국의 노동운동에는, 서구와 달리 참정권 확보와 같은 정치적 동기가 없었다. 서구에서 하층계급으로의 투표권 확대는 각국 정치제도의 특성을 바꿔 놓았고, 새로운 균열을 만들어 냈다. 그러나 한국에서는 헌법 제정 때부터 이미 보통선거권이 확립되었으므로 이런 경로를 거치지 않았다. 1960년대에서 1980년대까지 사회적 이동성이 컸다는 점도 노동-자본 균열을 약화시켰다. 이 시기에는 급속한 경제 발전 속에 자수성가, 교육을 통한 신분 상승 등 사회적 이동의 가능성이 열려 있었다(강원택 2011, 99-129).

이처럼 우리나라에서 산업화의 시기에 노동계급에 기반을 둔 균열이 등장하기는 했지만 냉전하의 반공 이데올로기, 억압적 권위주의 체제, 높은 사회적 이동성 등 여러 요인으로 말미암아 강력한 정치 운동으로 발전하지는 못했다. 대신 한국 정치에서 갈등 구조는 '여촌야도'로 표현되는 도시-농촌 간의 대립, 영남과 호남 간의 지역 대립, 그리고 지금의 세대 구도로 변화되어 왔다. 그 과정에 대해 나는『진보 세대가 지배한다』에서 자세히 분석한 바 있다(유창오 2011, 160-186).

여촌야도는 1958년 제4대 총선에서 보수 양당제가 정립된 이후 1987년 민주화 이전까지의 선거 구도였다. 농촌은 자유당-민주공화당-민주정의당으로 이어지는, 독재 정권의 정당인 여당을 찍고, 도시는 야당인 민주당을 찍었다. 여촌야도란 다수파 전략의 관점에서 보면 독재 정권이 국민의 절대다수인 농민들을 포섭한 것이다. 농민이 전체 국민의 다수를 차지하던 시절, 농민의 지지를 확보하는 것은 정치적 다수파가 되는 것을 의미했다.

그런데 왜 농민들은 30년간 독재 정권을 지지했을까? 한 가지 이유로 토지개혁의 성과를 들 수 있다. 1950년 5월 실시된 토지개혁은 '유상 몰수, 유상 분배'의 방식으로 이뤄졌는데, 남미의 경우 아예 토지 재분배가 이뤄지지 않아 지금까지 심각한 빈부 격차의 원인이 되는 데 비해, 어느 정도 평등한 분배가 이루어진 측면이 있다. 따라서 토지개혁은 농민들에게 일정한 만족을 주었고, 농민들은 여당에 투표했다. 그러나 더욱 결정적인 이유는 독재 정권이 농민들을 통제 아래 두고 정치적으로 동원했기 때문이다. 도시민들에게 거주지와 일자리는 다른 곳인 반면, 농민들에게는 거주지와 일자리는 같은 곳이다. 따라서 도시민들은 누가 여당을 찍고 누가 야당을 찍는지 잘 드러나지 않는 반면, 농민들의 경우 거의 그대로 드러난다. 따라서 농촌에서는 투표 결과에 대한 독재 정권의 직접적 통제, 즉 동원 투표가 가능했고, 그 효과가 분명했다. 한마디로 여촌야도는 권위주의적 동원 체제의 산물이었다.

1987년 대통령 직선제가 부활되면서 치러진 제13대 대선은 지역 구도로 치러졌고, 이는 지금까지 주요한 선거 구도로 작용하고 있다. 지역 구도의 핵심은 호남에 대한 배타적인 지역감정, 즉 호남 차별이었다. 그리고 이런 반호남 지역주의는 김대중의 집권을 막기 위해 박정희 정권에 의해 전략적으로 만들어진 것이었다. 흔히 호남에 대한 편견이나 차별이 역사적으로 오랜 기원을 가지고 있다고 주장되기도 하지만, 그것은 사실이 아니다. 그것은 누군가의 필요에 의해 작위적으로 창조된 역사, '과거의 정치적 이용' 내지 '전통의 발명'에 불과하다(박상훈 2009).

반호남 지역주의는 1971년 대통령 선거 때부터 박정희가 만들어 낸 것이다. 박정희는 1960년대까지 반호남 지역주의를 동원하지 않았다. 그 이유는 간단했다. 야당 대표가 충청남도 아산 출신의 윤보선이었기 때문이다. 그러나 1971년 대선부터 본격적으로 반호남 지역주의를 동원했다. 야당 대표가 호남 출신의 김대중이었기 때문이다. 박정희에게 1971년 대선은 악몽이었다. 온갖 부정선거에도 불구하고 가까스로 이겼고, 그래서 1972년 박정희는 유신 헌법을 제정해 대통령 직선제를 없애 버렸다.

이후 박정희 정권은 반공 이데올로기를 적극 활용해 김대중을 '사상이 의심스러운 자'로 매도했으며, 반정부 세력을 분열시키기 위해서도 반공 이데올로기와 결합된, 호남에 대한 편견을 적극 동원했다. 이에 대해 상층 집단은 적극 부응했다. 그 결과 정부의 고위직, 재벌 기업의 상층 관리직 등에서 호남 출신의 비율이 줄어들었다. 그 과정에서 호남 출신의 개성적 특질 내지 행동 양식에 대한 편견과 허위의식(예컨대, '간사하다', '배신을 잘 한다'는 등)이 조장되었고, 이를 받아들이는 사람들은 '가해자 의식'을 공유했다.

최근에는 지역 구도와 함께 세대 구도가 새로운 선거 구도로 등장했다. 40대 내지 50대 초반을 경계로 해서 50대 이상은 새누리당을 지지하고 40대 이하는 민주당을 지지하는 선거 구도가 형성된 것이다. 세대 구도에 대해서는 『진보 세대가 지배한다』라는 책에서 자세히 분석했고, 이 책 제4장에서도 간단히 설명하겠다.

지지자의 경제적 요구에 적극적으로 답하는 정치

나는 제2장에서 민주당의 문제점은 지지 기반이 붕괴되고, 중심은 텅 비어 가고, 무당파의 정당이 된 것이라고 지적했다. 그런데 그런 민주당과는 달리, 반대의 길로 간 정당이 있다. 바로 새누리당이다. 지지 기반이 늘고 중심은 꽉 차고, 지지자의 정당이 되었다. 현역 국회의원 가운데 그 누구도 자신의 이익을 위해 당을 함부로 공격하지 못하고, 공천을 받기 위해서는 지지자들을 먼저 소중히 하고, 그들로 부터 지지를 받기 위해 노력하는 정당이 바로 새누리당이다. 그리고 그 중심에는 박근혜가 있다.

박근혜는 어떻게 지지자들과 적극적으로 결합했는가? 가장 분명하고 중요한 방법은 지지자들의 경제적 이해관계에 적극적으로 답하는 것이다. 정치란 본질적으로 권위에 의한 사회적 자원의 배분이며, 그 과정을 활용해 지지자와 결합하는 것은 지지 기반을 강화하는 가장 일반적인 방법이다. 박근혜의 경우도 마찬가지였다.

모든 여론조사에서, 흔들리지 않고 박근혜를 지지하는 층은 지역적으로는 대구·경북이고, 세대로는 60대 이상이다. 특히 60대 이상의 지지는 상상을 초월한다. 대통령에 당선되기 전에도 그랬지만 취임 후 그 지지도는 훨씬 더 강화되었다. 무엇 때문일까? 집권하기 전에야 대통령이 되었으면 하는 바람에서 지지한다고 하지만, 집권 후 경제지표도 형편없고, 국정 운영에서 별 성과도 없는데 왜 어르신들의 지지도는 집권 전보다 더 강화되었을까?

그 답은 기초 연금에 있다고 생각한다. 박근혜는 경제민주화와 복지국가를 공약하고 당선되었지만 공약의 많은 부분이 이행되지 않았다. 그러나 그 가운데 분명히 이행된 것은 기초 연금 공약이었다. 물론 공약 그대로 이행된 것도 아니었지만, 그 성과는 대단했다. 2014년 7월부터 실시된 기초 연금 제도는 만 65세 이상 소득 하위 70%의 어르신들에게 소득과 재산 수준을 따져 다달이 최소 10만 원에서 최고 20만 원까지 차등해서 지급한다. 그 결과 2015년 12월 현재 기초 연금 수급자는 445만 명에 달하며, 65세 이상 어르신들 중 기초 연금 수급률은 66%다.

문제는 이처럼 2014년부터 기초 연금을 받게 된 어르신들은 그것을 박근혜가 주는 것으로 생각한다는 점이다. "박정희가 우리를 먹고 살 수 있게 만들더니, 이제는 그 딸인 박근혜가 우리에게 연금까지 준다."고 생각하는 것이다. 내 어머니도 언젠가 "내 평생에 누가 나한테 이렇게 공짜로 돈 주는 적은 처음이다. 한 달에 20만 원이면 어디냐?"라고 말씀하시는 것을 들은 적이 있다.

지지자들의 경제적 간절함에 호응함으로써 그들과 긴밀하게 결합하는 것은 미국의 민주당도 마찬가지였다. 앞에서 살펴본 것처럼 1932년 민주당의 프랭클린 루스벨트가 대통령에 당선된 이래 1960년대까지 미국 정치에서 민주당의 전성시대는 40년간 계속되었는데, 이 시기를 우리는 '뉴딜 시대'라고 부른다. '뉴딜 시대'는 대중 동원의 시대였는데, 루스벨트는 지지자들을 적극적으로 동원했다. 이후 1960년대까지 지속된 민주당 전성시대에 미국 민주당 정부는 적극적인 정치 동원을 활용해 힘의 균형을 깨트렸고, 정치 동원을 가로막았던 법과 제도들을 고쳐 나갔다.

이 시기에 민주당은 당 조직을 활용해 수백만 달러에 이르는 국가 재정을 시민들에게 분배했다. 이 프로그램은 뉴딜을 위해 만들어진 여러 가지 새로운 연방 기구의 주도로 시행되었다. 토목사업국(CWA), 연방긴급구제국(FERA), 공공사업진흥국(WPA), 민간자원보존단(CCC), 전국청년국(NYA)과 같은 기구들이 그것이다. 그 결과 "1930년대를 거치면서 모든 미국 가정의 거의 절반 정도가 이 프로그램 중 하나 이상의 지원을 받았으며, 시카고나 피츠버그 같은 도시의 민주당 조직은 정부 지원 예산의 분배를 통제하면서 수백만의 새로운 유권자를 등록시킬 수 있었다. 민주당의 새로운 지지자들은 대부분 실업 계층이었으며, 이들은 일자리나 긴급 구제 기금을 제공했던 정당 조직에 기꺼이 정치적 지지를 보냈다"(크랜슨·긴스버그 2004, 118).

이것이 바로 미국에서 '뉴딜 시대' 즉 민주당 전성시대 40년을 만든 힘이었다. 미국 민주당이 대도시의 실업 계층과 적극 결합해, 뉴딜에 의해 만들어진 국가의 저소득층 지원 프로그램을 통해 그들을 경제적으로 지원하면서, 민주당의 새로운 지지자로 만들어 냈던 것이다.

야당 부활의 길 : 갈등이라는 호랑이 등에 올라타라

정당은 갈등을 대변하고, 갈등의 본질에 천착해야 한다. 정당이 갈등을 두려워하고 그것에서 벗어나려고 하면 존재 이유가 없다. 민주주의가 정당정치인 이유는 갈등을 통해 개별 정당이 국민의 각 부분을 대변하고, 그럼으로써 국민들이 국가권력을 지배할 수 있기 때문이다. 나아가 정당은 단순히 사회적 갈등을 일방적으로 반영만 하는 것이 아니다. 정당이 지지자(시민)들을 불러 주어야 지지자(시민)들은 비로소 정치와 민주주의의 주체가 된다.

자본주의는 본질적으로 불평등을 내재한 시스템이므로, 어느 나라에서나 불평등이 그 사회의 기본적인 갈등 구조가 될 수밖에 없다. 그리고 그 핵심은 자본가와 노동자의 갈등 구조이다. 립셋과 로칸도 지적했듯이 각 나라마다 다른 요소가 작용하므로 불평등의 구조는 다를 수밖에 없다. 따라서 각 나라의 정당은 그 나라의 불평등 구조에 천착해 갈등을 대변해야 한다.

그러나 지금 한국의 민주당은 지지자들의 경제적 이해관계에 적극

적으로 답함으로써 끈끈하게 결합하는 길을 가지 않고 있다. 과거에
는 그렇지 않았다. 1987년 내가 처음 김대중의 연설을 들었을 때, 김
대중은 모든 연설마다 청중을 향해 "노동자, 농민, 도시 빈민, 자영업
자, 중소 상공인 여러분!" 하며 꼬박꼬박 호명했던 것이 아직도 기억
에 생생하다. 순서도 한결같았고, 연설마다 몇 번씩 반복하다시피 했
다. 이처럼 김대중은 지지자들을 직접 호명했다. 특히 중요한 점은 지
역주의라는 공격을 감수하면서도 영남 다수파 전략에 맞서 호남을 호
명했다는 것이다. 노무현도 대선 후보 시절 열정적으로 정치 개혁을
염원하는 젊은 세대들을 호명했고, 이들과 적극적으로 결합했다.

그러나 지금 민주당은 '모든 국민'을 말하거나 '중산층과 서민'만을
말한다. 그리고 핵심 지지층인 민주·진보적 유권자와 호남 유권자들
에게 상처를 주고 있으며, 젊은 세대에 대해서는 오히려 박근혜 정부
나 새누리당보다도 관심을 덜 기울이고 있다. 이렇게 지지자들과의
결합을 등한시해서는 안 된다. 지금 한국 정치의 대표적인 갈등 구조
는 지역 구도와 세대 구도다. 그리고 계급 갈등은 자본주의의 본질적
인 갈등 구조다. 민주당은 이에 적극적으로 답해야 한다. 답할 뿐만
아니라 그 갈등을 불러내야 한다.

"단테는 언젠가 지옥의 가장 뜨거운 곳은 도덕적 위기의 시대에 중립을 지
킨 자들을 위해 예약되어 있다고 말했다."

존 F. 케네디가 1959년 오클라호마에서 연설했다는 이 구절은 이
후 자주 인용되었는데, 많은 이들이 과연 단테 글의 어디에 이런 구절
이 있는지 궁금해 했다. 나도 평소 그 점이 궁금해서 직접 찾아보았

다. 하지만 정확히 그런 표현은 없었다.

다만, 단테의 『신곡』 지옥편에는 "치욕도 없고 명예도 없이 살아온 사람들의 사악한 영혼들이 저렇게 처참한 상태에 있노라."라는 구절이 있었다. 그리고 그곳은 지옥의 가장 뜨거운 곳, 지옥의 중심은 아니었다. 그곳은 지옥의 첫 단계였고, 처참한 상태에 있는 영혼들은 단테가 지옥을 여행하기 위해 지옥에 들어섰을 때 처음 본 영혼들이었다. 이들은 살아 있을 때 자신에게만 충실했지 하나님에게 복종하지 않았던, 치욕도 없이 명예도 없이 살았던 영혼이었다. 아무리 착하고 자신에게 충실한 삶을 살았다고 해도 하나님께 복종하지 않은 사람들은 결국은 지옥에 가고 만다는 것이 기독교의 교리다. 단테는 『신곡』 지옥편에서 그들이 지옥에서 겪는 고통을 다음과 같이 묘사했다.

"한숨과 울음과 고통의 비명들이 별 하나 없는 어두운 하늘에 울려 퍼졌다. 그 소리를 처음 들은 나는 울음을 터뜨렸다. 알 수 없는 수많은 언어들, 끔찍한 얘기들, 고통의 소리들, 분노의 억양들, 크고 작은 목소리들, 그리고 손바닥 치는 소리들이 마구 엉켜 아수라장을 만들었고 회오리바람에 휩쓸리는 모래알처럼 그 영원히 깜깜한 하늘에 떠돌고 있었다. 나는 무서워서 머리를 감쌌다"(단테 2013, 29).

케네디가 인용한 글은 단테의 『신곡』의 내용과는 사뭇 달랐다. 그러나 내가 보기에 본질은 같았다. 그것은 한마디로 중립은 없다는 것이다.

야당
부활의 조건,
벗어나야 할
4가지 늪

제 2 부

| 4 |

첫 번째 늪

친노·비노의 대립

"나는 우리 시대가 끝났음을 알고 있었다"

2005년 12월, 노벨평화상 수상 5주년을 기념하여 김대중은 폰 바이츠제커(Carl Friedrich von Weizsacker) 전 독일 대통령 내외를 초청하여 "독일 통일 경험과 한반도"라는 주제로 특별 대담을 했다. 독일 통일과 한반도의 상황을 견주어 보는 이 대담은 연말에 KBS 텔레비전으로 방송되었다. 이 대담은 한상진 서울대 교수의 사회로 진행되었는데, 김대중은 『김대중 자서전』에서 그해 겨울의 특별 대담을 회고하며 한상진에 대해 다음과 같이 말했다.

"한상진 교수는 진정성이 있는 학자였다. 국민의정부에서는 한국정신문화

연구원과 정책기획위원회의 책임을 맡았다. 그는 관료가 되는 것을 한사코 마다했지만 내가 제시한 직책들은 차마 거부하지 못했다. 만날 때마다 한반도 통일 방안과 우리 민족의 미래에 대해 서로 묻고 답했다. 그 기억이 소중하게 남아 있다. 내가 대통령에서 퇴임 후 우리 집을 찾아와 '아직 할 일이 많으십니다. 꼭 건강하셔야 합니다.'라며 내 손을 쥐었다. 하지만 나는 우리 시대가 끝났음을 알고 있었다"(김대중 2010, 2권 545).

내가 이 대목을 읽은 것은 책이 나온 직후였고, 내게 이 대목은 아련하게 읽혔다. 퇴임 후 정치적으로 힘든 시기를 보내고 있는 전 대통령을 찾아와 따뜻이 위로하는 원로 교수와 그에 응답하는 전 대통령의 모습은 인상 깊었다. 특히 인상 깊었던 것은 "나는 우리 시대가 끝났음을 알고 있었다."라는 김대중의 표현이었다.

문재인 필패론, 친노 필패론, 진영 논리 필패론

제2부를 시작한다. 제2부에서는 야당(민주당)이 벗어나야 할 네 가지 늪에 대해 설명하겠다. 그런데 우리는 이미 제1부에서 한 가지 늪을 살펴보았다. 그것은 '중도 프레임'의 늪이다. '중도 프레임'까지 포함한다면 야당이 벗어나야 하는 늪은 다섯 가지가 될 것이다. 제2부에서는 나머지 네 가지에 대해 살펴보겠다. 그것은 친노·비노 대립의 늪(제4장), 여론조사 정치, 청중 민주주의의 늪(제5장), 반정치 콤플렉스의 늪(제6장), 국가에 대한 부정적 인식의 늪(제7장)이다.

먼저 친노·비노 대립의 늪에 대해 살펴보자. 지금 민주당 최대의 늪은 바로 이것이다. 지금 민주당에서 친노는 종북 버금가는 프레임이다. 한번 빠지면 헤어 나올 수 없는 블랙홀이다. 보수 언론은 '친노 대 비노' 프레임을 무한 반복하며 민주당 내 갈등을 부추기고, 야당이 선명한 대여 투쟁으로 나설 때마다 그 책임을 '친노'에게 돌려, '친노=강경파=친북'으로 매도하고 있다. 또한 문재인을 공격하는 핵심 공격 논리가 '친노 패권주의'이다. 반면, 대통령으로서 총선을 사실상 진두지휘하려는 박근혜에 대해서는 비판을 하지 않는다.

어느 정당이나 계파가 있기 마련이고, 새누리당도 친이-친박의 계파 대립이 있지만 민주당의 계파 대립은 그 해악이 이만저만이 아니다. 새누리당의 계파 대립은 박근혜 정부가 이명박 정부의 연장임에도 불구하고 마치 정권 교체인 것처럼 보이도록 하여 새누리당에 도움이 되는 반면, 민주당의 계파 대립은 사사건건 서로 트집을 잡고 공격하는 통에 민주당을 절망의 늪으로 밀어 넣고 있다.

새누리당의 친이와 친박은 시장 근본주의적 보수와 국가주의적 보수라는 이념의 명백한 차이에도 불구하고 서로를 발전시키는 상생적 대립 관계인 데 반해, 민주당 내 친노와 비노는 도대체 무슨 차이가 있기에 이렇듯 상호 파괴적이고 절망적인 계파 대립을 계속하는 것일까? 그리하여 결국 분당의 길로 접어든 것일까? 나는 그 힘든 이야기를 한상진으로부터 시작하고자 한다.

2013년 4월 9일, 민주당 대선평가위원회가 제18대 대선 평가 보고서인 "새로운 출발을 위한 성찰"을 발표했고, 많은 논란이 벌어졌다. 보고서는 위원장인 한상진이 주도해 작성했다. 그는 그 후 이 내용을 다시 책으로 정리해 『정치는 감동이다』를 펴냈다. 한상진의 대선 평가는 한마디로 '문재인 필패론', '친노 필패론'이다. 그는 "지난 18대 대선에서 이명박 정부에 대한 불만이 그 어느 때보다 높고 정권 교체에 대한 열망도 강했음은 주지의 사실이다. 그럼에도 불구하고 결국 민주당이 패배한 이유는 무엇일까?"라고 묻고는 그것은 "노무현-문재인 참여정부 공동 책임론이 제기되었을 때 참여정부 실패로부터 적절하게 차별화하지 못한 이유"라면서, "박근혜 후보는 이명박 정부와 차별화함으로써 승리할 수 있었고 문재인 후보는 노무현 정부와 차별화하지 못했기 때문에 끝내 패배했다."고 분석한다. 그는 "18대 대선 패배로부터 민주당이 우선적으로 배워야 할 점은 바로 노무현과의 아름다운 이별"이라고 결론 내린다(한상진·최종숙 2014, 68-69).

한상진은 "2009년 5월 23일 노무현 전 대통령의 자살로 인해 지지 부진했던 친노와 그 지지자들이 다시 똘똘 뭉쳤고, 그 원동력은 바로 증오의 변증법 때문"이라며 다음과 같이 분석한다. "우리는 그들의 분노와 증오가 단결의 원동력이었다는 점에 주목해야 한다. 노무현 전 대통령의 죽음은 그를 지지하던 사람들에게 분노를 불러일으켰고 곧 친노 정치인에 대한 지지로 이어졌다. 꺼져 가던 정치 세력이 의욕적으로 다시 일어난 것은 분명 반길 만한 일이다. 하지만 친노와 그 지지자들은 증오의 정치가 상대 진영의 결집을 낳는다는 사실을 미처 알지 못했다. 그것이 바로 증오의 정치가 대선에서 승리하기 어려웠던 이유다"(한상진·최종숙 2014, 140).

그러므로 친노가 계속 민주당의 중심이 되면 2017년 대선에서도 '증오의 정치'가 되풀이되는 것이고, 그렇게 된다면 "민주당에게 승산은 없다."고 그는 단언한다. 한마디로 문재인과 친노가 청산되지 않는 한 '증오의 정치'는 계속될 것이고, 따라서 민주당에 미래는 없다는 것이다. 2012년 대선 패배 이후 "민주당이여, 이제라도 친노의 잔도

(棧道)를 태워라. 이제 더 이상의 좌절과 패배를 용인할 힘도 시간도 없다. 지금은 우리의 과오와 잘못을 불태울 때"라고 역설한 김영환도 같은 맥락에 서 있다고 할 수 있다.

그러나 과연 2012년 대선 패배를 친노 필패론, 문재인 필패론, 진영 논리 필패론으로 결론 내릴 수 있을까? 그것은 거꾸로 된 평가이다. 새누리당은 이명박과 박근혜의 담합으로 국정원 대선 공작과 북방한계선(NLL) 공세, 종북 프레임까지 미리 준비했는 데 반해, 야당은 시종일관 분열되었으며 지도부가 부재하고 전략이 미비한 상태에서 선거를 치렀기 때문에 진 것이지 후보가 문재인이었기 때문에 진 것이 아니었다.

그런데 여기에서 중요한 점이 있다. 그것은 한상진의 논리는 노무현의 죽음과 문재인뿐만 아니라 광주 항쟁과 김대중에 대해서도 적용될 수 있다는 점이다. 노무현의 죽음보다 광주 항쟁은 더한 비극이었고, 더욱 심한 증오를 불러일으켰다. 그리고 당시에도 김대중은 민주 진영 내에서 필패론에 시달렸다. 호남은 소수파인 만큼, 지역 구도하에서 호남 출신의 김대중은 필패의 후보이니 대통령 후보를 양보하라는 주장이었다. 유시민이 대표적이다. 그는 1997년 대선 때 김대중 필패론을 주장하면서 조순 당시 서울시장을 대선 후보로 밀자고 주장했었다.

한상진의 지금 논리대로 하자면 1997년 당시에 김대중은 필패의 후보요, '증오의 정치'의 상징이었으며, 권력의지가 응축된 정당 지도자였던 만큼 청산되어야 할 인물이었다. 그러나 그런 김대중을 지지했던 한상진이 현재 문재인과 민주당을 붕괴시켜야 야권에 미래가 있다고 말하는 것은 앞뒤가 다른 주장일 뿐이다.

한상진의 친노 비판의 숨겨진 이유 : 호남

한상진이 쓴 "18대 대선 평가 보고서"를 읽으면서 김대중의 회고가 떠올랐다. 노무현 정부와 열린우리당에 대한 서운함이 얼마나 컸기에 한상진 같은 학자가 어떻게 이런 보고서를 썼을까 하는 생각이 들었다. 김대중은 "나는 우리 시대가 끝났음을 알고 있었다."라고 하면서 퇴임 이후 변화된 상황을 받아들였지만 한상진은 그렇지 않았던 것이다.

"18대 대선 평가 보고서"에서 한상진은 "(제18대 대선 분석은) 민주당의 정체성과 뿌리에 대한 시각을 전제한다. 시각이 없는 조명은 애당초 불가능하기 때문"이라며, 다음과 같이 평가한다. "고 김대중 대통령이 후대에 남긴 '포용과 소통'의 유산을 판단 기준으로 하여 민주당의 현주소를 진단했다. …… 이 시각에서 보자면, 민주당의 현실은 자신의 정체성과 뿌리로부터 멀리 이탈한 것으로 나타난다. 여야의 정치 갈등이 심화되면서 민주당 안에서도 이념 갈등이 심화되어 진영 논리가 확산되었다. 당이 분열되면서 일체감이 약화되었다. 이런 과정에서 근래에는 이른바 계파 패권주의라고 불리는 현상들이 당의 단결을 저해하게 되었다"(민주당 대선평가위원회 2013, 27).

한상진의 18대 대선 평가는 위의 전제에 기반을 두고 있으며, 그 결론 역시 위의 전제로 되돌아간다. 즉, 민주당의 정체성과 뿌리는 김대중이 남긴 '포용과 소통'(즉, 중도)이었는데, 노무현을 거치면서 진영 논리가 확산되었고, 그로 인해 지난 대선에서 문재인이 졌다는 것이다. 그런데 이런 진단이 과연 맞는 것일까?

한상진은 중민론(中民論)을 주창한 사회학자다. 중민이란 중산층

중에서 사회적으로 각성한 계층을 명명한 것이며, 중민론의 요지는 중민이 사회 변화를 이끌고, 특히 한국에서 1980년대 이후 사회적 변화를 이끈 것은 중민이라는 주장이다. 중민론의 주창자로서 김대중을 중도로 해석할 수는 있겠지만 과연 그가 김대중을 좋아한 이유가 김대중이 중도였기 때문일까 하는 의문이 든다.

한상진이 김대중을 그렇게 존경하고 좋아했던 이유는 무엇일까? 민주당과 함께 18년의 세월을 보낸 나는 확신을 갖는 것이 있다. 그것은 그가 1945년생, 전북 임실 출신이라는 점이다. 유신 시대와 전두환 시대에 20대 후반과 30대를 보낸 그 세대 호남 출신들은 호남에 대한 차별과 설움을 몸소 뼈저리게 겪었다. 내가 겪었던바 김대중에 대한 그 세대 호남 출신들의 애정은 그야말로 육친적이었다.

그런 점에서 보면 한상진이 정리한 "18대 대선 평가 보고서"는 참으로 교묘하다. 보고서는 김대중이 대통령에 당선될 때 지역감정이 얼마나 심했는지 다루지 않는다. 지역 문제는 아예 대선 평가의 요소에서 빠져 있다. 또한 보수 세력이 김대중을 단순히 지역적 소수파인 호남으로 몰기만 한 것이 아니라 거기에 빨갱이라는 공격도 덧붙였음을 한상진의 보고서는 무시한다.

과연 당시에 누가 김대중을 중도라고 받아들였던가? 김대중은 빨갱이로 매도되었다. 이 점을 보고서는 다루지 않는다. 나는 김대중의 위대함은 갈등의 최전선에 서는 것을 두려워하지 않은 용기에 있다고 생각한다. 그는 결코 중도론자가 아니었다. '빨갱이'로 매도되면서도 김대중은 '빨갱이' 혐의를 벗기 위해 민주 세력과 진보 세력을 공격하지 않았다. 김대중은 자신이 민주 진보 진영을 대변한다고 생각했다.

또한 그는 지역감정을 조장하지 않았다. 오히려 지역감정의 피해자였다. 호남은 지역 구도의 소수파였기에 반호남 지역주의가 심해질수록 김대중이 대통령에 당선될 가능성은 낮아질 수밖에 없었다. 반호남 지역 구도는 보수에게는 필승의 프레임이었다. 그렇다고 김대중이 자신의 정치적 기반으로서 호남을 포기했던가? 그것은 민주 진영의 기반을 포기하는 일이었다. 김대중은 지역감정을 조장하지 않았지만 '호남의 한(恨)'을 소중히 했다. 호남을 민주주의의 교두보로, 민주 진보 진영의 최대 기반으로 만들었다.

김대중을 지도자로 받아들인 호남 사람들은 그의 민주적 가치와 진보적 가치를 자신의 것으로 체화했다. 결국 그 힘으로 김대중은 대통령에 당선되었고, 민주 진보 진영은 여전히 명맥을 유지하고 있다. 만일 호남이 없었더라면 독재 시대를 돌파해 내 민주주의를 이룩하기도 힘들었을 것이다. 뿐만 아니라 2007년과 2008년 민주 진보 세력이 전멸하다시피 하는 위기에 처했을 때 민주 진영이 그나마 명맥을 유지할 수 있었던 것은 호남 유권자들이 끝까지 지켜 줬기 때문이다.

'김대중 중도, 노무현 진보'는 사실이 아니다, 진실은 '김대중 진보, 노무현 중도'

한상진이 그렇게 평가했듯이 언젠가부터 김대중은 중도였고, 노무현은 진보였다는 것이 마치 사실인 것처럼 전제되고 있다. 과연 그런가? 그렇지 않다. 김대중은 중도적인 사람이 아니었다. 그는 어떻게 그 시절에 그렇게 진보적인 지도자가 나올 수 있었을까 싶을 만큼 진보적이었다. 민주주의에 대한 신념과 햇볕 정책은 지금 생각해도 놀랍다. 그리고 1970년대부터 1990년대까지 김대중에 대한 빨갱이 공격은 지금의 친노에 대한 종북 공격과는 비교할 수 없을 만큼 심했다. 지금도 김대중을 빨갱이로 생각하는 사람들이 보수 진영의 다수이다.

그런데 왜 김대중이 중도로 규정될까? 2003년 새천년민주당이 열린우리당과 민주당으로 분당된 후, 민주당을 구성했던 정치인들이 열린우리당 정치인들보다 상대적으로 나이가 많고 보수적이었으며, 이후 노무현 지지자와 김대중 지지자로 갈렸을 때 김대중 지지자들이 상대적으로 나이가 많고 보수적이었기에 그렇게 재규정되는 것뿐이다. 박정희에 의해 만들어진 지역 구도가 삼국시대부터 있었다고 주장되는 것처럼 현재에 의해 과거가 규정되는 것일 뿐이다.

실제 김대중은 대통령이 되기 전에 심각한 수준의 '비토(veto)론'에 시달렸다. 비토론이란 "김대중은 싫어하는 사람이 많아서 절대 대통령이 될 수 없다."거나, "김대중이 대통령 되면 군부가 쿠데타를 일으키므로 절대 안 된다."는 주장이었다. 당시 언론은 공공연히 '김대중 비토론'을 보도했고, 정보기관은 뒤에서 이를 부추기는 정치 공작을 폈다.

이처럼 빨갱이로 내몰리고, 비토론에 시달리고, 지역적 소수파인 호남을 소외시키는 반호남 지역주의가 기승을 부린 상황에서도 김대중은 대통령에 당선되었다. 그것은 한상진이 지적하는 것처럼 김대중이 중도였기 때문이 아니다. 물론 1997년 대선에서 김대중이 중도 전략을 펼친 것은 사실이지만, 그것도 기본적으로 김대중에게 호남 유권자라는 강력한 지지자가 있고, 민주당이 있었기에 가능했다. 그리고 집요한 권력의지와 마키아벨리가 말한 '비르투'가 있었기에 가능했다(자세한 평가는 12장 참조). 한상진의 대선 평가는 잘못된 것일 뿐 아니라 거꾸로 된 것이다.

나는 진실은 반대라고 생각한다. '김대중 중도, 노무현 진보'라는 통념과 달리 실제로 진실은 '김대중 진보, 노무현 중도'였다고 나는 생각한다. 나는 제2장에서 정치의 핵심 중의 핵심은 지지자를 호명하는 것이라고 했다. "내가 그의 이름을 불러 주기 전에는 그는 다만 하나의 몸짓에 지나지 않았다. 내가 그의 이름을 불러 주었을 때, 그는 나에게로 와서 꽃이 되었다."는 시구절처럼 지지자를 호명하고 모아 내는 것이 정치의 핵심인데, 김대중은 그렇게 했고, 노무현은 거꾸로 했다.

물론 김대중은 시장경제를 신봉한 사람이었다. 대통령에 당선된 후 첫 일성이 민주주의와 시장경제의 병행 발전이었다. 그는 박정희의 군사독재와 관치 경제를 넘어서야 한다고 생각했고, 민주주의와 시장경제가 꽃피는 나라를 만들어야 한다고 생각했다. 게다가 김대중이 집권한 원동력은 IMF 외환 위기였다. 그것이 과도한 시장주의적 개혁을 할 수밖에 없는 배경이 된 것도 사실이다. 그러나 중요한 점은 김대중은 결코 자신의 지지자들을 넘어서려고 하지 않았다는 것이다. 반면 노무현은 지지자들을 넘어서려고 했다. 지역 구도를 넘어서려고 했고, 진보와 보수의 대립 구도를 넘어서려고 했다. 노무현의 탈(脫)권위주의적 리더십, 그리고 즉흥적인 언어와 행동이 마치 노무현을 과격하고 진보적인 것처럼 이미지를 만들어 냈지만, 노무현은 지지자들을 넘어서려고 했다는 점에서 중도였다.

그리고 보수·중도·진보의 프레임으로 지도자를 구분할 때, 핵심은 그 지도자가 자신의 정체성을 어떻게 생각했느냐인데, 김대중은 언제나 하나의 전선을 상정하고 자신이 그 가운데 한쪽을 대변한다고 생각한 반면, 노무현은 두 개의 전선을 상정하고 자신은 가운데에 위치하며 두 개의 대립 구도를 넘어서야 한다고 생각했다. 김대중은 언제나 '독재·수구·냉전·부자' 대 '민주·개혁·평화·서민'의 대결로 전선을 단순화했고, 중도 개혁을 내세웠지만 절대 진보 세력을 공격하지 않았다.

반면, 노무현은 당선되는 과정은 개혁·변화·평화를 외치며 하나의 전선을 유지했지만, 집권 후에는 두 개의 전선을 상정하고 그것을 넘어서려고 했다. 민주당 분당과 열린우리당 창당, 한나라당과의 연정 추진, 한미FTA 체결 등은 모두 그런 사고에서 시작된 것이었고, 당시의 글을 읽어 보면 낡은 보수와 낡은 진보를 모두 비판하며 역사적이고 새로운 결정을 해야 한다는 의욕이 충만했지만 결국은 보수와 진보 모두를 적으로 돌리고 말았다.

대표적인 사례가 대연정이었는데, 2005년 7월의 "열린우리당 당원 여러분께 드리는 글"에서 노무현은 "지역 구도를 극복할 수만 있다면 열린우리당 누구도 다음 선거를 걱정하거나 정권을 내놓는 결단을 두려워하지 않을 것"이고, "한나라당도 이제 어두웠던 시절의 부채를 과감하게 청산하고 새 출발을 해야 할 때"라며, "언제까지나 망국적인 지역주의에 기대어 한국 정치의 발목을 잡고 있을 수는 없을 것"이라고 강조한다. 노무현은 "여야가 이 합의[대연정 합의]를 이룬다면 우리 정치는 새로운 역사를 열게 될 것입니다. 관용과 상생의 정치, 대화와 타협의 정치가 시작될 것입니다. 우리 정치의 수준을 한 단계 높이자는 것입니다."라고 대연정의 역사성을 강조했다. 노무현의 대연정 제안은 지지자들에게 대단한 충격이었다. 그것은 지지자들이 만들어 준 권력을 한나라당에게 넘겨주겠다는 것이었고, 따라서 대통령이 더 이상 지지자들을 대변하지 않겠다는 선언과도 같았다. 그리고 그 무렵부터 지지자들은 걷잡을 수 없이 붕괴되기 시작했다.

다시 한 번 강조하지만, '진보냐 중도냐'의 문제의 핵심은 정책 노선만의 문제가 아니다. 오히려 더 중요한 핵심은 지지자들에 대한 애정과 책임감의 문제다. 그런 점에서 언제나 민주 진보 세력의 중심에 서고자 했던 김대중은 진보라고 할 수 있고, 대통령에 당선 이후 민주 진보 세력을 뛰어넘으려고 했던 노무현은 중도라고 할 수 있다.

요컨대, 한상진이 그렇게 평가했듯이 언젠가부터 김대중은 중도였고, 노무현은 진보였던 것으로 전제된다. 그러고는 김대중은 중도였기에 성공했고, 노무현은 진보였기에 실패했으며, 친노·좌파인 문재인은 필패할 수밖에 없다고 주장된다. 그러나 진실은 반대이다. 김대중이 진보였고 노무현이 중도였다. 노무현이 국정에서는 성공한 반면, 정치적으로 실패한 이유는 바로 낡은 보수와 낡은 진보를 넘어서려고 했던 그의 중도적 위치에 문제가 있었던 것이고, 지지자를 넘어서려고 했기 때문이다.

그런 점에서 노무현과 문재인을 친노·좌파 내지 낡은 진보라고 규정하고 그것을 넘어서서 중도로 가야 한다고 주장하는 새누리당과 보수 언론, 그리고 비노 내지 안철수의 주장은, 실패의 원인을 제대로 분석하지 못하고 있으며, 실패를 극복하자고 하면서 사실은 실패의 원인을 반복하자는 주장인 것이다.

비노의 기반은 호남이 가지고 있는
친노에 대한 서운함이다

이상에서 살펴본 것처럼 중도론에 근거를 둔 비노의 논리, 친노·좌파 필패론은 사실에 근거하고 있지 않다. 그런데 왜 친노-비노의 대립이 계속되는 것일까? 그 정치적 기반은 무엇일까? 친노의 정치적 기반은 명백하다. 그것은 문재인의 대선 후보 지지도가 15~20%를 유지하는 것에서 알 수 있듯이 기본적인 지지자들이 있는 것이다. 그들은 대부분 20대부터 50대 초반까지의 젊은 세대이다. 한국 정치를 지배할 정도의 다수파는 아니지만 야권에서는 상대적으로 다수파이다. 그렇기에 친노 세력이 계속 정치적으로 유지되는 것이다.

그렇다면 비노의 정치적 기반은 무엇일까? 비노가 하나의 정치적 세력으로 계속 유지되는 힘은 무엇일까? 중도 세력일까? 나는 그렇지 않다고 생각한다. 중도 세력은 없다. 그들은 정치 세력이 아니다. 그렇다면 보수 언론일까? 사실 보수 언론이 비노를 열심히 띄워 주는 것은 사실이지만 그것만으로 비노가 하나의 정치 세력처럼 유지되기는 어렵다. 그렇다면 비노의 정치적 기반은 무엇일까?

비노의 정치적 기반은 분명하다. 그것은 호남이다. 좀 더 정확히 표현하자면 호남이 갖는, 노무현과 문재인, 그리고 친노 세력에 대한 서운함이 바로 비노의 존재 기반이다. 노무현을 대통령에 당선시켰더니 열린우리당으로 분당하고, 이후 호남 유권자들을 청산되어야 할 지역주의 세력으로 공격했던 것에 대한 서운함과 아쉬움이 바로 비노의 존재 기반이다. 즉, 노무현과 친노 세력들이 호남이라는 지지자들을 넘어서려고 했던 것에 대한 배신감이 바로 비노 세력의 정치적 기반인 것이다.

달리 말해, 민주당 내에서 비노가 존재하는 이유는 친노가 호남의 지지를 온전히 받지 못하기 때문이고, 그것은 친노가 지역주의 극복이라는 중도의 함정에 빠져 있기 때문이다. 지역주의 극복은 정치 개혁의 과제인데 왜 그것이 중도의 함정이라는 말인가? 그것은 지지자를 철저히 대변하려는 자세가 아니라 지지자를 회피하고 뛰어넘으려는 것이기 때문이다.

민주당의 분당과 열린우리당의 창당은 호남에 심각한 수준의 상처를 줬다. 고종석이 지적한 것처럼, 지금 민주당의 지지부진함과 내분의 뿌리는 2003년 민주당의 분당에 있다. 분당에서 가장 큰 잘못은 그 철학에 있다. 분당 전후에 신기남이 말했다는 "호남에서 표 떨어지는 소리가 나야 영남에서 표를 얻을 수 있다."는 표현은 분당이 결국은 새누리당의 다수파 전략, 즉 소수파인 호남을 적대시함으로써 다수파인 영남을 얻을 수 있다는 지역주의 전략에 근거하고 있음을 보여 준다. 그것은 박정희·전두환·노태우로 이어지는 군사정권의 지역주의 전략, 다수파인 영남을 얻기 위해 호남을 공격한 선거 전략을 고스란히 베낀 것이다. 그리고 그 핵심 아이디어라는 것은, 힘센 새 친구를 얻기 위해 그 친구가 싫어하는 옛 친구를 버리자는 것에 불과하다. 그러니 호남에 있어 그것은 영남 패권주의로 비춰질 수밖에 없는 것이다(『경향신문』 2015/12/21).

지금 민주당에 대한 호남의 서운함, 좀 더 강하게 표현하자면 문재인과 친노 세력에 대한 반감을 잘 보여 주는 책이 김욱의 『아주 낯선 상식』이다. 이 책은 '신성 광주'가 '세속 광주'로 내려와야 한다고 주장한다. 광주가 세속의 욕망을 발산해야 한다는 것이다. 호남 유권자들이 다른 지역의 유권자들에 견주어 더 민주주의적이고 더 윤리적이어야 할 의무는 어디에도 없으며, '민주주의의 보루'라는 굴레에서 호남이 벗어나야 한다고 말한다. 이 책은 호남에서 민주당 일당 지배를 끝장내야 한다고 강조한다. 호남은 모든 정당에 일정한 거리를 두고 그 정당들과 거래해야 하며, 호남에 정당한 이익을 주겠다고 신실하게 약속하고 그것을 실천하는 정당이라면 어느 정당이든 지지할 수 있어야 한다는 것이다(김욱 2015).

나는 호남의 서운함에는 이유가 있다고 생각한다. 앞에서도 인용했지만, 2015년 4월 보궐선거 직후 조국이 말했다는 다음의 발언은 호남의 서운함이 갖는 이유를 잘 설명해 준다. "내가 호남 사람이라도 새정치연합을 안 찍는다. 돈 대주고, 힘 대주는데 의사 결정에선 소외된다고 여긴다면 찍을 이유가 없다." 나는 앞의 제2장에서 지금 민주당이 자신의 지지 기반을 상실하고 정체성 확보에 실패하면서 지지자를 위한 정당이 아니라 무당파를 위한 정당이 되어 버렸다고 지적했다. 특히 민주당의 기반이었던 호남 유권자들의 이반은 심각한 수준이다.

안철수와 김한길은 바로 이런 호남의 서운함을 정치적 기반으로 삼고 있다. 그런데 이 점이 문제다. 국민의당의 핵심인 천정배, 정동영, 김한길 등은 민주당 분당과 열린우리당 창당에 아무런 책임이 없을까? 그렇지 않다. 이들이야말로 분당을 주도한 사람들이요, 열린우리당 창당의 주역들이다. 분당을 주도한 천정배, 신기남, 정동영 세 사람의 성을 따서 '천·신·정'이라고 일컬어진다. 여기에 김한길까지 포함하면 가히 분당의 4대 주역쯤 될 것이다.

'천신정'은 모두 호남 사람들이다. 그런데 이들은 민주당 분당을 주도함으로써 고향 사람들의 마음에 대못을 박았다. 김대중에 의해 정계 입문한 이들이 김대중을 부정하고 배반했다. 그런데 한 번 시작한 배신의 정치는 계속 반복되었다. 2007년 대선을 앞두고 노무현의 인기가 떨어지자 천정배와 정동영은 바로 차별화와 탈당에 나섰다. 천정배는 2007년 1월 28일, 임종인·이계안·최재천에 이어 4번째로 열린우리당을 탈당했다. 모두 천정배계로 분류되던 의원들이었다. 이어 2월 6일에는 김한길 등 23명의 의원들이 집단적으로 열린우리당을 탈당했다. 이들은 대부분 정동영계 의원들로, 5월 7일 김한길을 당대표로 하는 '중도개혁통합신당'을 창당했다. 이들은 탈당을 마치 자신들의 기득권을 포기하는 것처럼 포장했다.

이처럼 천정배, 정동영, 김한길 등 2003년 민주당 분당의 주역들은 이후 당이 위기에 처할 때마다 '새 정치'와 '혁신'을 내걸고 탈당과 분당을 반복했다. 그 결과 민주당은 민주·진보의 중심이 아니라 극복해야 할 대상으로 전락했다. 민주당이 스스로를 소중히 하지 않으니 그 누구도 민주당을 소중하게 여기지 않았다. 이처럼 '배신의 정치'를 반복하다가, 정치적으로 실패한 이들이 기댈 곳은 결국 친노 세력에 대한 호남 사람들의 서운함 말고는 없었던 것이다.

지금은 민주당의 분당과 열린우리당 창당의 책임이 노무현과 문재인에게 있는 것으로 알려져 있지만, 노무현은 시종 일관 민주당의 분당을 반대했다고 한다. 노무현 자서전 『운명이다』는 이렇게 말한다. "많은 사람들이 내가 민주당을 분당시키고 열린우리당을 만들었다고 비난했다. 그것은 진실이 아니다. 나는 민주당의 개혁이 순조롭게 이뤄져 개혁당과 한나라당 탈당파, 시민사회 세력을 통합한 전국 정당으로 거듭나 주기를 원했다." 다만, "민주당 개혁이 불가능하다고 판단을 내린 정치인들이 민주당을 나와서 신당을 만들겠다고 했을 때, 내가 그것을 수용했을 뿐이다"(노무현 2010, 285).

민주당 분당 및 열린우리당 창당과 직접적인 관계가 없음에도, 문재인은 대통령 후보 시절 호남 사람들에게 민주당 분당을 사과했다. 그리고 2013년 발간한 『1219, 끝이 시작이다』라는 책에서도 "저는 열린우리당 창당이 그 시기엔 불가피한 일이었을지 몰라도, 그 뒤 민주 진영의 분열이나 호남에 준 상처를 생각하면 잘못된 선택이었다고 생각합니다."라며 다시 한 번 사과했다(문재인 2013, 94).

나는 제3장에서 단테의 『신곡』 한 부분을 소개했다. 그곳은 지옥의 초입이었다. 그곳에는 "치욕도 없고 명예도 없이 살아온 사람들의 사악한 영혼들"이 처참한 상태에 있었다. 존 F. 케네디는 그들을 가리켜 "도덕적 위기의 시대에 중립을 지킨 자들"이라고 했다. 그렇다면 단테의 『신곡』에서 묘사된 지옥의 가장 깊은 곳, 맨 밑바닥은 어디일까? 그곳은 주데카다. 중세의 기록에서는 유대인들의 게토를 가리키며, 예수를 팔아먹은 유다에서 그 이름이 유래했다. 지옥의 가장 맨 밑바닥에서 벌을 받는 죄인들은 모두 자기를 믿었던 사람을 배신한 자들이었다. 단테는 믿었던 사람을 배신한 죄가 인간에게 가장 큰 죄라고 여겼다. 그곳 주데카에는 은화 30냥에 그리스도를 배반한 유다와 카이사르를 암살한 브루투스와 카시우스가 벌을 받고 있다(단테 2013, 346-354).

이상에서 나는 비노의 정치적 기반이 노무현에 대한 서운함을 가지고 있는 호남 유권자라고 분석했다. 그리고 문재인이 아직까지 호남의 서운함을 풀지 못하고 있어서 그 서운함이 지속되고 있고, 이를 안철수와 김한길이 정치적으로 활용하고 있다고 지적했다. 나는 호남 유권자들이 가지고 있는 서운함에는 타당한 이유가 있으며, 문재인과 친노 세력이 그런 서운함을 이해해야 한다고 생각한다. 이해할 뿐만 아니라 적극적으로 답해야 한다. 그래야 민주당에 미래가 있다.

호남의 서운함에 적극적으로 답하지 않으면서 또 다시 "새누리당을 이길 정당은 민주당밖에 없으니 다시 한 번 민주당을 선택해 달라."고 전략적 선택을 요구하는 것은 호남을 무시하는 것으로 비춰질 수밖에 없다. 내가 보기에 지금 호남 사람들에게 가장 서운한 점은 호남을 대표하는 대선 주자가 없다는 점이다. 문재인, 안철수, 박원순 등 야권의 대선 주자는 모두 부산·경남 출신이다. 민주당은 호남 출신의 대선 주자를 키워야 하고, 그의 역할을 높여야 한다.

노무현을 그리워하는 2040세대가 민주 진영의 다수파

이번에는 친노의 정치적 기반은 무엇인지 살펴보자. 문재인의 대선 후보 지지도가 꾸준히 15~20%를 유지하는 것에서 알 수 있듯이, 기본적인 지지자들이 있다. 그들은 대부분 20대부터 40대까지의 젊은 세대다. 한국 정치를 지배할 정도의 다수파는 아니지만 야권에서는 상대적으로 다수파다. 이들은 노무현에 대한 향수와 그리움을 간직하고 있다.

역대 한국 영화 흥행 순위 10위 안에는 노무현을 모델로 한 영화가 두 편이나 있다. 두 편 모두 2012년 이후 흥행한 영화다. 〈광해, 왕이 된 남자〉는 2012년에 개봉되어 1,232만 명의 관객을 동원해 4위였다. 〈변호인〉은 2013년에 개봉되어 1,137만 명의 관객을 동원해 8위를 차지했다. 2012년과 2013년에 잇달아 노무현을 모델로 한 영화가 1천만 명이 넘는 관객을 동원했던 것이다.

한편 역대 대통령 선호도 조사를 보면, 몇 년 전까지는 박정희가 1위였는데, 최근에는 노무현이 박정희를 앞지르고 있다. 리서치뷰의 3년 연속 조사에서 노무현은 3년 연속 1위였다. 2014년 조사에서 노무현이 37.0%로 1위, 박정희가 26.6%로 2위, 박근혜가 16.4%로 3위, 김대중이 12.5%로 4위를 차지했으며, 이명박은 1.8%로 최하위였다. 노무현이 박정희보다 10.4%p 높았다. 2013년 조사에서도 노무현이 35.7%로 1위, 박정희가 33.9%로 2위, 김대중이 11.9%로 3위였는데, 노무현이 박정희보다 1.8%p 앞섰다. 2012년에도 1위는 노무현으로 35.3%였고, 2위는 박정희로 31.4%, 3위는 김대중으로 13.5%였다. 노무현이 박정희보다 3.9%p 높았다.

왜 노무현에 대한 호감도가 갈수록 높아지고 있을까. 세대별 조사 결과를 보면 그 이유를 알 수 있다. 40대 이하에서는 노무현에 대한 선호도가 압도적으로 높았고, 50대 이상에서는 박정희에 대한 선호도가 압도적으로 높았다. 역대 대통령에 대한 선호도는 역대 대통령들이 재임 시절 얼마나 잘했느냐의 측면보다는 현재 유권자 구도의 특징을 반영하는 것이다.

여기서 중요한 것은 민주 정부 10년을 나눠서 이끈 김대중, 노무현이지만 국민 선호도에서는 노무현이 김대중보다 훨씬 높다는 사실이다. 이 또한 국정 수행을 누가 더 잘했는가보다 현재 유권자 구도를 보여 준다. 즉, 지금 민주 진영의 중심 세력이 2040세대이고, 이들이 선호하는 지도자가 노무현임을 여론조사를 통해 알 수 있다.

단위 : %

	20대	30대	40대	50대	60대 이상
서울	31.9/67.7	29.3/70.5	39.8/59.8	60.3/39.5	70.8/29.0
경인	31.0/68.5	30.9/68.7	41.7/58.0	63.6/36.3	76.3/23.4
충청	33.9/65.6	31.6/68.1	45.3/54.4	68.5/31.2	79.5/20.3
호남	4.3/95.4	5.8/94.0	7.2/92.6	9.5/90.5	13.9/85.8
TK	67.2/32.3	65.7/33.8	77.7/22.2	89.2/10.7	95.1/4.8
PK	39.5/60.0	42.3/57.5	54.8/44.9	70.8/29.0	84.0/15.9
기타	35.5/63.9	37.9/62.0	47.2/52.5	70.9/29.1	80.4/19.2

2012년 대선은 '세대 전쟁'이라고 할 수 있을 만한 선거였다. 지역 구도와 세대 구도는 지난 2012년 대선을 가른 양대 선거 구도였다. 그렇다면 2012년 대선에서 세대 구도와 지역구도 중 무엇이 더 강력했을까? 이를 위해서는 방송사 출구 조사의 권역별 세대별 득표율을 살펴봐야 한다.

위의 표는 방송3사의 출구 조사 결과를 권역별·세대별로 나눠서 박근혜의 득표율과 문재인의 득표율을 정리한 것이다. 표에서 볼 수 있듯이 세대별 득표율은 호남과 대구·경북을 제외하고는 지역 간에 큰 차이가 없었다. 호남에서는 모든 세대에서 문재인이 이겼고, 대구·경북에서는 모든 세대에서 박근혜가 이겼지만, 다른 모든 지역에서는 세대별로 확연히 갈렸다.

좀 더 자세히 살펴보자. 20대·30대에서 박근혜가 이긴 지역은 대구·경북뿐이었다. 다른 모든 지역에서 문재인이 이겼다. 부산·울산·경남에서도 문재인이 이겼다. 40대에서 박근혜가 이긴 지역은 부산·

울산·경남이 추가된다. 다른 모든 지역에서 문재인이 이겼다. 호남과 수도권은 물론 충청권과 강원·제주에서도 문재인이 이겼다. 반면 50대·60대에서 문재인이 이긴 지역은 호남뿐이었다. 나머지 모든 지역에서 박근혜가 이겼다. 그것도 압도적으로 이겼다.

이처럼 2012년 대선의 세대 투표 현상은 전국적으로 고르게 나타났다. 달리 말하자면 세대 구도가 지역 구도보다 본질적이고, 현재의 유권자 구도를 결정하고 있으며, 2040세대가 민주 진보 진영의 중심 세력임을 지난 대선 결과는 입증한다. 요컨대, 지금 야권의 흐름을 결정하는 힘은 바로 2040세대에게 있다. 과거에는 호남이 민주 진영의 다수파였으나 지금은 2040세대가 다수파다.

김대중의 한, 박정희의 한, 노무현의 한

'정당 일체감'(party identification)이라는 말이 있다. 유권자가 일종의 심리적 당파성인 '일체감'을 느끼는 정당에 투표한다는 이론이다. 대통령제인 한국 정치의 경우에는 정치적 지도자에 대해 일체감을 느끼는 '인물 일체감'이 더 강하다는 지적도 있다. 나는 이것을 '육친적 결합'이라고 표현한다. 지도자와 지지자의 관계가 거의 피를 나눈 친척과 같은 수준이라는 의미다.

심리학 이론인 '인지 일치 이론'은 왜 지지자들이 '정당 일체감' 또는 '인물 일체감'을 갖게 되는지 잘 설명해 준다. 인지 일치 이론이란, 사람들이 신념 간에 또는 신념과 실제 간에 불일치가 생기면 이를 불편하게 느껴서 신념을 바꾸거나 선택적 인지를 통해 일치로 나아간다는 것이다. 예를 들면 상품을 구매하기 전에는 장점과 단점을 모두 보지만, 일단 구매하면 장점만 본다는 것이다. 단점을 보면 잘못 산 것 같아서 심리적으로 불편해지기 때문이다. 정치에서도 투표하기 전에는 정당(또는 후보자)의 장점과 단점을 모두 보지만 일단 특정 정당(또는 후보자)에 투표하고 나면 그 후보의 장점만 보게 된다는 것이다. 마찬가지로 단점을 보면 자신이 잘못 투표한 것이 되므로 그것이 불편해지기 때문이다.

그런데 한국 정치에서 지도자와 지지자가 육친적 결합을 한 경우는 많지 않다. 대표적인 경우가 김대중, 박정희, 노무현이라고 나는 생각한다. 그런데 이들은 모두 지지자와의 결합 과정에서 한국적 정서인 '한'이 연결되어 있다고 나는 생각한다.

김대중은 호남 사람과 육친적으로 결합했다. 그리고 그 핵심에는 '광주의 한'이 있었다. 상징적인 한 장면을 보자. 1987년 9월 8일, 김대중은 무려 16년 만에 광주를 방문한다. 그날 김대중 일행이 탄 광주행 열차가 대전을 지날 때부터 역마다 사람들이 모여 태극기를 흔들며 김대중의 이름을 연호했다. 플랫폼을 가득 메운 환영 인파는 플래카드와 피켓을 흔들며 환호했다. 정거장마다 그러기를 반복하며 열차는 광주에 도착했다. 광주역은 물론이고 역 앞 광장과 시내의 모든 도로까지도 인파로 뒤덮였다. 김대중은 곧바로 5·18 묘역으로 향했다. 망월동에는 수만 명이 기다리고 있었다. 김대중은 유가족과 부상자들을 껴안고 울었다. 김대중은 자서전에서 그날 얼마나 울었는지 그때의 광경이 잘 떠오르지 않는다고 회고했다.

이날 김대중의 광주 방문은 1971년 5월 이후 처음이었다. 그 16년 동안 김대중은 죽을 고비를 몇 번 넘겼고, 투옥과 사형선고, 망명, 가택 연금을 겪었다. 무엇보다 1980년 광주 민주화 운동이 있었다. 전국으로부터 고립되어 홀로 민주주의를 지켰던 1980년 광주는 호남 사람들에게 깊은 한이 되었다. 16년 동안 박정희·전두환 군사정권은 반호남 지역주의를 조장했고, 독재에 목숨을 걸고 항거했던 정치 지도자 김대중은 그 과정에서 지역주의의 피해자 호남과 육친적으로 결합했다. 그것은 김대중을 대통령으로 만들었고, 이후 위기 상황에서도 민주 진영을 지금까지 유지시켜 준 버팀목이 되었다.

'박정희의 한'은 2012년 대선에서 박근혜가 대통령에 당선된 가장 큰 힘이었다고 나는 생각한다. 박정희에게 무슨 한이 있겠는가 생각하는 사람도 있겠지만 그렇지 않다. 박근혜만 생각하면 괜히 가슴이 무너지고 눈물이 핑 돈다고 말하는 사람들을 나도 여러 명 봤다. 그들에게 박근혜는 대한민국 역사 그 자체이고, 박근혜는 나라를 위해 아버지와 어머니, 그리고 자신을 온전히 바친 일종의 성녀와도 같다고 할 수 있다. '박정희의 한'은 지난 대선에서 1957년 이전에 태어나신 분들을 똘똘 뭉쳐 박근혜에게 투표하게 만든 힘이 되었다. 그분들에게 박근혜와 그 가족의 역사는 자신들이 젊은 시절부터 함께해 온 삶의 동반자였던 것이다.

마지막으로 '노무현의 한'이다. 노무현은 대통령 재임 중에 진정성 있게 '공정한 법치주의 실현'을 실천하고자 했고, 검찰과 국정원 등 권력 기관을 정치권력의 통제에서 독립시켰다. 당정 분리를 통해 여당도 독립시켰고, 그럼으로써 제왕적 대통령의 시대를 마감하고자 했다. 그러나 그의 시도는 좌절했다. 열린우리당은 실패했고, 권력 기관을 독립시킨 후과로 자신은 목숨을 잃어야 했으며, 죽은 후에도 국정원에 의해 북방한계선을 북한에 넘겨준 '역적'으로 조작되고 매도당

해야 했다.

많은 사람들이 2009년 5월 23일 속보의 충격을 기억한다. 그리고 5월 29일 경복궁에서 영결식이 열리고, 서울 광장에서 노제가 치러졌다. 50만 명의 시민들이 참가하여 그야말로 인산인해였다. 그들은 모두 함께 노래 부르고, 함께 소리치고, 함께 울었다. 그들은 노무현이 그렇게 자살로 삶을 마감한 이유를 잘 알고 있었다.

2040세대의 힘,
노무현 향수가 2017년 정권 교체의 힘

간절함이 역사를 만든다고 나는 생각한다. 간절함이 크면 그것은 확산되고 전염된다. 그 힘으로 역사는 만들어졌다. '호남의 한'은 김대중 대통령이 당선되는 데 가장 큰 힘이었다. 2012년 대선에서 박근혜가 대통령에 당선된 가장 큰 힘도 '박정희의 한'이었다. 나는 2017년 정권 교체의 힘도 '노무현의 한'에서 나올 수밖에 없다고 생각한다. 노무현에게는 간절함의 역사가 있다.

이제 야권의 다수파는 2040세대다. 그리고 그들 가운데 많은 사람들이 노무현에 대한 간절함을 공유하고 있다. 지금 야당이 정권 교체를 이루려면 가장 큰 힘은 바로 여기에서 나올 수밖에 없다. 거기에 젊은 세대들의 경제·사회적 어려움을 정치적 힘으로 엮어 내야 한다. 김대중이 야당 지도자였던 시절에는 정권 교체의 가장 큰 힘이 호남 유권자들의 간절함에서 나올 수밖에 없었듯이, 2017년 민주 진보 세력이 정권 교체를 하려면 야당에게 가장 큰 힘은 노무현을 그리워하는 2040세대의 간절함에서 나올 수밖에 없다고 나는 생각한다.

그러나 노무현 향수가 정권 교체의 원동력이기는 하지만, 단순히 노무현을 반복하는 것만으로는 정권 교체는 불가능하다. 노무현의 한계를 극복해야 가능하다. 노무현의 한계는 정당정치의 중요성을 깊이 인식하지 못한 것이다. 나는 노무현 정부가 잘못해서 열린우리당이 무너진 것이 아니라, 오히려 열린우리당이 무너져서 노무현 정부가 잘못한 정부가 되고 말았다고 생각한다. 그런데 문제는 당정 분리라는 노무현의 국정 철학이 열린우리당의 실패에 중요한 역할을 했다는 점이다.

노무현 향수가 정권 교체의 원동력이 되기 위해서는 정당정치의 중요성을 깊이 인식해야 한다. 그리고 2002년 노무현 당선 모델은 여당일 때나 가능했던 모델이다. 노무현의 정신을 잇되 정권 교체를 이루기 위해서는 다른 방식을 택해야 한다. 그것은 김대중 모델이다. 야당을 강화하고, 지지자들의 간절함과 긴밀히 결합하는 모델만이 야당이 정권 교체를 이뤄 낼 수 있는 유일한 길이다.

노무현은 15년 동안 정치를 했지만 야당 지도자로서의 경험 없이 대통령에 당선되었다. 그로 인해 정당정치에 대한 인식이 부족했다. 그 한계를 넘어야 한다. 앞으로 정권 교체를 이뤄 낼 지도자는 민주주의의 원칙인 정당정치를 직접 경험해야 하며, 그래야 정권 교체를 이룬 뒤에도 정당정부를 실천할 수 있다. 그런 점에서 문재인도, 안철수도 정당 지도자의 길을 가는 것은 다행이다.

그리고 그렇게 만들어진 민주 정부라야 강한 정부가 될 수 있다. 노무현 정부와 열린우리당의 역사적 경험이 주는 교훈은 정당이 지지자들과 긴밀히 결합되고 그들이 받쳐 주지 않으면 결국 실패로 귀결될 수밖에 없다는 것이었다. 기득권 세력을 기반으로 하는 보수 정부와 달리 서민과 중산층을 대변하는 민주 정부는 국민적 기반이 없으면 쉽게 무너질 수밖에 없는데, 국민과 정부를 연결해 주는 힘은 바로 정당에서 나올 수밖에 없다.

| 5 |

두 번째 늪

여론조사 정치, 청중 민주주의

여론조사 정치, 청중 민주주의의 위험성

2016년 1월 1일, 총선이 있는 새해 첫날인 만큼 중앙 언론 6곳에서 정치 관련 여론조사 결과를 발표했다. 그런데 결과가 제각각이었다. 특히 민주당과 '안철수 신당'의 지지도가 조사마다 확연히 달랐다. 비슷한 시기에 비슷한 방식으로 실시된 여론조사 결과가 다르면서 국민들은 혼란스러울 수밖에 없었다. 그래도 평균해 보니 정당 지지도에서 새누리당은 35.8%, 민주당은 17.8%, 안철수 신당은 17.5%를 기록했다. 차기 대선 지지도에서는 반기문 25.0%, 문재인 13.0%, 김무성 11.7%, 안철수 11.1%, 박원순 9.7%를 기록했다. 언론 보도의 초점은 당연히 당시 창당하지도 않은 안철수 신당이 민주당과 지지도가 비슷하다는 점, 차기 대선 후보 지지도에서 대선 출마 의향을 비치지 않은 반기문이 가장 높게 나왔다는 데 집중되었다.

언론의 이런 식의 보도 태도는 어제오늘 일이 아니다. 아직 창당하지 않은 정당, 아직 대선 출마 의향을 밝히지 않은 사람의 지지도가 높게 나오는 것이 기삿거리가 되고 국민의 관심사가 되기 때문이다. 그러나 불과 얼마 전 안철수 신당의 지지도가 1년 동안 민주당을 세 배 차이로 압도했고, 반기문의 지지도가 40%에 달했다는 사실을 언론들은 상기시키지 않는다.

나는 이번 장에서 여론조사에 의존하는 정치가 얼마나 위험한지를 설명하고자 한다. 특히 현재 민주당과 진보 진영이 얼마나 여론조사 정치, 청중 민주주의(audience democracy)의 해악에 중독되었는지를 밝히고자 한다. 그리고 청중 민주주의의 '한 방'에 정치적 운명을 거는 '한 방 정치'가 얼마나 위험한지도 설명하고자 한다.

한국 정치에서 언젠가부터 여론조사가 무소불위의 힘을 갖게 되면서, 특히 야당은 무정형의 여론 시장을 향해 지지를 확대하고 인기를 얻으려는 쉬운 길을 추구했다. 정치학자 버나드 마넹(Bernard Manin)은 '정당 민주주의'와 대비되는 개념으로 '청중 민주주의'라는 말을 사용했다. 청중 민주주의에서 시민은 자신의 의사를 표출하는 주권자가 아니라, 후보의 이미지나 그들이 제기한 쟁점에 반응하는 수동적 청중이다. 지금 한국 야당은 '정당 민주주의'를 등한시하고, '청중 민주주의'에 매몰되어 있다(마넹 2004).

'중도 프레임'이라는 동전의 양면은 '여론에 의해 지배되는 정치'요, 신자유주의적 정치다. 그것은 경제가 시장 원리에 따라야 하는 것처럼, 정치 역시 "국민에게 돌려줘야 한다."는 그럴듯한 논리로 포장되지만 사실은 지지자들의 간절함과 결합하고자 할 때 대면해야 하는 어려움을 회피한 정치일 뿐이다. 정당과 정치인이 '정치 시장'에 상장된 기업의 주가처럼 여론조사 결과에 떠다니면서 정당 조직은 그 내부로부터 무너졌고, 지지 기반은 포말처럼 분해되고 말았다. 서민은 소비자가 되고, 권력은 여론 동원 능력을 가진 사람이 지배하는 정치가 되고 말았다.

여론조사 방식의 변화에 의해 좌절된 안철수 신당 창당

'여론조사가 지배하는 정치'의 위험성을 상징적으로 보여 준 사건이 안철수 신당의 좌절이다. 안철수는 두 번에 걸쳐 신당 창당을 추진했다. 첫 번째는 2014년 2월 17일 '새정치연합' 창당준비위원회를 발족시켰고, 두 번째는 2016년 2월 2일 '국민의당'을 창당했다. 두 번 모두 그 추진 동력은 높은 여론조사 지지도였다. 그것 때문에 언론이 안철수 신당을 비중 있게 보도했고, 국민들의 주목도 받아 왔다.

특히 첫 번째 신당 추진이 그랬다. 2013년 4월 노원병 보궐선거에서 안철수가 당선된 후 1년 동안 창당설만 무성했던 안철수 신당의 높은 지지율은 계속되었다. 새누리당과 자웅을 겨뤘고, 민주당을 3배 차이로 압도했다. 예를 들면, 2013년 5월 31일 리서치뷰 조사에서 새누리당 38.6%, 민주당 11.7%, 안철수 신당 34%였고, 12월 19일 한국갤럽 조사에서 새누리당 35%, 민주당 10%, 안철수 신당 32%였으며, 2014년 1월 1일 SBS 조사에서 새누리당 39.8%, 민주당 8.9%,

안철수 신당 26.3%였다.

이처럼 1년 가까이 여론조사 지지율에서 민주당을 3배 수준으로 앞질렀던 안철수 신당이 왜 갑자기 창당을 포기했을까? 2014년 2월 17일 창당준비위원회를 발족시킨 안철수 신당이 왜 불과 13일 뒤인 3월 2일 민주당과 합당을 발표했을까? 그 13일 동안 무슨 일이 있었던 것일까?

비밀은 바로 13일 동안 안철수 신당의 지지율이 갑자기 폭락했다는 데 있다. 2014년 2월 17일 안철수 신당이 이름을 '새정치연합'으로 정하고 창당준비위원회를 발족시켰는데, 그 직후 발표된 여론조사 결과는 참혹했다. SBS에서는 새누리당 43.9%, 민주당 15.7%, 안철수 신당 15.6%였고, 『중앙일보』는 새누리당 43.0%, 민주당 11.1%, 안철수 신당 13.9%였다. 심지어 CBS는 새누리당 41.0%, 민주당 22.5%, 새정치연합 8.8%였다. 신당을 창당하면 민주당을 압도하고 새누리당과 자웅을 겨룰 것으로 기대했으나, 창준위 발족 후 지지율은 민주당의 그것에도 못 미쳤다. 그러다 보니 출마 후보를 영입할 수 없었고, 결국 창당 포기와 합당 외에는 길이 없었다.

여기에서 우리는 이런 질문을 하게 된다. 왜 1년 가까이, 존재하지도 않았을 때는 지지율이 높았던 안철수 신당이 막상 창당을 본격화하자 갑자기 지지율이 급락한 것일까? 그 이유는 실제로 당을 창당했기 때문이다. 여론조사라는 신기루를 진짜라고 믿고 창당을 추진한 것, 바로 그것 때문에 지지율이 급락했다. 그 결과 안철수 신당이라는 사상누각이 붕괴되고 말았던 것이다.

안철수 신당의 지지율이 급락했던 것은 여론조사 방식의 변화 때문이었다. 이는 역으로, 그 전까지 지지율이 높았던 것도 여론조사 방식 때문이었다는 말이다. 앞의 조사 방식은 문항을 두 개로 나눠서 조사했다. 먼저 기존 정당의 지지 여부를 물은 후에 안철수 신당 창당 시 지지 정당을 물었다. 반면, 뒤의 조사 방식은 한 문항으로 조사했다. 안철수 신당을 다른 정당 속에 포함해 한 번에 지지 정당을 물어봤다. 앞의 조사 방식은 안철수 신당을 주목하도록 하고 있고, 안철수 신당이 기존 정당과는 다른 새로운 정당으로 전제되어 있다. 반면, 뒤의 방식에서 안철수 신당은 이미 기존 정당 가운데 하나로 전제된다. 조사 방식의 변화로 안철수 신당의 '새 정치 프리미엄'이 사라진 것이다.

2014년 1월까지만 해도 대부분의 여론조사가 앞의 방식이었는데, 2월 들어 뒤의 방식으로 바뀌기 시작했고, 2월 17일 안철수 신당이 창당준비위원회를 발족하고 중앙선관위에 정식 등록한 이후에는 이미 기존 정당의 일부가 되었기 때문에 조사 방식을 바꾸지 않을 수 없었다. 정당의 명칭도 '안철수 신당'에서 '새정치연합'으로 바뀌서 조사되었고, 안철수 신당의 지지율은 급락하게 되었던 것이다.

반기문 지지율 40%, 그것도 여론조사 방식 때문

'여론조사가 지배하는 정치'의 위험성을 상징적으로 보여 준 또 다른 사건은 '반기문 신드롬'이다. 2014년 10월 20일 여론 조사 기관 한길리서치가, 반기문 유엔사무총장의 차기 대선 후보 선호도가 40%에 육박하는 무려 39.7%라고 발표하자 언론은 이를 대서특필했고, 여야를 막론하고 반기문 띄우기 뉴스가 이어졌다.

그런데 차기 대선 주자 선호도가 무려 40%에 달한다는 것은 실로 엄청난 의미를 갖는다. 그것이 사실이라면 한마디로 차기 대선은 해 보나 마나이기 때문이다. 2002년 대선 이후 대선 투표율은 80%에 미치지 못했고, 2012년 대선 투표율도 75.8%였던 점을 고려하면, 차기 대선 주자 선호도가 40%라면 그 40%만 투표해도 과반수가 되기 때문에 대통령 당선은 '따 놓은 당상'일 정도로 엄청난 지지율인 것이다. 그런데 조금만 생각해 봐도 이 조사는 이상하다. 여러 명의 대선 주자에 대한 선호도 조사에서 어떻게 40%가 나올 수 있을까? 과거 박근혜가 대선 주자일 때도 40%를 기록한 적은 없었다. 더구나 여타 여론조사에서는 반기문의 지지율이 높게 나와야 25% 정도인데, 어떻게 된 것일까?

역시나 이 경우에도 여론조사 방식이 문제였다. 먼저 다른 후보들의 지지율을 조사한 후에 다시, "거론된 후보들 외에 반기문 유엔 사무총장을 포함시킨다면 누구를 지지하겠느냐?"라고 물었던 것이다. 이런 조사 방식은 앞에서 살펴본 안철수 신당의 높은 지지율을 만들어 낸 것과 같다. 질문 자체가 반기문을 주목하도록 하고 있고, 무엇보다 반기문은 기존의 낡은 정당의 차기 대선 주자들과는 다른 새로운 대선 주자로 전제되어 있는 것이다. 이것이 반기문의 40% 지지율을 만들어 낸 비밀이었던 것이다.

여론조사와 프레임 이론의 '한 방'에 빠진 야당

안철수 신당의 좌절은 여론조사에 의존하는 정치가 얼마나 위험한 가를 여실히 보여 준다. 여론조사는 조사 방식의 미세한 변화만으로도 엄청난 차이를 만들어 낼 수 있다. 따라서 여론조사는 여론조사일 뿐 그것이 시민 주권의 기능을 대신할 수 없으며, 그 해석도 신중해야 한다는 교훈을 남겼다. 정치학자 긴스버그가 강조했듯이, 여론조사는 유권자의 판단을 돕는 '소극적 지식'이어야지, 여론조사가 정치와 선거 과정을 압도하거나 지배하게 되면 민주주의는 위기에 처하게 된다. 여론조사가 공직 후보 결정 과정을 지배하고 마치 시민의 의견을 집약한 것처럼 해석되는 것은 위험하다.

흔히 정치부 기자들과 정치 컨설턴트들이 정치를 가장 잘 아는 전문가로 인식되지만, 이들이야말로 정치를 잘 모른다. 왜냐면 그들은 매일 새로운 정치 기사를 생산해야 하기 때문에, 바닥에서 도도하게 흐르는 민심보다는 수시로 변하는 짧은 시기 여론이나 표피적인 민심, 그리고 주요 정치인들의 행보에 더 관심을 기울일 수밖에 없기 때문이다. 바로 그런 이유 때문에 정치부 기자들과 정치 컨설턴트들이 오히려 정치의 큰 흐름을 놓치는 경우가 많다.

사실 정치부 기자들이 매일 기사를 만들어 내는 방법은 책상에 앉아 정치 컨설턴트에게 전화를 해서 주요 정치 세력들의 전략을 '전략적으로' 분석하는 것이다. 정치인 입장에서도 자기가 죽었다는 부고 이외에는 언론에 나는 것이 좋으니 어떻게든 언론에 나오려고 하고, 그러다 보면 보도될 일에만 집중하게 된다. 그렇게 어느 샌가 정당은 무정형의 여론 시장을 향해 인기를 추구하려는 쉬운 선택을 했다. 지지자들의 간절함과 결합하는 어려움을 감수하는 것은 당장 그 효과가 분명하지 않기 때문에 뒤로 미뤄졌다.

이렇게 정치가 무정형의 여론 시장에 몰두하고, 여론조사 전문가와 정치 컨설턴트가 좌지우지하다 보니 인기를 끌게 된 것이 프레임 이론이다. 프레임 이론은 『코끼리는 생각하지 마!』(*Don't Think of an Elephant*)의 저자인 조지 레이코프(George Lakoff) 교수가 제기한 이론으로, 미국 민주당이 실패하는 이유가 그들이 사용하는 언어에 있다는 것이다(레이코프 2004). 그의 주장을 요약하면, 진보 진영이 정치 논쟁에서 이기려면, 논쟁의 지형을 이루는 언어의 틀(프레임)을 바꿔야 한다는 것이다. 이런 프레임 이론은 민주당 주변의 많은 사람들에 의해 과용되면서 마치 민주당을 상징하는 정치 언어처럼 됐다.

이에 대해 박상훈은 "프레임 이론에 과도하게 의존한 것의 부작용은, 우선 민주당을 게으르게 만들었다는 데 있다. 꾸준한 실천과 오래가는 성과를 중시하기보다는 뭔가 드라마틱한 변화를 가져올 정치 프레임이 없을까 하는 문제에 골몰하게 되었다고나 할까. 아무튼 일확천금을 꿈꾸는 사람들이 복권에 거는 기대 비슷한 심리를 갖게 만든 것 같다."라고 비판했다. 그는 "민주당 활동가들은 잠재적 지지자를 찾아가고 그들의 이야기를 듣고 그들의 소박한 요구와 열정에 의존하기보다 대부분 프레임 만들기에 시간을 보낸 느낌이 든다."고 지적한다(박상훈 2013, 93-95).

청중 민주주의와 프레임 이론의 '한 방'에 기대는 야당의 잘못된 모습을 국회에 가 보면 쉽게 확인할 수 있다. 국회에는 게시판이 있고 여기에는 각 의원실에서 주최하는 행사들을 알리는 포스터들이 가득 붙어 있는데, 그 행사를 보면 여당과 야당이 다르다. 새누리당에서 하는 행사는 직능대표, 지역 조직 관리, 미래 세대 관리와 관련된 행사가 대부분인 반면, 야당의 행사는 야당의 재구성이나 미래 전략 같은 주제가 많다. 새누리당은 작지만 꾸준히 그리고 성실히 표를 모으러 다니는 반면, 야당은 뭔가 커다란 한 방을 위해 새로운 기획만 하고 있는 것이다.

프레임 이론에 대한 비판은 미국 민주당에서도 있었다. 오바마(Barack Obama) 대통령의 초대 비서실장으로 있다가, 시카고 시장에 당선된 람 에마뉴엘(Rahm Emanuel)은 미국 민주당이 야당이던 시절에 쓴 책 『더 플랜』(The Plan)에서 프레임 이론을 비판한다. 그는 프레임 이론을 가리켜 "낡은 민주당이 필요로 하는 것은 새로운 페인트칠이라고 하면서 위기에 처한 민주당을 안심시키려고 하는 자기 수양책"에 불과하다고 비판했다.

에마뉴엘은 미국 민주당은 자기의 정책이 없으면 논쟁에서 이길 수 없다는 것을 일찍 깨달았어야 했는데도 불구하고, 레이코프의 『코끼리는 생각하지 마!』에 환호하고 그 매뉴얼을 덥석 받아들였던 것은 그 책이 민주당 사람들이 듣고 싶어 하는 말을 했기 때문이라며 "레이코프는 민주당이 패배한 이유가 단지 공화당이 올바른 단어를 다 선택했기 때문이라고 주장한다는 점에서 전적으로 틀렸"고, "레이코프의 분석이 정말로 위험한 점은 바로 그것이 민주당이 좋아하는 핑계를 강화하기 때문"이라고 지적한다(에마뉴엘·리드 2006, 45-54).

프레임 이론은 마치 상대 당이 성공한 이유는 바로 국민의 눈을 속였기 때문인 것이고, 우리도 역시 똑같은 어둠의 기술을 익히기만 하면 곧 이길 수 있다고 주장한다. 그러나 결국 정치의 목적은 옳은 언어를 구사하거나 그럴듯한 말을 하는 데 있는 것이 아니다. 정치의 목적은 적절한 해답, 적절한 정책을 찾는 데 있고, 그를 통해 실제로 시민들의 삶을 바꾸는 데 있다.

지지자의 간절함의 차이가 승패를 가른 2012년 대선

지난 대선에서 문재인은 국민들에게 간절함을 모아 달라고 호소했다. 그리고 선거 당일 투표율이 예상보다 높아지자 많은 이들이 문재인의 당선 가능성을 점쳤다. 그러나 졌다. 왜 졌을까? 가장 일반적인 답은 중도를 잡지 못해서 졌다는 것이다. 물론 중도적인 충청권이나 50대의 지지를 얻지 못해서 진 것은 맞다. 그러나 이 논리에서 더 나아가 '중도 필승론'을 주장하는 것은 옳지 않다. 이런 평가는 선거란 간절함이 큰 쪽이 이긴다는 선거의 기본 원리를 무시한다. 중도 필승론의 오류가 여기에 있다. 중도에는 간절함이 없다. 중도는 결코 지지자의 간절함을 동원할 수 없다.

또한 '중도 필승론'은 박근혜가 승리한 원동력도 잘 설명하지 못한다. 박근혜가 과연 중도적인 후보라서 승리했나? 중도 필승론의 논리대로라면 박근혜는 필패의 후보였다. 운동권 출신 김문수가 오히려 필승의 후보였다. 그러나 현실은 그렇지 않았다. 박근혜는 역대 대선 최고의 득표인 1,580만 표를 얻었다. 생각해 보면 지난 대선에서 박근혜는 무엇보다 자신을 지지한 사람들의 간절함을 동원할 수 있었기에 승리했다. 새누리당을 중심으로 보수 세력을 단결시켰고, 이명박 정부의 국정원 대선 공작 등 국가기관의 대선 개입이 있었기에 승리할 수 있었다.

박근혜는 역대 대선 후보 중 가장 센 후보였다. 박근혜는 한국에서 주류 중의 주류다. 한국의 주류 세력의 중심인 보수 세력과 영남, 5060세대와 긴밀히 결합되어 있는 사람이 바로 박근혜다. 그랬기에 그는 당대표일 때마다 이들의 간절함을 동원해 내서 선거에 승리할 수 있었고, 지난 대선에서도 승리할 수 있었다.

지난 대선 지지층에서 박근혜에 대한 간절함이 어느 정도였는지를 알 수 있게 하는 얘기가 많은데 내가 들은 이야기는 이를 구체적으로 보여 준다. 공기업에 다니고 있는 40대 초반의 A씨. 그는 선거 전날 고향의 어머니로부터 전화를 받았다. 충청도에 거주하시는 60대 후반의 어머니는 A씨에게 이렇게 말했다. "내 죽기 전에 소원이 있다. 꼭 들어 달라. 내일 선거에서 꼭 박근혜를 찍어라." A씨는 어머니의 죽기 전 소원을 들어 드리지 않았다고 했다. 그러나 자신이 먼저 어머니에게 전화를 해서 문재인을 찍으라고 말하지도 않았다고 했다.

언론사에 근무하는 부산 출신의 30대 후반 B씨. 그는 선거 때마다 부모님께 민주당 내지 진보 정당을 찍으라고 말했고, 부모님은 대체로 그의 말을 들어줬다고 한다. 그런데 지난 대선은 달랐다. B씨의 아버지는 이렇게 말했다. "이번에는 안 돼. 우린 박근혜 찍으련다. 그러니 너도 이번엔 좀 박근혜를 찍어라."

주변에서 이와 비슷한 얘기가 많았는데, 과연 여론조사에서도 이와 관련된 정량적 지표를 발견할 수 있을까? 놀랍게도 그런 조사가 있다. 대선 2일 전 방송 3사의 여론조사에는 후보 지지율은 문재인이 앞섰지만, '지지 후보 공개 여부'와 '주변 거론 지지 후보' 조사에서는 박근혜가 앞선 결과가 있다.

이 조사에서 "주변 사람들이 선생님께 어느 후보를 지지하냐고 물

후보 지지층별 지지 후보 적극 공개 및 지지 후보 거론 관련 조사

단위: %

	후보 지지율	지지 후보 공개 여부	주변 거론지지 후보
문재인	46.0	44.2	36.3
박근혜	44.6	50.4	40.6

어보면, 어떻게 하십니까?"라는 질문에 대해 "적극적으로 내가 지지하는 후보를 말해 준다."라고 응답한 비율('지지 후보 공개 여부')이 박근혜 지지층은 50.4%로, 문재인 지지층의 44.2%보다 6.2%p나 높았다. 또한 "선생님께서는 주변에서 누구를 지지한다는 이야기를 들었습니까?"에 대한 응답 비율('주변 거론 지지 후보')도 박근혜 지지층은 40.6%로, 문재인 지지층의 36.3%보다 4.3%p나 높았다.

즉, 후보 지지율 면에서는 문재인(46.0%)이 박근혜(44.6%)보다 1.4%p 높았지만 박근혜 지지층이 더 적극적으로 주변에 지지 의사를 말했고, 박근혜를 지지한다는 얘기를 더 많이 들었다고 유권자들은 대답했던 것이다. 바로 이런 적극성의 차이가 투표장으로 지지층을 이끄는 힘의 차이를 만들어 냈고, 이것이 지난 대선 막판 혼전에서 승패를 가르는 결정적인 요인이 되었다. 한마디로 박근혜 지지층의 간절함이 문재인 지지층의 간절함보다 컸던 것이다.

| 6 |

세 번째 늪

반정치 콤플렉스

스파이더 크랩인가? 기생 따개비인가?

생물학 책이나 다큐멘터리에 나오는 동물의 세계는 언제 봐도 흥미롭고 놀랍다. 환경의 변화에 적응해서 생존하고 번식하려는 여러 종들의 모습은 재밌기도 하고, 간혹 충격적이기도 하다. 그중 스파이더 크랩과 기생 따개비 얘기는 특히 충격적이다. 이번 장은 이 이야기로 시작해 보자.

스파이더 크랩은 태평양에서 널리 서식하는 가장 흔한 게다. 그런데 이들 스파이더 크랩 중에는 모습만 스파이더 크랩일 뿐 실제로는 게의 정체성을 잃어버린 것들이 있다. 이것들은 사실상 기생 따개비라고 할 수밖에 없는 게들이다. 이것들의 정체성이 기생 따개비라고 하는 이유는 게로서의 번식능력을 상실했으며 그저 따개비의 알을 낳는 데 사용될 뿐이기 때문이다.

따개비의 학명은 Sacculina이고 동물인데, 기생 따개비의 생존 방식을 살펴보면 기생 식물에 가깝다. 기생 따개비의 유충은 스파이더 크랩의 몸 안으로 들어가 자신의 세포 물질을 게의 몸속에 주입한다. 여기서 게의 영양분을 흡수하는 조직이 만들어지고 이어서 부화용 주머니가 만들어진다. 기생 따개비가 최초로 공격하는 게의 기관들 가운데에는 정소와 난소가 들어 있다. 기생 따개비는 게의 정소에서 게의 호르몬을 변화시켜 수컷을 암컷으로 만든다. 암컷이 수컷보다 기생 따개비의 새끼를 더 잘 돌보기 때문이다.

이때쯤이면 스파이더 크랩은 겉모습은 그대로이지만 사실은 이미 스파이더 크랩의 정체성은 없다. 게의 안주머니와 근육, 신경 등 모든 부분은 기생 따개비의 일부가 됐기 때문이다. 기생 따개비는 게의 알주머니 안에 자신의 알을 낳는다. 알이 성장해서 부화할 준비가 되면 기생 따개비는 게를 조종해서 자신의 알들을 바다에 풀어놓도록 한다. 이렇게 바다에 배출된 기생 따개비의 알들은 부화해 플랑크톤 형태의 애벌레가 된다.

게는 죽지도 않고 아프지도 않다. 자신이 감염되었다는 사실조차 모른다. 기생 따개비는 게를 아주 행복한 숙주로 만들어서 오래오래 살면서 그저 자신의 알과 새끼를 보살피게 한다. 행복한 숙주가 된 스파이더 크랩이 자신의 알도 아닌 기생 따개비의 알을 애써 낳는 모습은 실로 충격적이다. 스파이더 크랩은 기생 따개비의 알을 낳고는 힘겹게 다리를 흔들어 열심히 물살을 일으킨다. 바닷물에 나온 기생 따개비의 알들이 세상으로 잘 퍼져 나가게 하기 위해서다.

오랜 옛날 진화의 과정에서 한 따개비가 게의 등 껍데기에 붙어서 사는 법을 배웠을 것이다. 그리고 그 놈들 중에 한 놈이 게의 몸속에 들어가 게의 성별과 신경을 변화시키고 영양소를 흡수하는 법을 배웠을 것이다. 그렇게 스파이더 크랩은 자신도 모르게 정체성을 잃어버리고 기생 따개비가 되고 말았다.

어째서 충격적이고, 엽기적이기까지 한 스파이더 크랩과 기생 따개비 이야기를 하는가? 내가 보기에 반정치주의에 감염된 야당의 슬픈 현실이 스파이더 크랩과 기생 따개비의 관계와 다르지 않기 때문이다. 민주주의와 진보적 가치를 실현하기 위해 노력해야 할 한국의 야당은 보수의 가치인 반정치주의를 자신의 무기로 삼아 자기도 모르게 보수의 가치인 반정치주의를 사회에 확산시키고 있다. 그것은 자기 무덤을 파는 일이다. 그래서 갈수록 야당의 존재감은 희미해지고, 정치 혐오의 전성시대가 만개되고 있다.

정치 혐오와 반정치주의를 확산시키기 위해 열심히 노력하는 야당의 모습은 스파이더 크랩의 슬픈 모습과 겹쳐진다. 자신의 알이 아니라 기생 따개비의 알을 애써 낳아 다리를 흔들어 열심히 물살을 일으켜 알들이 바다 속에 잘 퍼져 나가게 하는 스파이더 크랩의 슬픈 모습은 한국 야당과 안타깝지만 많이 닮아 있다.

부자의 무기, 반정치 vs 민주주의의 무기, 정치

왜 반정치주의가 부자와 보수의 정치적 무기인가? 그것은 세계 정치사를 살펴보면 알 수 있다. 1980년대 이후 세계를 지배한 신자유주의의 정치적 버전이기 때문이다. 1980년대 이후 세계의 정치·경제를 장악한 신자유주의자들은 복지국가를 해체하기 위해 정치를 공격하는 전략을 채택했다. 그들은 복지국가 시대의 '국가의 개입과 공동선의 추구, 정치의 중요성'을 공격하고, 대처가 말한 "사회 따위는 없다. 오직 개인과 가족이 있을 뿐이다", "정부는 해결책이 아니다. 문제는 바로 정부다"라는 주장을 지배적인 공적 담론으로 만들어 냈다.

노벨 경제학상 수상자 폴 크루그먼(Paul Krugman)은 2003년에 출판한 『대폭로』(The Great Unraveling)에서 부시 행정부가 저소득층으로 하여금 정부와 정치에 대해 증오심을 품도록 만들기 위해 저소득층에 적대적인 정책을 펼쳐 왔다고 주장한다. 그에 따르면, 부시 행정부의 입장은 "국가와 정치가 국민들에게 좋은 일을 해서는 결코 안 된다."는 것이었는데, "왜냐면 좋은 일을 할 경우 사람들은 정부가 나쁘다는 것을 인식하지 않을지도 모르기 때문"이다(크루그먼 2003, 246).

그런데 이처럼 말로는 늘 정치와 정치인을 부정적으로 말해서 정치에 대해 증오심을 유도하면서 실제로는 가장 정치적이고, 또 투표도 열심히 하며 정부 정책이나 예산에 민감하게 반응하는 사람들은 민주주의를 탐탁지 않게 생각하는 상층계급들이다. 이처럼 '반정치주의'는 분명한 권력 효과를 갖는 이데올로기다. 반정치주의는 민주주의의 약화로 이득을 보는 권력자, 부자들의 이데올로기이며, 신자유주의와 보수주의의 무기다.

그러면 왜 부자들과 권력자들, 보수 세력은 정치를 공격함으로써 민주주의를 무력화시킬까? 그것은 사회적 평등을 실현할 수 있는 유일한 방법이 민주주의이기 때문이다. 그리고 또 민주주의를 실현하는 유일한 방법이 정치이기 때문이다. 정치 없이는 사회적 평등을 실현할 수 없다. 민주주의는 본질적으로 사람의 가치와 평등의 원리에 기초를 두고 있다. 그리고 이는 민주주의가 처음 등장하여 발전하는 역사를 보아도 그러했다. 민주주의는 처음부터 평등을 지향하는 개념이었다.

민주주의(democracy)라는 말은 기원전 6세기 고대 그리스 아테네에서 처음 등장했다. 아테네인들은 민주주의가 확대될수록 스스로 도시를 방어하는 데 용이하다는 것을 발견했다. 왜냐하면 아테네는 군사적으로 해군을 중시했는데, 해군을 운영하려면 충성스러운 노동 계층 시민들의 협조가 필요했기 때문이다. 당시 귀족은 기병이었고, 중간 계층 시민은 보병, 노동 계층 시민은 해군 함정의 노를 저었다. 그래서 아테네는 노동 계층 시민까지 민주주의를 점차 확대함으로써 해군을 강화했다.

그러나 민주주의는 19세기 말까지 대부분의 정치철학자와 지식인에게 부정적인 의미였다. 민주주의라는 용어가 확고한 시민권을 갖게 된 데에는 20세기 들어 보통선거권 획득 운동과 대중정당의 성장이 결정적인 역할을 했다. 세계적으로 보통선거권이 확대되는 데 결정적으로 기여한 것은 제1차 세계대전과 노동자 투쟁이었다. 전쟁을 수행하기 위해서는 보통선거권의 확대를 수용해야만 했던 것이다.

민주주의가 전 세계적으로 정착된 시기는 제2차 세계대전 이후 복지국가의 시대였다. 두 번에 걸친 세계대전을 치르고 대공황을 극복하는 과정에서 세계 각국은 국민 다수의 동의와 협조 없이는 국가 운영이 어렵다는 것을 깨달았다. 전쟁 수행을 위한 국방, 납세, 근로, 교육 등에서 국민의 민주적 동의가 있어야 위기의 시대에 국가 운영이 제대로 될 수 있었다. 그래서 각국은 보통선거권과 복지 제도를 도입했고, 인류 역사상 처음으로 국민 전체에게 정치·사회적 평등의 권리를 부여했다.

그러나 1980년대 이후 신자유주의 경제 시스템이 보편화되면서 민주주의가 위기에 내몰렸다. 1980년대 이후 신자유주의가 사회적 불평등을 확대시킬 수 있었던 것은 민주주의의 약화에서 비롯되었다. 그리고 무엇보다 정치 혐오를 확대시킴으로써 가능했다. 신자유주의자들은 복지국가를 해체하기 위해 정치를 공격하는 전략을 채택했다. 그들은 국민들에게 정치 혐오를 부추김으로써 국민들의 정치 참여를 축소시키고, 그럼으로써 민주주의를 약화시켰으며, 사회적 평등을 악화시켰다.

내가 민주주의를 신봉하고, 정치의 중요성을 강조하는 이유는 민주주의와 정치가 사람의 가치와 평등의 원리를 실현할 수 있는 유일한 방법이기 때문이다. 민주주의와 정치를 통해 시장의 독주를 막고, 사람의 가치가 실현되는 사회를 만들 수 있다고 믿기 때문이다. 또한 나는 민주주의의 철학에 동의한다. 민주주의는 인간 본성에 대한 깊은 성찰, 곧 모든 인간은 불완전하고 편견을 가지며 누구도 완벽한 진리를 알 수 없다는 인식에 기반하고 있다. 이것이 바로 우리가 자유를 필요로 하는 이유이자, 모든 사람의 의견에 귀 기울여야 하는 까닭이다.

정치 혁신이 민주주의 후퇴를 낳았다!

우리나라에서도 정치 혁신이라는 이름으로 사실상 반정치가 횡행했던 적이 많지만, 세계 민주주의 역사에서도 그런 예는 많다. 정치 혁신이 사실은 민주주의와 정치의 축소를 지향했던 것이다.

『다운사이징 데모크라시』(*Downsizing Democracy*)에서 크렌슨(Matthew A. Crenson)과 긴스버그(Benjamin Ginsberg)는 미국 정치사에서 정치 혁신을 추구했던 시대에 사실은 민주주의가 후퇴했다고 분석했다. 이들에 따르면, 미국 민주주의의 절정기는 정당과 정치 엘리트들이 평범한 시민을 적극적이고 능동적으로 동원했기 때문에 가능했다. 그런데 정치 혁신이 성공하면서 정치적 동원은 줄어들었고 미국 민주주의는 '다운사이징' 단계로 접어들었다. 그 결과 정치 동원이 없으면 정치에 관심을 가질 수도 없고 참여도 불가능했던 평범한 시민들은 점차 정치의 세계에서 사라져 갔다.

왜 대중 민주주의는 후퇴했는가? 근본적으로 국가를 유지하는 데 대중의 힘이 더 이상 유용하지 않았기 때문이다. 정부가 평범한 사람들의 능동적이고 집단적인 지지에 의지하지 않고도, 전쟁을 수행하고 세금을 걷고 정책을 집행할 수 있게 되었기 때문이다. 이제 정치 엘리트들은 대중의 정치 참여에 의지하지 않고 권력을 유지하며 행사할 수 있게 되었다. 이렇게 민주주의가 '다운사이징' 단계에 접어들자 정치 엘리트들은 유권자 대중을 주변화했고, 점차 법원과 관료들에 의존해 자신들이 원하는 것들, 즉 통치를 위해 필요한 것들을 얻고 있다.

이렇게 정치 혁신이라는 이름으로 추구된 개혁이 오히려 민주주의를 후퇴시켰고, 시민들의 정치적 역할을 축소시키고 말았다. 이로 인한 현대 민주주의의 최대 위협은 민주주의 체제 속에서 서서히 힘을 확대하며 민주주의 기반을 약화시키는 귀족주의의 변형으로서의 전문가주의 혹은 엘리트주의다. 관료제와 사법 제도가 민주주의의 핵심을 대체하고 있다. 회원 없는 시민 단체, 소송 중심 활동, 공공사업의 민영화 등 시민의 역할 축소와 개인 민주주의가 부상하고 있다. 시민은 고객으로 주변화되고, 주권자는 자원봉사자로 밀려나고, 대중은 개인으로 해체되고 있다.

그 결과 민주주의에서 정치 동원이 없으면 정치에 관심을 가질 수도 없고 참여도 불가능했던 평범한 시민들은 점차 정치의 세계에서 사라져 갔다. 이런 미국 민주주의의 위기 상황을 상징적으로 보여 주는 두 가지 사건이 2000년과 2001년에 벌어졌다. 첫 번째 사건은 부시 대 고어의 대통령 선거이고, 두 번째 사건은 9·11 테러 직후 부시 대통령의 대국민 호소이다.

2000년 11월에 치러진 미국 대통령 선거에서 공화당 부시 후보와 민주당 고어 후보 간의 대결은 국민 다수의 의사가 아니라 연방대법원 판사에 의해 결정되었다. 다수의 지배라는 민주주의 원칙은 사라지고 사법 판단이 대통령 후보의 당선을 결정하는 중심이 되고 말았음을 2000년 대선은 보여 줬다. 2001년 9·11 테러 직후 부시 대통령의 대국민 호소는 국가적인 위기 상황에서도 시민들의 할 일은 거의 사라졌음을 보여 줬다. 부시가 9·11 테러라는 국가적인 위기 상황에서 미국 국민들에게 호소한 바는 정부가 테러에 맞서 싸우는 동안 더 많이 소비하라는 것이었다(크랜슨·긴스버그 2013).

이 같은 미국의 사례는 한국의 경우와도 너무 흡사하다. 돌이켜보면 한국에서 '새 정치'라는 이름으로 추진했던 많은 정책들은 미국에서 '새로운 정치' 또는 '정치 혁신'이라는 이름으로 추진된 정책들과 많이 닮아 있다. 부패 정치 척결, 깨끗한 정치 실현, 정치의 축소를 통한 효율성 확대 등은 정치 혁신의 명분이 되었다. 그리고 정당에 의한 대중 동원은 정치를 타락시키는 주범이요, 정치 개혁의 표적으로 지목되었다. 그 결과 정치 혁신의 성과는 오히려 정치를 축소시킴으로써 민주주의를 후퇴시키고, 분배 구조를 악화시켜 빈익빈 부익부를 강화시키는 결과를 초래하고 말았다.

한국 진보의 반정치주의, '반정치 콤플렉스'

반정치주의는 세계적인 현상이고 특히 부자와 보수 세력의 무기인 반면, 한국에서 반정치주의는 보수보다 진보 진영에서 뚜렷하다. 한때는 진보 진영의 전유물이요, 강력한 무기였던 적도 있었다. 세계 역사를 살펴보면, 성공한 진보 정부는 정치의 힘으로 민주주의와 평등의 가치를 실현시켰다. 그런데 한국의 민주 진보는 정치를 혐오하는 경향이 있다. 진보의 가장 강력한 무기인 정치를 나쁜 것 내지 줄어들어야 할 것으로 간주하는 모순. 그래서 나는 한국 진보의 반정치주의를 '반정치 콤플렉스'라고 표현한다.

2004년 지구당 폐지와 2014년 기초 선거 정당 공천 폐지 시도가 대표적인 예다. 정치 혁신이라는 명분으로 2004년 열린우리당이 주도하여 이뤄 낸 지구당 폐지는 이후 정치의 하부 조직 경쟁에서 민주 세력의 구조적 약세를 정착시켰다. 2014년의 기초 선거 정당 공천 폐지 시도는 다행히 철회되었지만, 만일 실현되었더라면 2004년 지구당 폐지에 이어 민주 세력의 하부 조직을 완전히 붕괴시켰을 것이다.

2004년 지구당 폐지가 천정배, 정동영 등 열린우리당 창당파들에 의해 이뤄진, 당시 당내 다수파인 동교동계를 제거하여 '탈김대중'을 이루기 위한 자해적 민주당 파괴 행위였다면, 2014년 기초 선거 무공천은 안철수에 의해 주도된, 기존 민주당의 하부 조직을 붕괴시켜 '탈민주당'을 이루려는 또 한 번의 자해적인 민주당 파괴 행위였다. 두 가지 사례 모두 정치 혁신이라는 이름으로 추진되었지만 그 철학적 기반은 모두 정치 혐오에 기반한 반정치주의였고, 정치와 정당의 축소를 목표로 했다. 그리고 그 결과는 참혹하게도 민주주의의 축소와 한국 정치에서 보수가 압도적 우위를 갖도록 만들어 주는 것이었다.

지금까지 안철수가 보여 준 모습은 반정치 콤플렉스의 단점을 모아 놓았다고 해도 과언이 아니다. 지난 대선 당시 안철수가 '새 정치'라며 내놓은 공약들은 모두 정치를 최소화하기 위한 것들이었다. 국회의원 정원 축소, 정당 국고 보조금 축소·폐지, 중앙당 축소·폐지, 당론 폐지 및 국회의원 소신 투표, 정당 공천권 폐지, 국회의원 특권 폐지 등이 그것이다.

게다가 안철수는 조직으로서의 정당이 아닌 네트워크 정당을 강조했고, 시민사회와의 협치 내지 행정 합리성을 강조하며 정부의 고전적 역할을 줄이겠다고 했다. 정당정치보다는 국민 일반을 위한 협력의 정치를 강조했다. 대의 민주주의의 한계를 극복하기 위해 직접 민주주의를 강화하겠다고 했다. 나아가 이 모든 것을 국민의 이름으로 말했고, 자신을 정당 후보가 아닌 국민 후보로 정의하기도 했다.

안철수는 정치를 '국민 대 정치'의 프레임으로 바라봤다. 국민이 살기 위해서는 정치를 최소화해야 하고, 정치가 커지면 국민이 죽는다고 보았다. 이런 주장의 바탕에는 심각한 수준의 '반정치 콤플렉스'가 깔려 있다. 정치는 나쁜 것이요, 가능하면 줄여야 한다는 것이다. 그래서 그가 주장하는 '새 정치'는 "정치를 국민들에게 되돌려 준다"고 말하지만, 내용을 살펴보면 사실은 정당을 무력화하고 정치를 최소화하는 것이다.

반정치, 박근혜·이명박 대통령의 최대 무기

지금의 야당이 과거 여당이었던 시절, 정치 혁신은 가장 강력한 무기였다. 그러나 그것으로 효과를 봤던 시절은 짧았다. 이제 반정치는 오히려 박근혜 대통령과 새누리당의 무기가 되었다. 그들은 정국을 돌파해야 할 때마다 '민생 대 정쟁'의 구도를 활용해 야당을 가리켜 국정의 발목을 잡는 세력이라며 공격한다.

박근혜는 2015년 12월 8일 국무회의에서 "이 국회가 도대체 누구를 위한 국회인가. 정치권의 이런 모습을 국민이 지켜보고 있고, 선거에서 선택을 하는 것도 우리 국민이 아니겠는가."라며 '국회 심판'을 거론했다. 박근혜가 공개적인 국무회의 석상에서 정치권에 직격탄을 날린 것은 한두 번이 아니다. 6월 25일에는 유승민을 겨냥해 '배신의 정치 심판'을 거론했다.

박근혜는 정치적 위기에 처할 때마다 정치권 전체, 특히 야당을 국정의 발목을 잡는 집단으로 수시로 공격했고, 이것은 대체로 효과를 거뒀다. 박근혜는 정치와는 초연한 '국가원수의 정치'로 반정치주의를 활용했는데, 자신은 국가원수로서 초당적 외교 안보에 집중하고 국내 정치의 이슈에 대해서는 '민생 대 정쟁' 구도를 활용하여 마치 진흙탕 당쟁에는 초연한 듯 보이도록 했다. 이는 높은 정치 불신에 힘입어 대단히 효과적인 전략이 되었다.

그런데 놀랍게도 박근혜의 부친인 박정희의 스타일이 그랬다. 박정희는 '행정적 민주주의'를 주창할 만큼 의회에 기반을 둔 대의제 민주주의를 혐오했고, 관료와 행정부 중심으로 국정을 운영했다. 따라서 박정희의 통치는 다분히 국가주의적이었고 박근혜는 국가주의를 부활시켰다. 박근혜의 '민생 대 정쟁' 구도의 반정치주의, 정쟁과 초연한 국가원수 프레임, 그리고 그것들과 동전의 양면인 권위주의와 공안 통치는 박정희의 그것과 닮아 있다.

이명박 또한 대통령 재임 시절 박정희나 박근혜처럼 국민들의 정치 혐오를 활용해 이득을 보았다. 기업인 시절부터, 한국 정치가 실천보다 말만 많고 비능률적이라며 정치를 싫어했던 그는 이른바 '여의도 정치'를 혐오한다는 말을 여러 차례 했다. 그것을 상징화하기 위해 대통령 선거 당시 대선 캠프도 여의도를 벗어나 종로구 견지동에 마련했다. 자신의 정치적 브랜드를 '탈여의도, 실용주의적 리더십'으로 내세우기도 했다.

이명박은 재임 기간 동안 의도적으로 여의도 정치와 담을 쌓았다. 웬만한 사안에 대해서는 야당뿐만 아니라 여당과도 소통하지 않았다. 그의 머릿속에는 '경제는 좋은 것, 정치는 나쁜 것'이라는 공식이 들어 있는 것 같았다. 자신이 정치의 꼭짓점에 있고 실제로는 선거 때문에 하지 못한 일도 없는데 이명박은 정치와 선거를 싫어했다. 그는 '여의도 정치'를 싫어한다고 했지만, 사실은 정치 자체와 선거를 비능률적인, 걸림돌로 본 것이다.

'반정치 콤플렉스'와 영화 〈플라이〉

한국 진보가 보수의 무기인 반정치주의를 자신의 정치 전략으로 삼아 반짝 단기적 성과를 거뒀지만 지금은 캄캄하고 긴 실패의 터널을 헤매고 있는 모습, 안타깝게도 그 실패의 터널 어디를 지나고 있는지도 모르는 상황, 어쩌면 아직 그 중간도 통과하지 못했을지 모르는 지금의 현실을 보며 나는 오래전에 봤던 영화 〈더 플라이〉가 떠오른다. 줄거리는 다음과 같다.

남자 주인공이 전송기를 발명했다. 한쪽 전송기에 물건을 넣고 작동하면 다른 쪽 전송기로 옮겨가는 신기한 발명품이다. 주인공은 원숭이를 대상으로 실험해 살아 있는 그대로 전송하는 데 성공한다. 자신의 발명품 능력의 극한을 확인하고 싶어진 주인공은 자신이 직접 실험 대상이 될 결심을 한다. 드디어 주인공은 스스로 전송기에 들어가고, 전송기의 문이 닫힌다. 그런데, 그 순간 파리 한 마리가 전송기 안으로 들어오는데, 주인공은 그것을 모르고 전송기 문이 닫힌다.

실험은 성공적이었다. 주인공은 한쪽 전송기에서 다른 쪽 전송기로 옮겨졌다. 그런데 실험 성공 이후 주인공의 몸에 변화가 일어난다. 갑자기 엄청나게 힘이 세져 천하무적이 된다. 힘만 세진 것이 아니라 정력도 상상을 초월하는 수준이 된다. 성격도 급해지고 난폭해진다. 몸도 놀라울 정도로 유연해진다.

변화는 그뿐만이 아니었다. 갑자기 단 것이 좋아져서 커피에 설탕을 가득 넣어 마시더니, 등에서 빳빳한 털이 돋아나기 시작한다. 주인공은 이제 점차 흉측한 형상으로 변해 간다. 손톱과 발톱이 퇴화되어

벽과 천정을 타고 다니게 된다. 주인공은 점차 파리의 형상으로 변한다. 주인공은 이제 자신을 잃어버리고, 사람에서 파리로 변해 간다. 주인공과 파리가 결합되어 전송되었는데 파리가 우성이었던 것이다.

지금의 한국 야당은 패배의 늪에 빠져, 헤어 나오지 못하고 있다. 내가 보기에 그 핵심적 이유는 반정치 콤플렉스 때문이다. 적극적인 정치가 필요한데 오히려 반정치의 길로 가서 결국 실패를 반복하는 것이다. 나는 반정치 콤플렉스를 극복하지 않고서는 야당에게 미래는 없다고 생각한다. 반정치주의는 스스로 손발을 묶어 버릴 뿐이다.

영화에서 사람보다 파리가 우성이었듯이 한국 정치에서도 진보의 가치보다 반정치주의가 우성은 아닌가 생각하게 된다. 진보 세력인 야당과 반정치 콤플렉스의 결합으로 인해, 지금 한국 야당은 자신의 정체성을 잃어버리고 반정치 콤플렉스로 변해 가고 있는 것은 아닌지 생각하게 된다.

| 7 |

네 번째 늪

국가에 대한 부정적 인식

반정치 콤플렉스의 첫 번째 기원, 억압적 국가

나는 제6장에서 한국 야당이 패배의 늪에 빠진 결정적인 이유는 반정치주의 때문이라고 했다. 왜 야당은 반정치주의의 포로가 되었을까? 왜 반정치 콤플렉스에 갇혀 있을까? 원래 반정치주의는 보수의 정치적 이데올로기다. 그런데 왜 진보 진영이 이를 받아들였을까?

그 첫 번째 이유는 그들이 오랜 기간 군사 독재 정권에 투쟁해 왔던 민주화 세력이었다는 데 있다. 즉, 한국 민주 진보의 '반정치주의'는 억압적 국가에 대한 저항의 부산물이라고 할 수 있다. 이는 한국의 보수적 반정치주의의 근원이 국가주의라는 점을 생각하면 아이러니다. 한국 보수의 원류인 박정희의 국가주의가 보수에도 반정치주의를 남긴 것처럼 진보에도 반정치 콤플렉스를 남긴 것이다. 다만, 정치에 대한 부정적 인식의 방향이 다르다고 할 수 있는데, 보수의 국가주의적 반정치는 행정·관료·통치를 위해 정치를 최소화해야 한다는 의미라면, 진보의 반정치는 국가 자체에 대한 거부감, 억압적 국가에 대한 거부감이 만들어 낸 반정치라 할 수 있다.

이처럼 국가에 대한 진보의 부정적 인식은 박정희·전두환 군사독재에 대한 부정적 인식에서 파생된 것이다. 시민을 위해 존재하는 것이 아니라 시민 위에 군림하는 국가권력을 겪다 보니 국가 자체에 적대적이 되어 버린 것이다. 이런 비판적 인식 탓에 막상 진보 세력이 정부를 차지했을 때, 적극적인 역할을 하지 못했다. 보수에 비해 국가의 역할에 대한 인식이 약했기 때문이다.

한국 보수의 원조인 박정희의 모델은 일본의 메이지유신이었다. 국가를 위해 개인의 자유는 희생되어도 좋다는 국가주의를 철학으로 했다. 박정희·전두환 군사정권하에서 국가는 '노골적인 곤봉'이었다. 집회·시위·결사의 자유를 제한했고, 고문과 투옥·조작으로 민주주의를 압살했다. 정보는 철저히 통제되었고, 저항하는 언론인은 고문을 받았다. 박정희의 국가는 경제도 '힘'으로 조직했다. 시장이 아니라 국가가 전략 산업과 대상 재벌을 결정하고 경제적 지원을 집중했다.

그 결과 1987년 민주화 이후 1990년대부터 우파와 좌파 모두 '국가'를 극복하려고 했다. 1990년대 이후 우파가 '국가'를 극복하기 위해 집중한 것은 '시장'이었다. 이기심과 영업의 자유로, 국가를 대신하려 했다. 이건희 삼성그룹 회장이 '기업은 2류, 정치는 3류'라고 말한 것도 그 무렵이었다. '시장'으로 '국가'를 극복하려는 시도는 신자유주의 철학이기도 했다. 그러나 보수는 결코 신자유주의로 국가주의를 대체하지 않았다. 두 가지를 모순적으로 결합시켰을 뿐이었다. 그리고 민주주의를 최소화하기 위해 정치를 공격했다. 반정치주의를 중심으로 한국 보수의 국가주의와 신자유주의는 통합되었다.

반면, 한국의 진보적 지식인들이 국가를 극복하기 위해 주목한 것은 '시민사회'와 '개인'이었다. 즉, 국가의 개입 없이 개인들끼리 자율적으로 소통하고 연대하는 공간에 천착했다. 이 무렵 '국가주의 비판'을 선도적으로 이끌었던 지식인들은 이후에도 계속 한국 지식사회에 영향을 미쳤다. 이들은 스펙트럼이 다양하지만 국가를 부정적으로 인식하는 경향이 공통적으로 나타난다.

박노자 오슬로 대학 교수는 국가주의는 '우리'라는 환상을 조성해 '자유로운 개인'을 말살하고 '계급 모순'을 은폐하려는 기제라고 비판했다. 권혁범 대전대 교수는 『국민으로부터의 탈퇴』(2004년)에서 국가주의적 집단주의 문화 안에서 '개인'은 부정적인 의미를 띠게 되고 '이기심'과 동의어로 인식된다고 주장했다. 김규항 『고래가 그랬어』 발행인은 2002년 월드컵 거리 응원, 붉은 악마 현상에서 파시즘의 조짐을 발견했다. 이진경 서울과학기술대 교수는 2008년 〈프레시안〉과의 인터뷰에서 국가가 하는 일이 많아질수록 우리가 국가에 많이 매인다고 주장했다. 물론 중요한 이야기이고, 실제로 고민할 지점이기도 하다. 하지만 나는 좀 다른 관점에서 이야기하고 싶다.

한국 진보의 근본 문제
: 국가에 대한 부정적 인식

국가는 늘 억압적이고 개인의 자유와 모순되는가? 많은 사람들이 진보적 대안, 복지국가의 모델로 생각하는 스웨덴을 살펴보자. 스웨덴의 사회학자 라르스 트레가르드는 "스웨덴에서는 국가가 오히려 개인적 자율성의 수호자"라면서, 국가와 개인이 천적 관계에 있는 것처럼 이해하는 것은 "국가는 궁극적으로 유해하며, 시민의 자유를 위협한다는 영·미형의 시민권 이론이 깔려 있다."고 주장한다.

트레가르드에 따르면 스웨덴 국가주의는 두 개의 축을 갖는다. 하나는 '강하고 선한 국가', 다른 하나는 '자율적인 국가'이다. 그리고 강한 국가는 개인의 해방자이다. 무엇으로부터인가? 놀랍게도 "시민사회로부터"이다. 그에 따르면 시민사회(예컨대 가족, 지역공동체, 자선기관, 종교 단체, 언론)의 개인들 간에도 권력-의존 관계가 존재한다. 그런데 이런 시민사회의 권력은 국가와 달리 일정한 합법적 절차를 거쳐 형성된 것이 아니다. 따라서 트레가르드는 "시민사회의 비공식적이고 견제되지 않는 권력이, 공식적이고 정치적으로 통제 가능한 국가의 권력보다 훨씬 위험하다."고 주장한다(『시사인』 2011/03/12).

그런데 국가에 대한 민주 진보 세력의 부정적인 인식은 보수 세력과의 담론 투쟁 과정에서 열세에 몰리는 원인이 되기도 한다. 앞서도 말했듯이, 한국의 보수는 박정희의 국가주의를 근본 철학으로 하고 있으며, 오랜 세월 국가권력을 소유해 왔고, 지금도 그렇다. 이들은 국가권력에 대한 애정도 강하고, 국가에 대한 생각도 뚜렷하다. 군사독재는 과거가 되었고, 신자유주의의 시대가 되었지만 한국의 보수가 생각하는 국가의 존재 이유는 사회 내부의 무질서로부터 공동체를 지키는 것이다. 이를 위해서 한국 보수는 인권유린이나 부정부패에 대해 관대하다.

반면, 한국의 민주 진보 세력은 대체로 자유주의적 기반을 공유하고 있으며, 오랫동안 국가권력으로부터 탄압을 받아왔고 저항해 왔다. 따라서 국가에 대한 생각이 잘 정리되어 있지 못하다. 반독재 투쟁을 할 때는 자유주의 국가론을 가지고 싸우고, '국가권력이 뭔가' 하는 내용을 다룰 때는 마르크스주의 국가론의 영향을 받기도 했다. 그럼에도 일관된 점은 국가에 대해 부정적이라는 것이다. 이 때문에 국가라는 강제 권력이 정의·선 등의 좋은 가치를 실현하는 도구가 될 수 있다는 생각 자체를 하기 어려웠다.

그래서 민주 진보 세력은 국가와 관련된 담론 투쟁에서 보수에 밀리는 경향이 있다. 보수 세력이 애국, 애족, 강한 국가 등의 담론을 주도하고 있는 반면, 이들은 국민들이 일반적으로 좋아하는 국가와 관련된 개념이 부족하기 때문이다. 그 결과 민주 진보 세력은 국가에 대해 진지하게 고민하지 않는다는 인식을 주고, 공격당할 빌미가 되기도 한다. 이에 대해 유시민은 "국가의 기능과 작동 방식을 바꾸려 노력하는 것이 진보 정치인데, 진보 정치인들이 국가의 개념에 대해 소극적·냉소적·부정적 태도를 갖게 되면 담론 투쟁의 영역에서 기본적으로 밀릴 수밖에 없다는 안타까움을 느낀다."고 지적했다(『시사인』 2011/03/12).

유시민은 『국가란 무엇인가』라는 책에서 국가에 대해 이렇게 말한다. "내가 바라는 국가는 사람들 사이에 정의를 수립하는 국가이다. 국민 한 사람 한 사람을 수단이 아니라 목적으로 대하는 국가이다. 대한민국이 지금 그런 국가가 아니라고 해서 국가를 증오하거나 비하하거나 냉담하게 대하는 것은 현명한 일이 아니다. 국가를 떠나서는 훌륭하고 행복한 삶을 영위할 수 없다. 훌륭한 국가 없이는 시민의 삶도 훌륭하기 어렵다. 그리고 세상 그 무엇도 국가를 대신하지 못한다. 우리에게는 능력 있는 국가가 필요하다. 국가 없이는 시민을 보호할 수도 정의를 수립할 수도 없다. 좋은 정당, 민주적인 정치, 효율적인 행정을 실현하는 일에 더 큰 관심을 가지고 능동적으로 참여해야 한다"(유시민 2011, 284-285).

국가와 권력의지에 대한 부정적 시각 버려야

정치학에서 민주주의에 관한 최고 학자로 흔히 로버트 달(Robert Dahl)을 꼽는다. 그리고 그의 저서 중에 민주주의에 대한 연구의 결정판으로 『민주주의와 그 비판자들』(Democracy and Its Critics)을 꼽을 수 있다. 달은 책의 제목처럼 민주주의에 대한 비판자들의 주장을 검토한다. 그는 "민주주의에 대한 반론 가운데 두 종류는 너무 근원적인 반론이어서 이것을 만족스럽게 해결하지 못하면 민주주의 사상에 대한 더 이상의 탐구는 그 어떤 것도 소득이 없다."면서 두 가지 근본적인 민주주의 비판에 대해 심도 있게 그 논리를 검토하고, 문제점을 지적한다. 그가 말하는, 민주주의에 대한 두 가지 근본적인 비판은 무정부주의와 수호자주의다.

무정부주의란 무엇인가? 그것은 국가 내지 정부가 없는 것을 이상사회로 보는 관점이다. 무정부주의는 "국가란 강압적인 존재"이고

"강압은 본질적으로 나쁜 것"이기 때문에 "국가는 본질적으로 나쁜 것"이라는 3단 논법에 근거하고 있다. 무정부주의는 강압적인 존재인 국가가 자발적 결사체들에 의해 대체될 수 있고, 따라서 국가는 제거될 수 있다고 생각한다. 따라서 무정부주의가 상정하는 이상향은 순수하게 자발적인 결사체들로만 이뤄진 사회, 국가가 없는 사회이다.

수호자주의는 무엇인가? 수호자주의는 민주주의가 가장 극복하기 어려운 경쟁자다. 민주주의는 보통 사람들이 자신들을 통치할 능력이 있다고 보는 반면, 수호자주의는 보통 사람들에게 그런 능력이 없다고 생각한다. 따라서 수호자주의는 통치란 보통 사람이 아닌 통치자 신분에게 맡겨져야 하고, 통치자 신분은 우수한 지혜와 덕성으로 특별히 통치할 자질을 갖춘 소수의 사람들이어야 한다고 생각한다. 플라톤의 철인정치, 유사 이래의 위계질서제(hierarchy), 관료주의, 전문가주의, 엘리트주의가 모두 수호자주의에 해당된다. 사상으로든 실제로든 유사 이래 대부분의 나라에서는 위계질서제가 지배해 왔으며 민주주의는 극히 예외적인 현상이었다(달 1989).

그런데 한국의 민주 진보 세력은 국가에 대한 부정적 인식, 그로 인해 발생하는 정치와 권력의지에 대한 부정적 인식 때문에 로버트 달이 지적하는바 어느 정도 무정부주의적 경향을 갖게 된다. 무정부주의는 아무리 민주주의 체제라 할지라도 국가는 결코 바람직한 것이 아니라고 생각한다. 왜냐하면 완전한 민주주의라 하더라도 국가가 존재하는 한 강압은 존재할 수밖에 없는데, 강압은 본질적으로 나쁜 것이기 때문에 완전한 민주주의 국가라 하더라도 본질적으로 나쁘다는 것이다. 따라서 완전한 민주적 과정에 의해 통치되어도 국가는 악이기 때문에 민주주의 국가 역시 다른 모든 국가처럼 충성심, 법에 대한 복종 등을 요구할 정당성이 결여되어 있다고 무정부주의자들은 생각한다.

이런 생각에 대해 로버트 달은 "완전하거나 이상적인 사회에서는 강압이 존재하지 않는다는 것이 당신의 견해라면 나는 동의하지 않을 수 없다. 그러나 우리는 완전한 사회에 살고 있지 않다. 그리고 그렇게 되지도 않을 것 같다. 우리는 불완전한 인류, 곧 인류가 거주하는 불완전한 세계에 계속해서 살게 될 것이다. 따라서 당신의 완전한 사회가 존재하지 않는다면, 혹은 도래하기까지는, 가능한 최선의 사회는 가능한 최선의 국가를 보유할 것이다."라고 말한다.

나아가 로버트 달은 "나의 견해로는 가능한 한 최선의 국가는 역사적 조건에 의해 주어진 한계, 그리고 행복, 자유, 정의 등을 포함하여 다른 가치들을 추구함에 있어 주어진 한계 내에서 강압을 최소화하고 동의를 최대화하는 국가일 것"이라고 지적하면서, "이와 같은 목표들에 비추어 판단할 때 최선의 국가는 민주적 국가라고 믿는다."라고 결론 내린다(달 1989, 83-111).

철학적으로 보면, 무정부주의자들이 국가를 강하게 불신하는 이유는 그들이 인간의 이성에 대해 강한 신뢰를 가지고 있는 것과 관련되어 있다. 따라서 그들은 국가가 인간의 이성을 억압한다고 보고, 국가를 불신하게 되는 것이다. 그렇기 때문에 이들은 국가의 극복을 통한 개인 간의 자율적 소통과 연대에 천착해 왔다. 이런 경향은 한국 진보 세력에게도 쉽게 찾아 볼 수 있다. 나아가 그동안 위계적 힘의 작용을 특징으로 하는 권위가 마치 권위주의의 속성인 듯 오해한다거나, 권위와 민주주의는 양립할 수 없는 것으로 생각되기도 했다. 그러나 그것은 잘못된 생각이다. 민주주의 국가도 국가이므로 강압이 존재하며, 민주주의에서도 권위는 대단히 중요하다. 특히 민중에 기반을 두는 정치 세력은 경멸의 대상으로 전락하지 않기 위해 특별히 조심해야 한다.

또한 한국의 민주 진보 세력은 정치인의 '권력의지'를 죄악시하는 경향이 있다. 이 역시 잘못된 생각이다. 막스 베버는 『소명으로서의 정치』에서 정치가에게 '권력 본능'은 죄악이 아니며, 정상적인 자질이요, 일을 하기 위해 꼭 필요한 도구라고 강조했다. 오히려 "정치 영역에서는 궁극적으로는 두 종류의 치명적 죄악이 있을 뿐"인데, 그것은 "객관성의 결여와 (항상 그런 것은 아니지만 흔히 이것과 동일시되는) 책임성의 결여"라며, 권력의지보다 객관성의 결여와 책임성의 결여가 정치가에게는 더 치명적인 죄악이라고 베버는 지적했다(베버 2011, 198-199).

국가주의와 반정치주의의 원조, 박정희

이제 한국 보수의 억압적 국가 내지 국가주의의 원조를 살펴보자. 군사 쿠데타 이전부터 박정희가 이상적으로 그리고 있던 국가 모델은 일본의 메이지유신 국가였다. 일본의 메이지유신 체제는 천황을 국가의 정점으로 하는 국가 체제요, 천황에 대한 절대적 충성과 군부를 중심으로 한 관료들의 지배 구조를 특징으로 하는 체제다. 그러한 지배 구조하에서 군부는 그에 동조하는 우익 세력과 재계와 결합하여 국가 건설을 위한 총력 체제를 구축했다. 박정희는 바로 이런 메이지 체제를 자신의 정치 모델로 생각했다. 물론 그가 생각했던 천황은 바로 자기 자신이었다. 그는 대한민국을 자신에 대한 절대적인 충성과 군부와 관료들의 지배 체제로 만들었다. 그야말로 국가주의적 체제였다.

그리고 자신의 권위주의 체제를 정당화하기 위해 반공과 국가 안보를 적극적으로 활용하고 강조했다. 박정희의 논리는 민주주의가 너무 소중하기 때문에 민주주의를 유보해야 한다는 것이었다. 박정희는 1971년 12월 6일 발표한 "국가비상사태 선언에 즈음한 특별 담화문"에서 "지금 우리 대한민국의 안전 보장은 중대한 위기에 처해 있다."며, "민주주의가 우리에게 가장 소중한 것이라면, 민주주의를 수호하기 위해 필요할 때는 우리가 향유하고 있는 자유의 일부마저도 스스로 유보하고, 이에 대처해 나아가겠다는 굳은 결의가 있어야 한다."라고 역설했다.

1970년대에 이르면 박정희는 국가 안보의 문제를 일상적 치안의 문제, 심지어는 '퇴폐적인 풍조'를 다루는 문제에도 적용한다. 그는 1970년부터 1979년까지 매년 연두 기자회견을 한 후 다른 어떤 행사보다 가장 먼저 '전국 치안 및 예비군관계관 중앙회의'를 챙겼는데, 이 회의는 연초에 시국 치안을 국가 안보의 차원으로 강조하고 점검하는 연례행사로 작용했다. 1976년 1월에 열린 바로 그 회의에서 박정희는 '유시(諭示, 관청에서 백성에게 타일러 가르치는 문서)'를 통해 "우리 사회의 정치적 불안, 사회적인 혼란, 국론의 분열, 사회 기강의 해이, 퇴폐적인 풍조, 기타 여러 가지 반사회적인 부조리 등등이 우리의 허점"이라며, "이런 것들을 우리가 과감하게 추방하고 깨끗이 없애는 것은 국가 안보적인 견지에서 매우 중요"한 만큼, "따라서, 나는 이런 문제들을 국가 안보와 같은 차원에서 다루겠다."고 강조했다.

이는 장발이나 미니스커트 등 이른바 '퇴폐적인 풍조'도 국가 안보와 같은 차원에서 단속하겠다는 선언이자, 국가 안보를 위해 국민의 일상적인 자유마저 심각하게 제약하겠다는 선언이었다. 박정희는 군대와 경찰, 향토예비군과 학도호국단, 민방위대 등 "군·관·민이 혼연일체가 된 유비무환의 정신 자세"를 역설하고 이를 "총력안보의 생활화"로 규정함으로써, 전시를 방불케 하는 '안보의 일상화'를 정착시켰다.

국가가 우선이고, 민주주의는 그 다음이라는 박정희의 정치관을 1978년 4월 3일 육군사관학교 졸업식에서 행한 '유시'는 압축적으로 보여 준다. 이 유시에서 박정희는 "어떤 명분과 이유에서든, 국민 총화와 사회 안정을 저해하고 국론의 분열과 국력의 낭비를 조장하는 그러한 형태의 정치 방식은 우리가 당면한 냉엄한 현실이 도저히 그것을 용납하지 않을 것"이라고 역설했다.

이처럼 일본 메이지 체제를 정치 모델로 삼고, 자신을 천황처럼 생각했던 박정희에게 민주주의와 정치는 혐오스러운 것이었다. 박정희는 국가가 정치와 민주주의에 선행한다고 생각했다. 이런 사고는 개인의 생명과 자유 및 재산을 보전하기 위해 국가의 존재 이유를 상정하는 서구의 자유주의적 사고와 정면으로 충돌하는 국가주의적 사고였다. 또한 국가의 '당면 과제'와 '원대한 국가 목표'는 민주주의적 합의에 의해 설정하는 것이 민주주의의 본령인데, 박정희는 그것은 최고 통지자인 자신의 결단과 예지의 산물이라고 생각했다.

따라서 박정희에게 정치란 최고 통치자가 제시한 과제와 목표를 실현해 나가도록 뒷받침해 주는 수단에 불과했다. 박정희가 경제 각료들과의 술자리에서 종종 말했다고 하는 "정치는 내가 막을 것이니 임자들은 경제개발에만 전념하시오."라는 말은 박정희가 정치를 어떻게 생각하는지 잘 보여 준다.

민주주의와 정치에 대한 혐오는 박정희에게는 본질적인 것이었다. 그가 주도한 5·16 군사 쿠데타의 명분부터가 반정치였다. 그는 쿠데타를 결행한 직후 "백척간두에서 방황하는 조국의 위기" 속에서 "부패하고 무능한 현 정권과 기성 정치인들에게 이 이상 더 국가와 민족을 맡겨 둘 수 없다."며 군사 쿠데타의 정당화 명분으로 반정치를 내걸었다.

1970년대 청와대 비서관이었던 권숙정이 회고하는 박정희의 야당관은 그의 반정치주의를 일목요연하게 보여 준다. 박정희는 자주 "정치는 청산해야 할 봉건 잔재다. 자기들끼리는 민주주의 한다고 하지만 사실 내면을 보자면 파벌의 보스가 봉건 지주처럼 자기 지분을 가지고 할거하면서 이해를 흥정하는 식이다. 야당은 봉건 지주 모임이나 마찬가지다."라고 비판했다고 한다. 반면 "이와 반대되는 세력이 조국의 근대화를 이루려는 5·16혁명 세력, 10월 유신 세력이다."라고 말했다고 한다(중앙일보 특별취재팀 1998, 327).

박정희는 사석에서 "나는 행정가이지 정치가가 아니"라며, 스스로를 '정치가'라기보다는 '행정가'로 자처하는 발언을 자주했다. 그리고 1962년 발간한 책 『우리 민족의 나갈 길』에서 그는 "서구식 민주주의의 옷을 빌려 입었는데, 우리 몸에 꼭 맞는 것은 아니라는 것을 알게 되었다."며, "우리 몸에 맞추어 입어야 한다. 이것을 나는 '행정적 민주주의'라는 말로 표현하는 것"이라고 선언하며, 대의제 민주주의에 대한 혐오를 숨기지 않았다. 이처럼 박정희는 쿠데타 초기부터 민주주의와 정치를 혐오했는데, 박정희가 주창한 민주주의 명칭은 '행정적 민주주의'에서 '민족적 민주주의'로, 다시 '한국적 민주주의'로 변해 갔지만 그 본질은 바뀌지 않았다. 그것은 바로 대의제 민주주의에 대한 부정이었다.

박정희 정권 내내 재무부 장관, 경제 부총리, 대통령 경제특보 등 핵심 요직을 11년 동안 재임했던 남덕우는 "박 대통령이 정당정치에 혐오를 느끼고 있었던 것은 사실이다."라며, 박정희가 남덕우와의 대화에서 '그놈의 정치'라는 말을 자주 사용했고 이런 말을 자주했다고 회고했다. "민주주의는 우리의 이상이지만, 지금은 민주주의가 우리에게 밥을 먹여 주고 나라를 지켜 줄 것 같지는 않다. 우리가 배고픔과 북쪽의 무력 도발에 대비하지 않으면 살아남기 힘들다는 것은 너무나 명백한 사실인데, 지식인과 학생들은 왜 이 점을 이해하지 못하는지 답답하기만 하다." 그래서 박 대통령은 정치권을 강력히 통제했고, 그것이 잘못이라면 '내 무덤에 침을 뱉어라' 하고 맞섰다고 남덕우는 회고했다(남덕우 2009).

그런데 박정희가 정치를 혐오한 가장 큰 이유는 선거 때문이었다. 박정희는 '민주주의의 꽃'이자 민주주의 국가에서 권력에 정통성을 부여하는 유일한 수단인 선거를 '혼란의 정점'으로 간주했다. 1971년 4월 25일 서울 장충동에서 대통령 선거의 마지막 군중 연설을 마치고 청와대로 돌아온 박정희는 유혁인 당시 정무비서관에게 "무섭다"며, "이거 무서워 안 되겠어. 수십만 명이 모이는데 간첩이 순사 옷 입고 들어와 총이라도 한 방 쏘면 나라 뒤집어지게 생겼어."라고 말했다고 한다. 청와대 유신 개헌 담당자였던 유혁인은 이 같은 대통령의 선거 혐오증이 간접선거 방식인 유신을 택한 핵심적인 이유라고 설명했다(『중앙일보』 특별취재팀 1998, 328).

그런데도 박정희는 '한국적 민주주의'를 구현하고 있다는 확신에

차 있었다고 한다. 당시 청와대 비서관이었던 권숙정은 "대통령을 포함해 당시 청와대에 근무하던 사람들은 '이렇게 10년만 노력하면 일본을 따라잡을 수 있다'는 열의와 확신을 가지고 있었다."고 했다. 일본 수준의 경제적 부를 축적할 때까지 민주주의는 유보한다는 개발독재의 논리요, 우리는 우리 식대로 '한국적 민주주의'를 하고 있다는 논리였다. 그랬기에 당시 카터 미국 대통령이 방한해 한국 인권 문제를 제기하고 '양심수' 문제를 거론할 때도, 박정희는 "한국에 그런 문제는 없다."고 잘라 말할 수 있었다. 그는 인권 문제에 대한 비판을 들을 때마다 "굶어 죽는 사람한테 인권은 무슨 인권이야. 백성이 굶지 않게 하는 것이 최고의 인권 정책"이라고 외쳤다고 한다.

한국 보수의 두 가지 원동력
: 국가주의와 신자유주의

서구의 보수주의는 19세기와 20세기가 다르고, 20세기에도 후반기에 들어 다시 변화했다. 19세기 유럽의 보수주의는 산업혁명과 프랑스혁명, 곧 근대화에 반대하는 것을 1차적 사명으로 하면서 봉건적 농업 사회와 귀족적 질서를 옹호했다. 이때는 자유주의가 진보였다. 그러나 20세기에는 이념 지형이 달라졌다. 러시아혁명으로 현실 사회주의가 등장하고 유럽에서도 사회민주주의가 대세를 형성하자, 보수주의는 종래의 입장에서 후퇴하여 사회주의 또는 수정 자본주의적 국가 개입에 반대하면서 개인의 자유와 제한적 정부를 옹호하는 것을 우선적 과제로 설정했다. 20세기에는 보수가 자유주의(신자유주의, 개인주의)를 주장하고, 진보가 사회민주주의(국가 개입주의, 집단주의)를 주장한 것이다.

그렇다면 한국 보수주의의 원류는 무엇일까? 한국 보수주의는 두 가지 원류를 갖는다. 첫 번째는 앞에서 설명한 박정희의 국가주의로, 국가의 과제를 위해 개인의 자유를 희생시킬 수 있다는 사고다. 두 번째는 20세기 서구의 보수주의인 신자유주의다. 신자유주의는 시장 근본주의요, 자유 지상주의로 경제에 대한 국가 개입을 반대하는 사고다. 한국에서 신자유주의가 본격화된 것은 김영삼 정부 때부터이며, IMF 경제 위기를 거치면서 심화되었다. 한국의 역대 정부 중에서 신자유주의를 전면에 내걸고 당선되었고, 또 적극적으로 추진한 정부는 이명박 정부로 봐야 할 것이다.

이명박은 노무현이 경제적으로 실패했다고 규정하고, 그 원인으로 '좌파 포퓰리즘'을 들며 '시장 원리'의 중요성을 강조했다. 이명박은 시장 원리를 강하게 신봉했고 공언했다. 이명박은 집권 초기부터 금산 분리 완화, 출자 총액 제한 제도 폐지, FTA 추진, 규제일몰제 확대 적용, 양도소득세 인하, 종합부동산세 감면, 부자 감세 정책 등을 실시했는데, 이것들은 명백히 신자유주의적인 정책이었다. 그러나 중반 이후부터는 신자유주의 정책을 강화하지 못했는데, 국민들의 저항이 강해지고 지방선거와 보궐선거에서 연이어 패배해 추진 동력을 많이 상실했기 때문이다. 오히려 사회적 분위기는 복지국가를 요청하는 목소리가 높아졌다.

박근혜는 박정희의 국가주의를 부활시켰다. 박근혜는 취임하자마자 매카시즘을 동원했다. 2007년 남북정상회담 회의록 무단 공개와 전교조 법외노조화, 통합진보당 해산 심판 청구, 공무원노조에 대한 수사, 철도공사 파업에 대한 강경 대응, 역사 교과서 국정화 등을 차례로 밀어붙였다. 이런 공안 통치의 목표는 분명했다. '반대파를 효과적으로 동원'하여 민주 진보 진영을 분열시키고 각개 격파하여 정권 교체 능력을 소멸시키려는 것이었다. 박근혜의 공안 통치는 그의 선친인 박정희의 공안 통치와 빼어 박은 듯 닮아 있다.

이명박 정부와 박근혜 정부를 비교한다면 어떨까? 이들은 모두 집단주의인 국가주의와 개인주의인 신자유주의가 모순적으로 결합되어 있고, 그 모순을 통합시키는 힘은 기득권층 대변과 민주주의·정치에 대한 혐오에서 나왔다. 이명박 정부의 경우 신자유주의적 경향이 좀 더 강하다면, 박근혜 정부는 국가주의적 경향이 좀 더 강하다고 볼 수 있지 않을까?

미국 공화당도
신자유주의와 집단주의가 결합된 정당

미국의 보수와 공화당도 집단주의와 신자유주의가 모순적으로 결합되었다는 점에서 한국과 비슷한 점이 있다. 미국은 한국처럼 국가주의의 역사가 없는데 어떻게 된 것일까?

미국 보수의 경우 집단주의는 국가주의가 아니라 공동체주의와 기독교 원리주의가 결합되어 나타난다. 그리고 이것이 바로 미국 공화당과 보수 세력의 정치적 기반이 되고 있다. 널리 알려져 있다시피, 미국인은 종교성이 강한 국민이다. 90%가 신의 존재를 믿고, 84%가 종교적 기적을 믿는다. 또 70%가 악마의 존재를 믿는다. 이런 미국 사람들에게 공화당은 자신의 노선을 하나님의 뜻인 것처럼 만들었다. 결정적인 계기는 1980년대 레이건 시대에 와서 종교적 신념과 도덕성이 큰 변화를 맞게 된 것이다.

레이건은 대놓고 종교적 보수주의자들과 그들의 정책적 시각을 환영했다. 그는 자신의 종교관과 편협한 성서 해석을 윤리적 척도로 삼아 대통령직을 수행했다. 보수주의 운동은 레이건 시대에 대립을 본격화했다. 보수주의 운동은 '도덕적 가치를 지닌 자칭 도덕적 다수(Moral Majority)' 대 '전례 없이 교회와 국가의 완전한 분리를 촉구하는 진보주의 무신론자' 간의 갈등으로 대립을 설정했다.

반면, 민주당은 1980년대 이후 점차 종교에 침묵하게 되면서 유권자들은 신과 신앙, 도덕성, 가족의 가치를 보수파나 공화당과 연관 짓는 반면, 민주당이나 진보주의적 가치관으로는 무신론과 고학력, 도덕적 상대주의를 연상하게 되었다. 1984년 미국 역사에서 최초로 전당대회 연설에서 하나님이나 신앙을 전혀 언급하지 않은 대선 후보가 등장했다. 월터 먼데일(Walter Mondale)이었다. 레이건이 보수 기독교 이데올로기를 본격 도입한 지 4년째 되는 해였다. 마이클 듀카키스(Michael Dukakis) 역시 1988년 민주당 전당대회에서 하나님을 입에 올리지 않았다. 그 차이는 유권자들에게 무의식적으로 각인됐다.

반면에 1992년 공화당 전당대회 참가자 중 40%가, 기독교인 연합이라는 보수주의 기독교 단체 회원이었다. 그리고 2004년 대통령 선거에서 아들 조지 부시가 받은 표의 36%는 백인 복음주의 유권자들이었다. 이처럼 미국 공화당 노선이 곧 하나님의 뜻으로 변했던 것이다(웨스턴 2007).

기독교 원리주의가 보수 정당인 공화당과 결합되어 신앙, 도덕성,

가족의 가치를 정치의 전면에 내거는 미국의 정치 상황은 우리에게는 좀 낯설다. 그러나 한국에서 보수 세력이 국가주의를 내세우면서 그 변형인 반공, 빨갱이, 종북 등의 프레임으로 선거에서 이득을 보는 것과 대체로 비슷하다고 보면 될 것이다. 미국 공화당이 공동체주의 가치로 보수적인 유권자들을 결합시키고 민주당을 신앙, 도덕성, 가족을 저해하는 정당으로 공격하는 것은 커다란 정치적 성과를 거뒀다. 실제로 미국에서 1980년대 이후 공화당 전성시대를 구가한 것은 신자유주의를 미국 국민들이 선호해서가 아니었다. 공화당이 시작한 기독교 원리주의 운동이 특히 미국 남부에서 성과를 거두고, 흑인에 반감을 가진 미국 남부의 백인 유권자들이 대거 공화당 지지자가 되었기 때문에 1980년대 이후 공화당 전성시대가 열렸던 것이다.

한국에서 저소득층 고연령 유권자들이 종북 프레임에 쉽게 빠져들고, 박정희 향수를 가지고 있는 것처럼, 미국에서도 저소득 백인들이 기독교 원리주의와 공동체주의에 흡수되어 공화당을 지지하게 된 것이다. '한국판 계급 배반 투표'와 '미국판 계급 배반 투표'의 공통점과 차이점이라고 할 수 있다. 그러나 양쪽 모두에서 그 결과는 처참했다. 보수정당의 집권과 신자유주의 정책의 집행으로 한국과 미국 모두에서 분배 구조는 더욱 악화되고, 빈부 격차는 더욱 심해졌다.

이런 기독교 원리주의와 결합된 공동체주의의 공세에 미국 민주당은 어떻게 대응하는가? 한국 민주당이 종북 프레임을 극복하기 위해 노력하듯이, 미국 민주당도 기독교 원리주의를 극복하기 위해 노력했다. 그중 한 예만 살펴보도록 하자.

한국에서 초대형 베스트셀러가 된 책, 『정의란 무엇인가』(Justice)의 저자인 마이클 샌델(Michael Sandel)은 『정의란 무엇인가』의 마지막 부분에서 이 문제를 다룬다. 이 책을 읽어 본 사람은 알겠지만 그는 공동체주의자이다. 샌델은 미국 민주당과 공화당을 이렇게 분석한다. 민주당은 좋은 삶에 대한 '합리적 다원주의'의 입장, 즉 "정부는 도덕적·종교적 문제에서 중립을 지켜, 무엇이 좋은 삶인지 개개인이 자유롭게 선택할 수 있어야 한다는 입장"을 취한다. 반면에 공화당은 1980년대 이후 기독교 근본주의가 우세해져 미국인의 삶에서 도덕적으로 지나치게 용인된다고 판단되는 것들과 전쟁을 벌였다. 이들은 교내 기도와 공공장소에서의 종교적 전시에 찬성하고, 성인 오락물·낙태·동성애를 법으로 규제하라고 주장했다.

민주당과 자유주의자들은 이 정책에 반대했는데, 사례별로 도덕적 판단을 반박하기보다는 정치에 도덕적·종교적 판단이 개입해서는 안 된다는 원론적 반론을 폈다. 그런데 이런 식의 주장은 기독교 보수주의자들을 이롭게 하면서 자유주의의 평판을 끌어내렸다고 샌델은 지적한다. 그는 정치가 도덕적인 문제를 진지하게 다뤄야 하고, 나아가 성이나 낙태와 같은 도덕적 문제뿐만이 아니라 경제와 시민의 관심사라는 폭넓은 영역에서의 도덕적 문제까지 다뤄야 한다고 주장한다.

샌델은 미국 역대 정치인 가운데 이 방면으로 가장 주목할 만한 사람으로 두 사람을 꼽는다. 첫 번째 사람은 1968년 민주당 대통령 후보로 나섰던 로버트 케네디(Robert Kennedy)이고, 두 번째 사람은 현재 미국 대통령인 버락 오바마(Barack Obama)다. 로버트 케네디에게 정의는 단순히 국민총생산의 규모와 분배의 문제로 끝나지 않고 더 높은 도덕적 목적과 관련이 있었으며, 버락 오바마 역시 선거운동 당시, 더 원대한 목적을 추구하는 공적인 삶에 목마른 미국인의 갈증을 이용해 도덕적·영적 갈망이 담긴 정치를 역설했다는 것이 샌델의 분석이다. 그는『정의란 무엇인가』의 끝부분에서 공동선을 추구하는 새로운 정치의 모습으로 '도덕에 개입하는 정치'를 다음과 같이 제안한다.

"도덕적 이견에 좀 더 적극적으로 개입한다면 상호 존중의 토대를 약화시키기는커녕 오히려 더 강화시킬 수 있다. 우리는, 동료 시민이 공적 삶에서 드러내는 도덕적·종교적 신념을 피하기보다는 때로는 그것에 도전하고 경쟁하면서, 때로는 그것을 경청하고 학습하면서, 더욱 직접적으로 개입해야 한다. …… 도덕에 개입하는 정치는 회피하는 정치보다 시민의 사기 진작에 더 도움이 된다. 더불어 정의로운 사회 건설에 더 희망찬 기반을 제공한다"(샌델 2010, 370-371).

한국 야당의 치명적 약점
: 공동체에 대한 천착의 부족

이처럼 20세기 후반기, 미국에서는 신자유주의(개인주의, 보수) 대 사회민주주의(집단주의, 진보)라는 경제적 대립 구도에 더해서 또 다른 논쟁 구도가 형성되었다. 즉 정치적으로 공동체주의(집단주의, 보수) 대 자유주의(개인주의, 진보)의 논쟁 구도가 형성된 것이다. 미국에서 보수는 경제적으로는 신자유주의를 주장하면서 정치적으로는 공동체주의를 강조하고, 진보는 경제적으로는 국가 개입에 호의적이면서 정치적으로는 자유주의를 강조하는 것이다.

미국 정치에서 '진보'는 '진보적인'을 뜻하는 'Progressive'가 아니라 '자유주의적인'을 뜻하는 'Liberal'이다. 미국에서 자유주의를 의

미하는 'Liberal'이 미국 민주당과 진보 세력을 지칭하며, 단어 그대로 미국의 진보 세력은 자유주의를 그 근본 철학으로 한다. 미국 정치에서 'Progressive'는 오히려 보수적인 의미를 갖는다. 그리고 내가 보기에 그 점은 한국의 민주 진보 세력도 다르지 않다. 진보적 지식인 중에는 마르크스주의자들이 많지만, 정치권의 이른바 진보 인사들 가운데는 자유주의자로 분류할 만한 사람들이 많다. 그 대표적인 사람이 유시민이다.

한국 보수의 두 가지 사상적 원동력이 국가주의와 신자유주의라면, 민주 진보는 미국의 진보 세력, 즉 'Liberal'이 자유주의를 근본 철학으로 하는 것처럼, 자유주의적 성향이 강하다. 그리고 공동체 내지 집단에 대한 천착이 약하다. 그것은 한국의 민주 진보 세력이 오랜 기간 군사 독재 정권에 투쟁해 왔던 이유로 인해 국가에 대한 부정적 인식을 갖고 있기 때문이다. 그로 인해 한국 진보는 정치와 권력의지에 대한 부정적 시각을 갖게 되었고, 그 결과 반정치 콤플렉스를 갖게 되었다.

정치와 민주주의는 공공의 가치를 얘기해야 한다. 그러기 위해서는 자유주의적 개인주의의 사고만을 고집해서는 안 된다. 내가 보기에 지금 한국 야당의 치명적 약점은 공동체에 대한 천착의 부족이다. 국가주의는 잘못된 것이지만, 공동체에 대한 관심의 부족은 야당이 여당에게 밀리게 되는 가장 치명적인 문제다(하이트 2014). 동시에 자유주의적 개인주의에 대한 공동체주의의 비판을 경청하면서도, 공동체주의적 접근의 여러 측면을 경계해야 한다. 다원주의를 거부하고 '공동선'을 실체적 관념이라고 옹호하는 공동체주의는 갈등과 적대의 불가피성을 회피하는 또 다른 방식이 될 수 있다.

흔히 한국에서는 민주주의와 자유주의를 혼동해서 이해한다. 그러나 민주주의와 자유주의는 별개의 전통이다. 자유주의 전통의 핵심 가치가 자유인 반면에 민주주의의 전통의 핵심 가치는 평등과 인민주권이다. 자유주의는 존 스튜어트 밀의 저서『자유론』으로 대표되는 정치적 전통이다. 자유주의는 법치의 중요성, 권력분립, 개인 자유의 인정 등을 정치적 자유의 핵심적 개념으로 주장한다. 반면, 민주주의란 '인민주권', 인민에 의한 권력, 즉 민중이 지배하는 정치형태를 뜻한다. 인민의 권력은 곧 질서요, 민주주의란 질서의 원칙이 상류층이 아닌 인민으로부터 비롯되는 것을 의미한다.

그리고 민주주의는 본질적으로 '인민의 권력에의 참여'라는 측면과 '인민에 의한 국가 통제'라는 측면을 함께 포함한다. 민주주의가 지향하는 이상적인 시민의 모습은 자유롭고 평등한 개인, 공동체 문제에 적극적인 참여자, 나아가 도덕적 자기 결정과 정치적 선택의 능력을 갖춘 주권자다. 그들은 단순히 자유롭기 만한 존재는 아니다. 그들은 어떤 수준이든 '권력의지'를 가진 존재들이다. 즉, 자신의 참여로 세상을 바꾸겠다는 '권력의지'가 있어야만 시민들은 정치에 참여하고 그 힘으로 세상을 바꾸는 것이다.

칼 슈미트는 "자유주의는 민주주의를 부정하고, 민주주의는 자유주의를 부정한다."라고 말했다. 슈미트는 자유는 이질성을 추구하는 반면, 민주주의는 동질성을 추구하기 때문에 자유를 강조하는 자유주의와 평등을 강조하는 민주주의의 결합은 필연적으로 내적 붕괴에 처할 수 있다고 주장한다. 이에 대해 무페는 자유주의와 민주주의의 상호 모순적 관계로 인해 야기되는 민주주의의 위기를 해결하기 위해 슈미트가 제시한 처방을 비판적으로 수용한다. 슈미트와 달리 무페는 자유주의와 민주주의가 절대적인 모순 관계라는 결론을 수용하지 않는다. 그 대신 두 가지 가치가 상호 경쟁하는 긴장 관계로 파악한다. 서로가 서로를 이겨내면서 자기 자신 또한 발전해 가는 관계라는 것이다(무페 2007, 167-168). 무페에게 자유민주주의는 자유주의와 민주주의라는 두 개의 다른 전통이 긴장 관계를 유지하는 것이다. 자유주의와 민주주의는 자유민주주의를 유지하는 두 개의 축인 것이다.

내가 보기에 한국 야당의 문제점은 자유주의의 부족이 아니다. 민주주의의 부족이다. 뒤에 살펴보겠지만 참여정부의 핵심 국정 철학인 '공정한 법치주의 실현'도 그 철학적 기반은 자유주의이지, 민주주의가 아니었다. 김대중 이후 야당은 민주주의적 요소를 약화시켰다. '새정치'라는 이름으로 반정치가 횡행했고, 야당의 조직력은 점차 붕괴되어 갔다. 야당은 자유주의에 매몰되었고, 대중의 역동적인 힘을 정당으로 조직하려는 노력이 상실되었다. 민주주의 전통의 부활, 즉 인민주권과 평등에 기반을 둔 시민들의 권력의지가 조직화되지 않으면 야당과 민주 진보 세력에게 미래는 없다.

이제 제3부에서는 어떻게 야당이 패배의 늪에 빠졌는지 그 역사를 살펴보자.

야당은
어떻게
패배의 늪에
빠졌나?

제 3 부

탈김대중과 지구당 폐지

노무현 대통령의 지구당 폐지 반대

노무현은 2003년 11월 12일 '언론인과의 만남'이라는 공적인 자리에서 "지구당을 폐지하면 정당의 기초가 무너져 정당 제도가 바로 설 수 없다."며, 여야 4당의 지구당 폐지 개혁 방안을 강하게 반대했다. 이는 11월 4일 박관용 국회의장의 주도하에 4당 대표가 만나 사실상 지구당 폐지를 확정한 직후였다. 노무현은 지구당 폐지는 정당 정치에 위배된다며, 지구당 폐지에 강력히 반대했고, 지구당 폐지 반대 입장을 공개서한을 통해 국회에 제출했다.

"최근 각 정당 간의 협의와 국회 정치개혁특별위원회의 논의 과정에서 지구당 폐지에 대해 공감대가 이뤄졌다고 듣고 있습니다. 지구당이 고비용

정치의 주요 원인이라고 판단해서 그런 것으로 알고 있습니다. 그러나 지구당은 국민들이 정당에 참여하는 가장 중요한 통로입니다. 정당정치의 주춧돌입니다. 참여민주주의의 확대가 시대의 추세라는 점에서 더욱 그렇습니다. 분권과 자율이라는 시대정신은 맞습니다. 그런 점에서 지구당 폐지보다는 운영을 혁신하는 것이 올바른 개혁 방향이라고 생각합니다"(노무현, 국회에 보낸 공개서한, 2003/12/17).

이렇게 대통령이 강력한 반대 의사를 표명했음에도 불구하고 이는 아무런 효력을 발휘하지 못했다. 그 이유는 현실화된 당정 분리, 열린우리당(특히 김근태 원내 대표)의 개혁 방안, 사회적 분위기, 언론의 영향, '지구당은 돈 먹는 하마'라는 시민사회와 재계의 주장 등의 영향 때문이었다. 그 결과 끝내 지구당 폐지라는 결정은 바뀌지 못했다.

'탈김대중'과 지구당 폐지

이제 제3부를 시작한다. 제3부에서는 야당이 어떻게 패배의 늪에 빠졌는지를 살펴보자. 야당이 패배의 늪에 빠진 것은 '새 정치'를 내걸었지만 사실은 반정치에 불과했던 정치 전략이 전면화되었던 것과 무관하지 않다. 나는 제6장에서 한국 야당이 패배의 늪에 빠진 것은 반정치 콤플렉스 때문이라고 했고, 제7장에서 반정치 콤플렉스에 빠진 첫 번째 이유가 억압적 국가에 대한 저항의 후유증 때문이라고 했다. 이제 제8장에서 그 두 번째 이유를 살펴볼 시간이다.

야당이 반정치 콤플렉스에 빠진 두 번째 이유, 그것은 '탈김대중'이다. '억압적 국가'와 '탈김대중', 이 두 가지 기원으로 인해 반정치 콤플렉스는 두 가지 경향을 갖는데, 하나가 '국가권력 콤플렉스'이고, 다른 하나는 '새 정치 콤플렉스'이다. '억압적 국가'와 '국가권력 콤플렉스'가 한국 야당 반정치 콤플렉스의 근본적 원인이라면 '탈김대중'은 반정치 콤플렉스의 직접적인 원인이라고 할 수 있다.

'탈김대중'의 가장 상징적이고 핵심적인 두 가지 사건은 민주당 분당과 지구당 폐지다. 모두 2003년에 이뤄졌는데, 이후 민주 진보 세력을 괴멸하게 만든 원인이 되었다. 그런데 두 가지 패착의 본질은 놀랍게도 하나였다. 즉, 열린우리당 창당의 주역들이 탈김대중을 실현해 새로운 정당의 주역이 되기 위한 방안으로 민주당 분당과 열린우리당 창당을 선택했고, 민주당의 기존 지구당 위원장을 무력화시키기 위해 지구당 폐지를 밀어붙였던 것이다.

민주당 분당과 지구당 폐지의 주역이 노무현인 것으로 알려져 있지만 앞에서도 말했듯이, 이는 사실과 다르다. 노무현은 민주당 내 강경 개혁파들이 주장했던 민주당 해체를 반대했으며, 지구당 폐지의 가장 강력한 반대자였다. 반면, 2002년 대선 단일화 경선 상대였던 정몽준 후보가 내세운 공약 중에는 지구당 폐지 등 원내 정당화 방안이 포함돼 있었다.

돌이켜 보면, 지구당 폐지는 교각살우(矯角殺牛)의 우를 범한 경우였다. 쇠뿔을 바로 잡으려다 소를 죽인, 도가 지나친 결정이었다. 지구당 폐지를 주장한 이들의 목표는 정치 개혁과 정치의 현대화였지만, 지구당 폐지를 통해 그들이 달성한 것은 결국 국민과 정치를 연결하고 매개하는 핵심 기구를 제거한 것이다. 지구당 폐지는 이후 한국 민주주의의 지속적인 침체를 만들어 냈는데, 특히 민주당에게 불리하게 작용했다. 지구당을 없애자 민주당의 기반은 사실상 무력화된 반면, 새누리당의 지지 기반은 관변 단체를 통해 유지되었기 때문이다. 이처럼 지구당 폐지는 정당 개혁이라는 명분으로 열린우리당에 의해 도입되었지만, 정작 그 결과는 민주 진보 세력의 조직적 약세를 구조화시켰고, 연이은 선거 패배에 결정적 원인이 되었다.

이는 마키아벨리가 말했던, 군주가 경멸의 대상이 되지 않기 위한 길과는 정반대의 길이었다. 마키아벨리가 제시했던 해결책은 민중을 무장시키고 조직해서 자신의 군대로 만드는 것이었다. 즉, 군주가 자신의 군대를 갖는 것, 민중을 조직화하는 것, 조직된 시민의 힘으로 위기를 극복하는 것이었다. 그러나 야당이 선택한 지구당 폐지란 그와 반대로, 정당의 조직을 해체하는 것이요, 조직된 시민의 힘을 붕괴시키는 것이었다.

어떻게 이들은 민주주의의 상식과 이론을 초월한 정책을 결정하고, 자멸의 길을 택하고 말았을까? 그것은 열린우리당 창당의 주역들이 기존 민주당의 조직을 무력화시켜 새로운 정당의 주역이 되기 위한 방안으로 민주당 분당과 함께 지구당 폐지를 밀어붙였기 때문이다. 그 과정에서 그들은 '효율성', '원내 정당', '지지자 정당 모형', '생산성' 등의 명분에 눈이 가려 시야가 협소했기 때문에, 지구당 폐지 이외에 아무 것도 보지 못했던 것이다.

과거 독재 정권으로부터 정치 동원을 제약받아 왔던 민주 세력들이 민주화 이후 오히려 정당의 정치 동원을 제약하는 법과 제도를 만드는 데 더 적극적이었다는 것은 한국 민주주의의 역설이다. 민주화 이후 정치제도들이 바뀔 때마다, 민주 세력은 정치 동원에 불리한 방향으로 제도를 바꾸는 데 앞장섰다. 그 결과 선거에서 정당과 정치 엘리트가 유권자를 만날 수 있는 공간은 점차 협소해졌고, 일상적인 시기에 정당이 유권자를 대면할 수 있는 조직은 축소되었으며, 정치자금의 모금 주체로서 정당의 기능도 함께 줄어들었다. 그 정점을 보여 주는 것이 바로 2003년 지구당 폐지 결정이었다.

그러면 2003년 지구당 폐지는 어떻게 이루어졌을까? 그 과정을 살펴보자. 지구당 폐지가 처음 쟁점으로 등장한 것은 2003년 1월 민주당 내 개혁특위에서 김원기 위원장이 지구당 위원장 제도 폐지를 주장하면서부터이다.

이에 대해 민주당 구주류는 강하게 반발했고, 신주류는 찬성했는데, 신주류도 온건파와 강경파로 나눠졌다. 김원기, 정대철 등의 온건파는 즉각 폐지는 다가올 선거에서 '무장해제'하는 것이므로 시기상조라고 주장했다. 그에 반해 천정배, 정동영, 조순형 등의 강경파는 신속한 폐지를 주장했다. 특히, 천정배는 "지구당 위원장 기득권 폐지가 당 개혁의 핵심"이며, "지구당 위원장제 폐지가 결과적으로 물갈이가 될 수 있을지 모른다."며 동교동계를 타깃으로 한 것임을 분명히 했다(〈프레시안〉 2003/02/13). 그는 3월 24일 선도적으로 지구당 위원장직을 사퇴했다.

결국 민주당 개혁특위는 8월 29일 지구당 위원장 제도 폐지와 관리형 위원장 제도의 도입을 당론으로 확정한다. 그리고 9월 19일 민주당을 탈당한 국회의원들은 의원총회를 열고 새 교섭 단체인 '국민참여통합신당'의 원내 대표로 김근태를 선출했는데, 김근태는 지구당 폐지를 정치 개혁의 전면에 내걸었고, 이슈가 지구당 위원장직 폐지에서 지구당 자체의 폐지로 변화되었다.

이에 따라 신당과 잔류 민주당 사이에 '생존경쟁'이라고 할 수 있는 개혁 경쟁이 발생했고, 한편 같은 시기에 이뤄진 검찰의 대선 자금 수사는 정치권의 지구당 폐지 개혁 경쟁이라는 불길에 기름을 붓는 것과 같은 상황을 만들어 냈다. 검찰은 10월부터 대선 자금 '차떼기' 사건을 연이어 공개해 여야의 대선 자금 비리 논란으로 사회 전체를 압도한다. 검찰은 10월 한나라당 최돈웅이 SK 비자금 1백억 원을 받았고, 청와대 총무비서관 출신 대통령 측근 최도술이 11억 원을 받은 사실도 발표한다.

이에 따라 한나라당에서도 오세훈을 비롯하여 소장파 의원들이 11월 2일 지구당 위원장직을 사퇴하고 지구당의 폐지를 요구하고 나섰으며, 결국 가장 강력하게 지구당 폐지 반대 입장을 취해 온 최병렬 대표도 마지못해 11월 3일 지구당 폐지를 한나라당의 당론으로 공식화했다. 그리고 11월 4일 박관용 국회의장의 주도하에 4당이 만나서 지구당 폐지를 포함한 개혁에 합의했다. 지구당 폐지가 국회에서 최종 결정된 것은 2004년 1월 국회 정치개혁특별위원회에서였지만 정치적으로 지구당 폐지가 결정되는 것은 11월 3일과 4일이었다.

2003년 가을, 정치 개혁 의제는 부패와 비리를 중심으로 조명되었으며, 정계·언론계·시민사회 등 사회 전반적으로 '개혁 히스테리'를 유발했다. 이런 상황에서 지구당 폐지가 여야 합의로 결정되었다. 그렇기 때문에 당시에 지구당 폐지를 반대한 세력은 없었다. 민주노동당과 일부 학자, 그리고 놀랍게도 노무현 대통령이 전부였다. 지구당 폐지에 대한 가장 강력한 반대자가 노무현이었다는 사실은 당시에도 주목받지 못했고, 지금도 전혀 알려져 있지 않다.

민주당 내 쇄신 운동과 김대중과의 차별화

그런데 왜 열린우리당 창당의 주역들은 지구당 폐지를 그토록 강하게 밀어붙였을까? 그것은 앞에서도 지적한 것처럼 '탈김대중'을 위한 방도였다. 즉, 열린우리당 창당의 주역들이 탈김대중을 실현해 새로운 정당의 주역이 되기 위한 방안으로 민주당 분당과 열린우리당 창당을 선택했고, 민주당의 기존 지구당 위원장을 무력화시키기 위해 지구당 폐지를 밀어붙였던 것이다.

그렇다면, 왜 이들은 김대중 시대를 넘고자 했던가? 어찌 보면 그것은 역사의 필연이라고 할 수 있다. 이전 시대의 한계는 이후 시대에 의해 극복되는 것이 당연한 일이다. 김대중 시대의 한계는 흔히 '제왕적 총재'와 '지역주의'로 지적되었다. 따라서 김대중 이후 시대의 과제로 '개혁과 분권' 및 '지역주의 극복'이 등장했는데, 이는 김대중·김영삼·김종필의 '3김'과 이회창으로 상징되는 지역주의 정당과 제왕적 총재에 대한 반발이었다.

그런데 문제는 여기에서 발생했다. 김대중 시대는 뛰어넘어야 했고, 당시 민주당이 그 과정에서 '정치 혁신' 내지 '쇄신'을 내걸었지만, 사실은 '반정치의 정치'를 주요 수단으로 활용했던 것이다. 그로인해 '탈김대중'의 과정은 반정치적 성향이 민주당에 흡수되는 과정이었고, 그로 인해 '김대중 이후의 시대'에는 반정치 콤플렉스가 민주진보 진영의 주류로 자리 잡고 말았다.

김대중 시대의 한계는 극복되어야만 했다. 그러나 문제는 '탈김대중'의 과정에서 민주 진보의 전통적인 무기인 민주주의와 정치, 정당의 힘을 잃어버렸다는 것이다. 김대중은 반정치주의와는 거리가 먼

사람이었다. 그런데 김대중 시대의 주요 장점들이 탈김대중 과정에서 함께 청산되고 말았다. 그것은 '탈김대중'이 사실상 반정치주의에 기반했기 때문이었고, '탈김대중'의 과정이 김대중이 만들어 놓은 민주당의 중심성과 리더십을 붕괴시키는 과정이었으며, 그 결과 '김대중 이후 시대'의 한국 민주 진보는 정당의 경쟁력에서 보수에 비교할 수 없이 뒤지고 말았다. 그 시작은 제16대 국회였다.

시민 단체들의 낙천 낙선 운동과 함께 출범한 제16대 국회에서는 정치 쇄신의 움직임이 활발했다. 구정치를 개혁하고 기존의 정치인들을 대체하려는 움직임도 있었다. 특히 민주당 내 쇄신 모임이 언론의 주목을 받았다. 그들의 주된 공격 대상은 권노갑이었지만, 사실상 그것은 김대중이었다. 그 시작을 알리는 사건은 2000년 12월 2일 청와대에서 열린 민주당 최고위원회에서 당시 정동영 최고위원이 대통령 앞에서 권노갑 최고위원의 사퇴를 요구한 것이었다. 권노갑은 일주일 후에 물러났다. 그는 정동영을 정계에 입문시킨 당사자였다. 권노갑은 한 인터뷰에서 "믿는 도끼에 발등 찍히는 심정이었다. 사실이 아닌 것을 사실처럼 말하는 것을 용기로 생각하는 인간 됨됨이에 환멸을 느낀다."라고 말했다.

김대중은 이 사건을 이렇게 회고했다. "권노갑 민주당 최고위원이 사퇴했다. 성명을 발표하고 그것이 순명(順命)이라고 했다. 그는 당내의 2선 후퇴론에 시달려 왔다. 민주당 최고위원 한 명은 내 앞에서 그의 퇴진을 주장했다. 그러나 그 주장이 그리 순수해 보이지 않았다. 어쨌든 그를 내보내기로 했다. 어찌 보면 정치란 참으로 무정한 것이었다. 전화를 걸어 위로했다. 세인의 관심이 수그러들기를 기다렸다가 조찬을 함께 했다. 그의 '순명'을 다시 위로했다"(김대중 2010, 2권 382).

권노갑은 2014년 9월 자서전을 냈는데, 그 제목이 『순명』(順命)이었다. 하여간 민주당 내의 쇄신 운동과 김대중에 대한 차별화는 2001년 이후 더욱 거세졌다. 노골적으로 김대중을 비판했고, 다시 권노갑을 인적 쇄신 대상으로 공격했다. 특히 정동영 등 대선 주자로 주목받는 이들이 이를 주도했다.

『김대중 자서전』은 당시를 이렇게 회고한다. "권노갑 전 최고위원이 정치 일선에서 손을 떼는 게 좋을 듯 했다. 박지원 정책기획수석을 보내 간곡하게 나의 뜻을 전했다. 그러나 그는 이번만은 달랐다. 내 뜻을 거부했다. 아마도 답답하고 억울했을 것이다. 하지만 정치는 생물이었다. 박 수석이 전한 그의 항변이 슬펐지만 서운했다. '저도 이제 70입니다. 자식들에게 부끄럽지 않은 아버지가 되고 싶습니다. 이렇게 물러나면 모든 비난을 뒤집어쓰게 됩니다. 이번만은 못하겠습니다.' 어쩔 수 없었다. 수십 년 동지와 이런 악재를 만나 서로의 의중을 물어본다는 것이 얼마나 비루한가. 운명이란 이렇듯 잔인하기도 했다"(김대중 2010, 455-456).

2000년 말부터 시작되어 2001년부터 본격화되고, 2002년까지 계속된 당시 대선 후보들의, 김대중과의 차별화 전략에 노무현은 거리를 뒀다. 노무현은 이렇게 회고했다. "당내에서 이상한 기류가 흘렀다. …… 무언가 특단의 대책이 필요하다는 주장이었다. 소위 차별화 전략을 쓰자는 말이었다. 나는 국민의정부와 김대중 대통령의 자산과 부채를 모두 승계한다는 입장을 누차 밝힌 이상 그런 '정치쇼'는 옳지도 않고 필요하지도 않다고 말했다"(노무현 2010, 187-188).

이와 관련된 문재인의 회고는 이렇다. "2002년 대선 때 김대중 대통령 지지도는 아주 낮았다. 당시 쇄신이니 뭐니 하면서 김대중 대통령을 겨냥해 공격하고 차별화하면서 자기 입지를 세우려는 사람들이 많았다. 노무현 대통령은 그런 것에 늘 반대했다. 한 번도 김대중 대통령을 공격하거나 결례될 언행을 하지 않았다. 이른바 차별화라는 행태에 국민들이 박수를 보내 준다고 얼핏 생각할지 몰라도, 짧은 생각이다. 결국 국민들은 넓고 길게 본다. 그런 행태에서 오히려 배신의 면모를 보고 실망하는 법이다. 스스로를 갉아먹는 자기부정이나 진배 없다. 노 대통령은 동교동 출신이 아닌데도 그렇게 처신했다"(문재인 2011, 363).

김대중 정부, 정당정부에 가까웠던 정부

이렇게 청산 대상이 된 김대중 정부였지만 돌이켜 보면 역대 정부 중에 가장 정당정부에 가까웠다. 다르게 표현하면 반정치주의로부터 가장 자유로운 정부였다. 또한 역대 정부 가운데 가장 정당을 국정 운영의 중심에 두었던 정부였다. 특히 김대중 정부 전반기에는 정당이 국정 운영의 중심이었다.

첫째, 당시 김대중 정부는 대선 공약 실천의 핵심을 공동 여당에 맡겼다. 그래서 당시 공동 여당인 국민회의와 자민련의 정책위원회 산하에 공약 실천을 위한 TF팀들이 만들어졌고, 당이 중심이 되어 공약을 실천했다. 그 결과 민간의 아이디어가 당에 모이고 당을 중심으로 국정을 이끌어 갔다.

둘째, 공동 여당과 정부 간의 원활한 정책 공조가 이뤄졌다. 김대중 정부에서 여당은 국민회의와 자민련의 공동 여당이었고, 두 정당 간

협조가 무엇보다 중요했기 때문에 정책의 조정, 양당의 공조에 필요한 사항을 협의하기 위해 총리를 위원장으로 하고, 양당 동수가 참여하는 운영 협의회 및 정책 조정 기구를 구성해 양당의 정책을 하나로 통일하고 협의해 나갔다.

셋째, 무엇보다 내각의 수장인 장관을 공동 여당의 정치인들이 직접 맡도록 했다. 예를 들어 1997년 대선 직후 구성된 대통령직 인수 위원회는 이종찬 위원장과 24명의 위원으로 구성되었는데 전원이 정치인이었다. 국민회의 측 12명과 자민련 측 12명으로 구성되었다. 이런 정치인 중용은 내각 구성에도 그대로 이어졌다. 1998년 3월 3일 출범한 김대중 정부 초대 내각을 보면 17개 부처 장관 중에 무려 15명이 정치인 출신이었다. 국민회의 측이 8명, 자민련 측이 7명이었다.

앞서도 말했듯이, 국민의정부 전반기, 즉 국민회의·자민련 공동 정부 시기는 역사상 가장 정당정부에 충실했던 시기였다. 비록 IMF의 요구에 의해 신자유주의가 본격화되었다는 비판이 있지만, 정부가 국정 장악력을 가지고 IMF 경제 위기를 조기에 극복해 내고, 복지 제도를 확대했으며, 한반도 평화 정착을 위한 초석을 마련하는 등 성과를 이뤄 냈다고 평가할 수 있다.

특히 중요한 점은 이 시기에 총리(김종필), 재경부 장관(이규성), 금융감독위원장(이헌재), 한국은행 총재(전철환) 등 핵심적인 경제 분야 장관급이 자민련 측 인사로 채워졌다는 점이다. 그리고 이들은 자신들의 전문성을 발휘하여 IMF 경제 위기 극복에 커다란 역할을 했다. 후에 김대중은 "국민의정부 초기에 벌어진 경제 전쟁의 장수들은 거의가 자민련이 추천한 인사들이었다. 이규성 재무부 장관, 이헌재 금융감독위원장은 자민련 몫으로 입각했지만 외환 위기를 극복하고 경제를 개혁하는 데 뛰어난 능력을 보여 줬다."고 평가했다. 김대중은 "자민련 추천 장관들의 국정 경험을 나는 신뢰했고, 그들은 믿음을 저버리지 않았다. 그들은 저력이 있었고, 경제 위기를 극복하는 데 적임이었다."고 회고했다(김대중 2010, 2권 70-71).

반면, 김대중 정부 후반기에는 공동 정부가 붕괴된 데다 집권 후반기라는 문제점도 겹쳐서 김대중 정부의 국정 장악력은 많이 약화되었다. 이와 관련하여 김대중 정부의 금융감독위원장으로 금융기관과 대기업 구조 조정을 진두지휘했던 이헌재는 "DJ는 가장 준비 많이 한 대통령임이 틀림없어요. 집권 초·중반까지는 아주 잘했지요. 효율적·대승적·통합적 정치를 했어요. 그러나 집권 후반기엔 치열함이 떨어졌습니다."라고 평가했다(이헌재 2012, 24).

왜 정당정치가 민주주의의 원칙인가?

왜 정당정치, 정당이 중심이 되는 책임 정치 실천이 민주주의의 원칙인가? 대의제 민주주의 국가에서 국가의 주권자인 국민의 뜻이 국정에 반영되게 하는 통로가 다름 아닌 정당이기 때문이다.

정당은 본질적으로 국민의 뜻에 귀를 열 수밖에 없다. 왜냐면 정당은 선거를 치르는 주체이고, 주권자인 국민으로부터 선거를 통해 권력을 위임받는 주체이기 때문이다. 또한 권력의 잘못을 선거를 통해 심판 받는다. 이런 정당의 본질적 속성, 즉 선거를 통해 주권자인 국민으로부터 권력을 위임받고, 심판받는다는 점 때문에 정당은 민심에 민감할 수밖에 없다. 그것은 정당의 생존을 위해 필요한 일이다. 그렇지 않으면 소멸될 수밖에 없기 때문이다. 국민의 뜻을 반영해 행정부가 국민의 뜻대로 움직이도록 하는 것은 정당 본연의 역할이다.

그러나 한국 정치의 현실은 어떠한가? 선거를 주도하는 것은 정당이라기보다는 정당 내 캠프이고, 결국 정부가 되는 것도 승자가 된 특정 캠프의 인적 집단인 경우가 대부분이다. 민주당 정부나 새누리당 정부가 아니라 노무현 정부나 이명박 정부, 박근혜 정부가 되는 경우를 우리는 계속 봐 왔다. 이렇게 되면 집권에 성공했다 하더라도 캠프 정부가 선거 과정에서 공약했던 정책 대안을 실현하기란 어려운 일이다. 동시에 임기를 마친 정부의 권력 행사와 정부 운영 결과를 누가 책임져야 하는가도 모호해진다. 선거를 통해 책임을 묻는다는 것은, 기본적으로 현임 정부에 대한 '회고적 평가'를 핵심으로 한다. 그러나 당의 연속성이 감춰졌을 때 누구에게 어떻게 책임을 물어야 하는지는 계속해서 애매한 문제가 된다.

그렇다면 민주주의의 원칙인 정당정치를 실현하기 위해서는 어떻게 해야 할까? 그것은 새로 정부를 구성할 때부터 정당의 인적 자원으로 책임내각을 만드는 것에서부터 시작해야 한다. 국무총리와 내각을 구성할 때 집권당과 협의해서 결정하거나 집권당의 주도권 속에서 선출해야 한다. 그럴 때 당정 협의는 단순히 당정 간 의사소통의 채널 수준을 넘어 정부의 구성과 운영을 담보하는 기본 원리가 될 수 있다. 또한 그럴 때, 여당을 대표하는 내각은 정책의 책임 소재를 분명히 하면서 선거 공약을 이행할 책임을 지게 될 것이다. 그리고 대통령과 여당이 직접 정부를 운영하는 역할을 맡게 된다면 그것 자체가 정당을 강화하는 것이 될 것이고, 정당은 정부를 운영할 능력을 갖춘 리더십을 훈련하고 양성하는 장(場)으로 기능할 수 있다.

나는 한국 정치의 문제는 정당정치의 과잉 때문이 아니라, 오히려 정당정치의 부족에서 기인했다고 생각한다. 따라서 한국 정치를 개선하려면 정당정치를 축소하고 해체하는 것이 아니라 정당정치를 강화해야 한다. 최장집은 "민주화 이후 현재에 이르기까지 그동안의 한국 정치는 '정당정치의 해체'로 특징될 수 있다."며, 이를 극복하기 위해서는 정당이 중심이 되는 정치 시스템을 만들어야 한다고 주장한다.

　"현대 민주주의에서 민주 정부의 유능함이 엘리트주의 내지 전문가주의가 아닌 민중적 동력과 지지 기반에 의해 뒷받침될 수 있게 만드는 결절점은 무엇인가? 그것은 정당이 중심이 되는 정치체제다. ⋯⋯ 현대 대의제 민주주의가 민중적일 수 있는 최소 요건은 정당정부(party government)를 만드는 일이다. 노동당 정부, 보수당 정부, 민주당 정부, 공화당 정부, 사민당 정부라고 하듯 우리도 대통령 개인의 정부만이 아닌 정당의 정부일 수 있어야 한다. 좋은 정당은 통치자로서의 유능함을 발휘하는 동시에 민주주의의 사회적 기반을 강화하는 '현대판 군주'이자 '민주주의의 엔진'이 아닐 수 없다"(최장집 2010, 280).

| 9 |
열린우리당의 실패와 당정 분리

창당 주역들의 열린우리당 탈당과 2007년 대선 패배

2007년 대통령 선거를 앞둔 열린우리당의 상황은 최악이었다. 노무현 정부와 열린우리당의 인기는 추락할 대로 추락해 정권 재창출은 사실상 불가능해 보였다. 이런 최악의 상황에서 열린우리당이 택한 전략은 더욱 최악이었다. 열린우리당 창당의 주역들은 과거 김대중과 민주당에 했던 것과 똑같은 행동을 다시 한 번 노무현과 열린우리당에게 했다. 대통령에 대한 차별화와 분당이 그것이다.

특히 민주당 분당과 열린우리당 창당에 앞장섰던 사람일수록 노무현과 차별화하고 열린우리당을 탈당하는 데 적극적이었다. 이렇게 2003년 민주당 분당과 2004년 총선 승리의 경험은 결국 독약으로 작용하게 된다. 당시 노무현 대통령의 비서실장이었던 문재인은 이렇게 회고했다. "가장 아픈 건 여당 의원들이 보여 준 이른바 (노무현) 대통령과의 차별화였다. …… 대통령과 같이 열린우리당을 만드는 데 앞장섰던 핵심의 사람들이 더 심하게 했다. 대통령으로선 인간적으로 굉장히 큰 배신감을 느꼈다. 그래서 상처가 더 깊었다."고 회고했다 (문재인 2011, 363).

민주당의 분당과 지구당 폐지를 주도했던 천정배는 2007년 1월 28일, 임종인·이계안·최재천에 이어 4번째로 열린우리당을 탈당했다. 4명의 의원들은 모두 천정배계로 분류되었던 사람들이다. 이어 2월 6일에는 김한길 등 23명의 의원들이 열린우리당을 집단 탈당했는데, 이 가운데 다수는 정동영계로 분류되는 의원들이었다. 이들은 5월 7일 김한길을 당대표로 하는 '중도개혁통합신당'을 창당했다. 탈당하는 의원들은 모두 성명을 통해 열린우리당이 국민의 외면을 받게 된 책임을 통감한다면서 탈당을 마치 자신들의 기득권을 포기하는 것처럼 포장했다.

노무현은 정동영에게 각별한 애정과 기대를 갖고 있었던 것으로 알려져 있다. 노무현은 2002년 대선 경선 레이스 때 노무현과 마지막까지 함께해 줬던 정동영의 모습을 늘 고맙게 기억하고 있었다는 것이다. 뭐든 도움을 주려 했고, 또 정동영이 장관을 할 때든 당 의장을 할 때든 청와대 참모들에게 그를 도울 수 있는 일이 있으면 최대한 도우라고 각별히 챙겼다고 한다.

가장 큰 기대를 걸었던 정동영이 대통령과 차별화 행보를 걸었을 때, 노무현은 너무 아파했다고 문재인은 회고한다. 정동영계 의원들을 중심으로 '중도개혁통합신당'을 창당하기 직전인 4월 27일 청와대에서 노무현과 정동영의 회동이 있었는데, 당시 회동을 그는 이렇게 회고한다.

"그때 정 전 의장 태도는 지금도 이해하기 어렵다. 당시 정 전 의장 쪽 의원들이 선도 탈당을 하고 있을 때였다. 그런 상황에서 그가 대통령을 만나자고 했으면, 뭔가 파국을 피할 방안을 가지고 와 대통령에게 이해도 구하고 협조도 요청하는 자리가 될 것으로 생각했다. 그런데 막상 만나 보니 그게 아니었다. 대통령이 탈당 여부를 묻는 질문에 대해 그는 계속 '당적 문제는 본질이 아니라고 생각한다'는 답변만 되풀이했다. 그 말은 탈당을 하겠다는 말이었고, 결국은 탈당을 통보하기 위해 만난 모양새가 돼 버렸다. …… 게다가 끝난 후 회동을 비밀에 부치기로 했는데, 무슨 연유였는지 그가 언론에 회동 사실을 밝히고 김대중 전 대통령의 방북 지원을 건의했다는 일부 대화 내용까지 털어놓았다. 그것으로 두 분의 만남은 뒤끝까지 좋지 않게 끝났다. …… 우리 진영의 분열을 막을 수 있는 마지막 계기가 그렇게 안타깝게 흘러갔다"(문재인 2011, 363-366).

이처럼 정동영, 천정배, 김한길 등 2003년 민주당 분당과 열린우리당 창당의 주역들은 이후 당이 위기에 처할 때마다 걸핏하면 '새 정치' 또는 '통합'을 내걸고 탈당과 분당을 반복했다. 그 결과 이후 민주당은 민주·진보의 중심이 아니라 극복해야 할 대상으로 전락해 버렸다. 민주당이 스스로를 소중해 하지 않으니 그 누구도 민주당을 소중하게 여기지 않았다. 민주당의 중심성은 해체되고, 당은 무력화되었으며, 민주 진보 진영의 분열 상태는 계속되었다. 그 결과 2007년 대선은 해보나 마나였다.

반면, 보수 진영은 서러운 야당 생활 10년 동안 온갖 정치적 위기를 겪으면서도 한나라당이라는 단일 정당을 중심으로 위기를 극복했고, 군사독재의 시녀에 불과했던 부끄럽고 형편없는 역사를 가진 한나라당을 보수의 중심으로 확고히 세웠다. 그리고 그 힘으로 이명박은 압도적인 차이로 당선되었다.

흔히 2007년 대선에서 민주 진영이 패배한 이유를 노무현 정부가 신자유주의를 받아들였기 때문이라는 평가도 있다. 2007년 대선 후보로서 패배의 당사자였던 정동영은 2011년 민주당 대표에 출마하며 '담대한 진보'를 자신의 브랜드로 내걸며 노무현 정부의 정책을 반성한다며 반성문을 쓰기도 했다. 그러나 그것은 과도한 단순화요, 참으로 편한 평가다. 그렇다면 정작 대통령 당선자가, 노골적으로 신자유주의를 전면에 내걸었던 이명박이었던 것은 어떻게 설명할 것인가?

나는 2007년과 2012년 대선 패배를 되돌아보면서 핵심적으로 반성해야 할 것은 정당의 문제요, 리더십의 문제라고 생각한다. 앞서도 말했듯이, 민주당과 민주 진영이 분열되고 중심성이 해체되어 무력화되었기에 진 것이다. 2007년 대선 패배에 대해 노무현은 이렇게 회고한다.

"대통합민주신당의 참패를 보면서 생각했다. 정치에도 인간적 신뢰가 있어야 한다. 노무현과 차별화를 하려면 차별화할 가치가 있어야 할 것이다. 무엇을 잘못했다고 지적하고 무엇 때문에 차별화해야겠다고 이야기를 해야 한다. 그런데 인기가 없으니까, 당신 지지율이 떨어졌으니 차별화해야 되겠다고 해서는 차별화하는 사람도 얻을 것이 없다. 이것은 또한 인간적인 배신이다. …… 17대 대통령 선거는 정당정치와 선거의 기본 원리가 다 무너진 선거였다. 노무현이 잘못해서 이명박 정권을 탄생시켰다는 비난을

숱하게 들었다. 미안하고 할 말이 없다. …… 그 선거에는 사실상 여당 후보가 존재하지 않았다. 참여정부의 공과를 다 책임지겠다는 후보가 아무도 없었다. 근거도 없는 '경제 파탄론' 앞에서 먼저 반성한다고 말해 버렸으니 무엇을 가지고 선거를 할 것인가. 원칙을 지키면서 패배하면 다시 일어설 수 있다. 그러나 원칙을 잃고 패배하면 다시 일어서기 어렵다"(노무현 2010, 293-295).

노무현 정부의 실패인가? 열린우리당의 실패인가?

2007년 12월 대선과 2008년 4월 총선의 결과는 민주 진보 진영에게는 참혹한 것이었다. 왜 패배했을까? 새누리당과 보수언론은 민주 정부 10년을 가리켜 '잃어버린 10년'이라고 공격했고, 그러한 공격이 호응을 얻어 이명박 정부가 탄생했다. 그런데 과연 민주 정부 10년은 '잃어버린 10년'이었던가? 그리고 그 후 집권한 이명박 정부의 성과는 좋았는가?

민주 정부 10년과 관련해 한 가지 문제는 사회적 양극화가 심화되었다는 점이다. 안타깝게도 IMF 외환 위기 이후 집권한 민주 정부 10년은 신자유주의를 받아들였으며, 그로 인해 양극화가 심화되었다. 김대중은 재임 중 가장 아쉬웠던 부분에 대해 이렇게 고백했다. "내 임기 중에 소득 양극화가 심화되었음이 참으로 안타까웠다. 일부 부유층은 IMF 체제를 즐기고 있다는 말까지 나돌았다. 그들의 소비 행태들을 보면서 중산·서민층의 상대적 박탈감은 더욱 심했을 것이다. 나는 그것을 알면서도 어쩔 수 없었다"(김대중 2010, 2권 483).

노무현도 재임 중 양극화 심화에 대해 이렇게 사과했다. "시민들의 소비생활이 위축되었고 중산층이 주저앉은 것이 사실이다. 아래위 격차가 많이 벌어졌다. 가운데가 확 비어 버리는 양상의 양극화가 나타났다. 바닥에 있는 사람이 늘어났고 살기도 더 어려워졌다. 참여정부가 그런 면에서 정치를 잘못한 것이니 국민들에게 미안하게 생각한다"(노무현 2010, 207-208).

그러나 이는 어느 정도 세계적인 흐름 같은 것이었다. 클린턴 미국 민주당 정부, 블레어 영국 노동당 정부 등 이른바 진보 정부들도 시대적 조류인 신자유주의를 받아들였고, 정도의 차이는 있을지언정 거의 모든 나라에서 사회적 양극화가 심화되었다. 사회적 양극화는 한국만이 아니라 신자유주의 확산으로 인해 대부분의 나라가 안고 있는 문제였다.

양극화의 문제에도 불구하고 민주 정부 10년, 특히 노무현 정부 5년은 경제 성과가 대체로 좋았고, 국정 성과도 좋았다. 민주주의와 한반도 평화뿐만 아니라 경제성장 면에서도 혁혁한 성과를 거두었다. IMF 경제 위기로 인해 국민소득이 1998년 7,607달러까지 떨어졌던 것을 2007년에는 2만1,632달러까지 끌어올려 최초로 국민소득 2만 달러를 넘겼다. 어려운 여건에서도 국민소득을 3배 정도 성장시킨 것이다.

김영삼 정부가 김대중 정부에 넘겨준 외환 보유고는 36억 달러에 불과했지만, 김대중 정부가 노무현 정부에 넘긴 외환 보유고는 1,234억 달러였으며, 노무현 정부가 이명박 정부에게 넘긴 외환 보유고는 2,620억 달러였고, 당시 한국은 세계 5위의 외환 보유 국가였다. 그 힘으로 이명박 정부는 2008년 미국발 금융 위기의 파고를 넘을 수 있었다. 종합주가지수(코스피)도 1998년 6월 280포인트까지 내려갔던 것이 참여정부 마지막 해인 2007년에는 역사상 처음으로 2천 포인트를 넘겨 10월에는 2,064포인트를 기록했다.

민주 정부 10년을 '잃어버린 10년'이라고 공격해 집권했던 보수 정부 10년의 성과는 어땠을까? 사회적 양극화는 더욱 심화되었고, 경제 성장도 대외 정책도 시원찮다. '747(7% 경제성장, 국민소득 4만 달러, 7대 경제 강국)'을 공약하고 집권한 이명박 정부는 7% 성장과 국민소득 4만 달러는 고사하고 2012년 국민소득이 2만2,708달러에 불과해 5년 동안 고작 1,076달러가 늘어났을 뿐이다. 사실상 제자리걸음에 머물렀던 것이다. 이명박 정부 5년이 '잃어버린 5년'이 되고 만 셈이다. 복지와 경제민주화를 내걸고 당선된 박근혜 정부는 또 어떤가? 이들 공약은 '빈 약속'이 되었고 , 경제 침체 상황이 심각한 수준이다.

여기에서 우리는 근본적인 의문을 갖게 된다. 사회적 양극화의 문제에도 불구하고 민주 정부 10년, 특히 노무현 정부 5년의 국정 성과는 대체로 좋았다. 그런데 왜 새누리당과 보수 언론, 심지어 민주당 내 비노 세력에게 노무현 정부는 실패한 정부로 간주되는가? 왜 한상진은 제18대 대선을 평가하면서 "문재인 후보는 노무현 정부와 차별화하지 못했기 때문에 끝내 패배했"고, "대선 패배로부터 민주당이 우선적으로 배워야 할 점은 바로 노무현과의 아름다운 이별"이라고 주장할 만큼 노무현 정부는 차별화해야 하는 대상이 된 것일까?

먼저, 당시 노무현의 지지도가 떨어졌던 것을 생각해 볼 수 있다. 그러나 대통령의 지지도는 수시로 바뀌기 마련이고, 노무현의 재임 시절 지지도 또한 상승과 하락을 반복했다. 그리고 여론조사에서 노무현의 문제로 가장 많이 지적된 것은 그의 거침없고 과감한 언행이었다. 물론 그가 탈권위주의적인 모습을 보여 주었다는 긍정적 평가도 있었지만, 대통령으로서 신중하지 못한 행동이라는 부정적 평가가 더 많았던 것이 사실이다. 그러나 그렇다고 노무현 정부가 실패했다고 말할 수는 없다.

다음으로, 신자유주의와 사회적 양극화의 심화 때문이라는 것이다. 물론 이 점은 일정하게 사실이고 노무현도 사과했지만, 그래서 노무현 정부가 실패한 정부라면, 2007년 대선에서 신자유주의 전면화를 내건 이명박이 당선되었던 것은 어떻게 설명할 수 있을까? 2007년 보수 진영의 '잃어버린 10년', '경포대(경제를 포기한 대통령)'라는 공격과 '747(7% 경제성장, 국민소득 4만 달러, 7대 경제 강국)' 공약은 사회적 양극화에 대한 비판과 경제민주화에 대한 공약이 아니었다.

원인은 다른 곳에 있다. 내가 보기에 노무현 정부가 실패한 정부로 치부되는 것은 선거에서 연이어 참패했기 때문이다. 선거에서 참패했으니 노무현 정부와 열린우리당이 실패한 것으로 평가되는 것도 무리는 아니다. 하지만 노무현으로서는 억울한 측면이 있다. 왜냐면 노무현은 당정 분리를 자신의 국정 철학으로 했고, 철저히 실천했기 때문이다. 여당 총재직을 포기했을 뿐만 아니라 당직 임명이나 당론 결정, 당의 입법 결정에 일체 관여하지 않았다. 국회의원 후보 공천권도 행사하지 않았다. 노무현 대통령에게 열린우리당은 독립된 정당이었는데, 열린우리당의 연이은 선거 패배가 대통령의 실패가 되어 버린다면 억울할 수 있다.

그러나 민주주의의 핵심이 정당정치라는 점에서 여당의 선거 패배는 대통령의 책임인 것이 맞다. 즉, 민주주의 국가에서 선거란 본질적으로 '회고적 투표'이며 권력의 잘잘못을 선거로 평가하는 것이다. 따라서 권력이 잘못하면 당연히 야당에게 표를 몰아준다. 그리고 마찬가지로 여당이 선거에서 패배하면 대통령의 잘못으로 평가될 수밖에 없다.

그런데 열린우리당은 구조적으로 선거에서 패배할 수밖에 없는 정당이었다. 보수 우위의 정치 구도에서 민주 진보 세력이 분열된 상황에서 어떻게 선거에서 이길 수 있겠는가? 실제로 열린우리당은 탄핵 역풍으로 2004년 4월 총선에서 단 한 번 승리했을 뿐, 바로 이어진 6월 보궐선거에서 참패한 것을 시작으로, 이후 치러진 모든 선거에서 참패했다. 보궐선거에서만 '40 대 0'이라는 참담한 성적표를 받을 수밖에 없었다.

이는 민주당과의 분열에 따른 필연적 결과였다. 만일 탄핵이 없었고 그로 인한 탄핵 역풍이 없었더라면 2004년 총선에서도 패배했을 것이다. 노무현 자서전 『운명이다』도 "탄핵 사건이 없었다면 2004년 제17대 총선은 야당이 이겼을 것이다. 열린우리당은 1백 석을 확보하기도 어려웠을 것이다."라고 평가했다. 계속된 보궐선거 패배는 2006년 지방선거에 이르러서는 그야말로 참혹한 수준의 패배를 기록했다. 전국 16개 광역 단체 중에서 열린우리당이 승리한 곳은 전라북도 단한 곳이었다. 그리고 이후 참여정부는 사실상 무력화되었다.

흔히 노무현 정부와 열린우리당을 평가할 때, 노무현 정부에 대한 비판이 중심이 되고, 열린우리당에 대한 비판은 부차적인 것이 되는 경우가 많은데, 나는 좀 다르게 생각한다. 나는 노무현 정부가 실패한 측면보다 열린우리당이 실패한 측면이 훨씬 더 크다고 생각한다. 그리고 열린우리당은 구조적으로 민주당을 분당해서 창당할 때부터 패배의 숙명이 기다리고 있었다.

더욱 안타까운 점은 그것이 이후 계속되는 민주 세력 분열의 시작이었다는 점이다. 이후 2007년 대선을 앞두고 김한길 등 정동영계를 중심으로 열린우리당을 탈당해 중도개혁통합신당을 창당하는 등 민주 진영은 또 다시 분열되었고, 당은 무력화되었다. 그 결과 2007년 대선과 2012년 대선에서 주체적 역량의 부족을 초래해 패배를 자초했다. 이에 대해 문재인은 "열린우리당 창당이 그 시기엔 불가피한 일이었을지 몰라도, 그 뒤 민주 진영의 분열이나 호남에 준 상처를 생각하면 잘못된 선택"이었다고 평가했다(문재인 2013, 94).

열린우리당의 연이은 선거 패배는 결국 노무현 정부의 실패로 귀결되고 말았다. 노무현은 당정 분리를 실천했지만, 열린우리당의 실패를 뒤집어쓰고 말았다. 그런데 아이러니하게도 열린우리당 실패의 주요 원인 중 하나는 노무현의 당정 분리였음을 부정하기도 어렵다. 이에 대해서는 바로 뒤에서 살펴보겠다.

민주당 분당과 열린우리당 창당 과정

2002년 12월 19일 대통령 선거 사흘 후인 22일, 정동영·신기남·천정배·조순형·추미애·송영길·이강래 등 민주당의 23명 국회의원들이 민주당 해체를 요구하는 성명을 발표했다. 이 당시 상황에 대해 노무현은 "나는 민주당 해체에 반대한다는 의견을 말했다. 민주당을 혁신해 국민의 지지를 받으려고 노력해야지 불쑥 당을 해체하라는 것이 말이 되느냐고 말했다. 해체론은 수면 아래로 잠복했다."고 회고했다(노무현 2010, 282).

이때부터 민주당은 소위 '리모델링' 또는 당 혁신을 둘러싼 길고 지루한 내부 투쟁에 휩쓸려 들어갔다. 그것이 10개월가량 지속되었고, 드디어 2003년 9월 4일 민주당 당무 회의를 계기로 신당을 둘러싸고 갈등을 계속해 온 민주당의 신주류와 구주류는 각자 살림을 차리게 된다. 민주당 분당 및 열린우리당 창당과 관련하여, 노무현은 시종 일관 민주당의 분당을 반대했다. 이에 대해 노무현은 다음과 같이 회고한다.

"많은 사람들이 내가 민주당을 분당시키고 열린우리당을 만들었다고 비난했다. 그것은 진실이 아니다. 나는 민주당의 개혁이 순조롭게 이루어져 개혁당과 한나라당 탈당파, 시민사회 세력을 통합한 전국 정당으로 거듭나주기를 원했다. …… [그러나] 민주당 개혁이 불가능하다고 판단을 내린정치인들이 민주당을 나와서 신당을 만들겠다고 했을 때, 내가 그것을 수용했을 뿐이다. …… 내가 그런 정당을 원한 것은 분명하지만, 열린우리당창당 주역들이 대통령의 지시나 배후 조종을 받았던 것은 아니었다. 그들은 그들 나름으로 정치적 위험을 감수하면서 창업을 한 것이다. 대통령이지지할 것이라는 기대가 그들에게 힘과 용기를 준 것은 인정할 수 있다"(노무현 2010, 285).

이처럼 열린우리당 창당 과정을 노무현이 직접 지시하거나 배후조종한 것은 아니었지만, 노무현은 열린우리당 창당을 지지했고, 그런 대통령의 지지가 열린우리당 창당의 근본적인 힘이었다. 따라서 열린우리당은 국민들에게 노무현의 당으로 비쳐졌다. 즉, 사람들은 김대중 당인 민주당이 깨지고 노무현 당인 열린우리당이 창당된 것으로 받아들였던 것이다. 이에 대해 김대중은 이렇게 회고한다.

"민주당이 분당 사태를 맞았다. 주류와 비주류 간에 대립이 극심하더니 마침내 갈라졌다. …… 노 대통령도 민주당을 탈당했다. 자신을 대통령으로 만들어 준 둥지를 떠났다. …… 나는 노 대통령이 왜 저리 조급하게 서두르는지, 일부러 적을 만드는지 이해할 수 없었다. 원래 정당은 고정 지지층을 외면해서는 존립할 수가 없다. 그런데 산토끼를 불러들이려다가 집토끼마저 내쫓고 있는 형국이었다. 불행한 일이었다"(김대중 2010, 2권 532-533).

김대중은 민주당 분당에 반대 입장을 분명히 했지만 결코 나서지 않았다. 분당된 민주당과 열린우리당에 대해 이렇다 저렇다 일절 관여하지 않았다. 김대중은 그야말로 "나의 시대는 지났다"라고 생각한 듯 보였다. 김대중은 2004년 제17대 총선을 앞두고 벌어진 노무현 대통령 탄핵에 대해 다음과 같이 회고했다.

"국회에서 헌정 사상 처음으로 현직 대통령 탄핵 소추안을 가결시켰다. 노무현 대통령이 17대 총선을 앞두고 선거 중립을 위반했다는 것이 이유였다. …… 참으로 한심한 일이었다. 국민의 직접 투표로 선택을 받은 대통령을 국회에서 그만한 일로 탄핵을 할 수는 없는 일이었다. 다수의 힘을 믿은 횡포였다. 나는 민심이 이를 용서하지 않을 것이라고 생각했다. …… 이때 민주당에서는 내가 나서 줄 것을 간절히 원했다. 한나라당보다는 민주당이 더 위기였다. 열린우리당에 참여를 거부한 사람들은 나를 쳐다봤다. 그들은 민주당이 나의 이념과 정책, 그리고 철학을 계승한 적자임을 외쳤다. 추미애 의원은 호남 지역에 내려가 삼보 일배를 하며, 휠체어를 탄 아들 홍 일이와 함께 지지를 호소했다. 민주당을 살려 달라고 했다. 그것이 나를 향한 외침임을 왜 모르겠는가. 그러나 나는 나서지 않았다"(김대중 2010, 2권 537).

그런데 민주당 분당과 열린우리당 창당의 주역들은 이후 2007년 노무현 대통령의 인기가 떨어지자 다시 한 번 열린우리당을 탈당하고 중도 개혁 신당 창당을 주도한다. 이들은 노무현 정부의 실패로 대선 승리가 어렵다며 대통령과의 차별화에 나섰다. 그리고 이들은 2012년 대선 때 문재인 후보에 반대하는 쇄신파로 활약하면서 '친노·비노'의 대립 구도에서 '비노'의 중심이 되는 역사적 아이러니를 보여 줬다.

열린우리당은 왜 실패했나?

열린우리당은 민주화 이후 처음으로 총선(제17대 총선)에서 과반수 의석을 확보한 정당이었다. 그것도 창당된 지 1년도 안 된 신생 정당이 이뤄 낸 성과였다. 물론 제18대와 제19대 총선에서도 여당이 과반수 의석을 차지해 제17대 이후 여당 과반수 의석이라는 전통이 만들어졌지만, 제17대 총선 이전에는 여소야대가 일반적이었던 만큼 당시 열린우리당의 승리는 놀라운 일이었다.

그런데 그렇게 빛나는 승리를 거뒀던 열린우리당은 결국 실패했다. 1백 년 정당을 약속했지만, 불과 4년 만에 사라졌다. 이유가 무엇일까? 이에 대해서는 많은 지적들이 있지만 간단히 세 가지만 말하고자 한다.

첫째, 당의 중심성과 리더십이 없었다. 그 상징은 잦은 당대표 교체였다. 열린우리당은 2003년 11월 창당부터 2007년 8월 대통합민주신당과 합당하기까지 4년여 동안 10여 차례 당대표가 바뀌었고, 당대표의 평균 재임 기간은 4.8개월에 불과했다. 사퇴 이유도 다양해서 신기남 대표는 부친의 친일 전력 때문에, 이부영 대표는 4대 입법 실패 때문에, 임채정 대표는 재보선 패배 때문에 사퇴했다. 정동영과 정세균 대표는 장관 입각으로 사퇴했다. 언론과 야당, 당내 반대파의 공격과 비판에 의한 잦은 당대표 교체는 비판 여론을 즉각 해소할 수는 있지만, 그것은 단기적인 효과에 그쳤다. 오히려 당의 중심성과 리더십 부재를 가져왔고, 결국 국민들에게 안정감 없는 정당, 불안한 정당으로 인식되고 말았다.

둘째, 열린우리당은 국민들이 먹고사는 문제에 상대적으로 소홀한 것처럼 비쳐졌다. 사실이든 아니든 그렇게 비쳐진 것은 큰 잘못이었다. 국민들은 열린우리당이 '먹고사는 문제', 즉 국민들의 기본적인 삶의 문제에 대해 좀 더 새롭고 진보적인 상상력을 보여 주기를 원했다. 그러나 그러지 못했다. 2004년 총선에서 열린우리당이 과반 의석을 차지해 역사상 유일하게 민주 개혁 세력이 행정부와 입법부를 동시에 장악했던 시기에 열린우리당은 4대 개혁 입법에 치중했다. 4대 개혁 입법이란 국가보안법, 과거사법, 신문·방송법, 사학법 등으로, 모두 정치적 사안이자 구체제 청산을 목표로 하는 것들이었다. 이 과정에서 국가보안법 폐지 등을 놓고 이데올로기 갈등이 극대화되었고, 정작 대중의 삶과 직결된 실질적인 문제들은 외면당했다. 아쉬운 부분이다.

셋째, 무엇보다 열린우리당이 실패한 가장 큰 이유는 선거에서 연패했기 때문이다. 재보선에서 '40 대 0'으로 연패하고, 2006년 지방 선거에서도 참패했다. 그리고 당명을 바꿨지만 2007년 대선과 2008년 총선에서도 참패했다. 그런데 이런 결과는 처음부터 예정된 일이었다. 보수 우위의 한국 정당 구조에서 소수파인 민주 진보 세력이 분열되었으니 어떻게 승리할 수 있겠는가? 더구나 민주 진보 세력의 중심인 호남을 소외시켜 놓고 어떻게 선거 승리가 가능하겠는가?

호남은 한국의 민주주의를 지금까지 이끌어 온 힘이라고 나는 생각한다. 독재 시대를 돌파해 민주주의를 가능하게 한 힘도, 2007년과 2008년 민주 진보 세력이 궤멸의 위기에 처했을 때 명맥을 유지시켜 준 힘도 호남이었다. 그런 호남이 지역적으로 소수파라 해서, 호남을 멀리하면 영남이 지지하리라 생각한 것은 참으로 잘못된 사고였다. 이런 사고가 열린우리당의 실패를 만들었다.

그런데 그런 잘못된 논리가 2012년 대선 이후에 반복되고 있다. 이제 민주 진보 세력의 가장 큰 힘은 노무현을 기억하는 사람들인데, 보수 언론과 새누리당이 노무현을 파상 공격한다고 해서 그를 멀리하면 보수 내지 중도가 지지할 것으로 생각하는 사람들이 있다. 그러나 그것은 잘못된 사고다.

지난 시기 호남을 빼고 민주 진보 진영을 생각할 수 없듯이, 지금은 노무현을 빼고 민주 진보 진영을 생각하기 힘들다. 민주 진보 진영의 중심 세력은 보수 세력으로부터 공격을 받기 마련이다. 그럴 때, 민주 진보 진영의 중심 세력인 호남이나 노무현 지지자들을 멀리하면 더 큰 지지를 받으리라 착각하기 쉽다. 그러나 이는 보수 세력이 만든 함정에 빠지는 것이요, 민주 진보의 가치를 욕되게 하는 것이며, 결국 패배와 실패로 가는 지름길일 뿐이다.

당정 분리가 만들어 낸 열린우리당의 무기력

이처럼 열린우리당의 실패는 결국 노무현 정부의 책임으로 이어졌다. 정권이 잘못하면 여당이 책임지는 것처럼, 여당이 선거에서 패하면 정권이 책임질 수밖에 없는 것이 민주주의다. 그런데 왜 노무현은 열린우리당의 실패를 방관했을까? 그것은 당정 분리 때문이었다. 노무현은 대선 후보 경선 때부터 제왕적 대통령을 극복하기 위한 대안으로 당정 분리를 적극적으로 받아들였다. 노무현은 당정 분리에 대해 처음부터 투철했다. 철학이자 공약이었으므로 반드시 준수해야 한다는 의지가 강했다. 당정분리의 핵심은 당직자 임명권, 공천권을 모두 놓는 것이었다.

대통령 취임 후 노무현은 약속대로 민주당 총재직을 포기했다. 임기 내내 당직 임명이나 공천, 당론 결정, 당의 입법 결정에 일체 관여하지 않았다. 2004년 총선에서도 공천권을 행사하지 않았다. 주요 당직 인사에 대한 영향력도 포기했다. 아울러 2004년 5월 청와대는 조직 개편을 통해 정무수석실을 폐지하면서 대국회 관계, 특히 야당과의 관계를 포함한 정치적 사안은 전적으로 집권 여당에 일임했다. '4대 개혁법안' 처리 지연에 따른 여당 내 지도부 사퇴 파동 시에도 일절 개입하지 않았다. 노무현은 이를 여당이 대통령으로부터 정치적으로 독립하고, 정당 민주주의를 이룩하는 중요한 전환점임을 분명히 했다.

그러나 정당 개혁과 정치 혁신의 방안으로 도입한 당정 분리는 오히려 여당과 정부를 분리시켰고, 결과적으로 열린우리당 실패의 결정적인 원인이 되었으며, 열린우리당 의원들로 하여금 노무현 정부를 자신의 정부로 느끼지 않도록 만들었다. 정무수석실은 없앴지만 청와 대 어디에선가 정무 기능을 담당하여 당·청 간 업무 조정을 했어야 했으나 그러지 못했다. 이해찬 총리 시절 '8인 회의'나 '11인 회의' 같 은 비공식적 회동을 통해 이런 공백을 메웠지만 이 총리 퇴임 이후 이 마저도 사라졌다. 이러다 보니 대통령의 대연정·개헌 추진 등의 행보 는 야당뿐만 아니라 여당에게서도 호응을 얻지 못했고, 대통령의 정 책 추진 능력은 더욱 약화되었다.

그리고 김대중 정부 때 여당이 중심이 되었던 대선 공약 실천의 과 제가 노무현 정부 때는 대통령 직속으로 구성된 국정과제위원회에 맡 겨졌다. 참여정부는 대선 및 총선 공약 실천을 위해 대통령 직속으로 13개 국정과제위원회를 설치했다. 참여정부 출범과 함께 도입된 국 정과제위원회는 정책 결정과 운영에 있어 참여와 분권화를 추구한다 는 목적에서 도입된 국정 운영 시스템이었다. 참여정부백서에는 국정 과제위원회의 설립 목적이 "기존 대의 민주주의의 비효율성과 불신 을 극복"하기 위한 것이었다고 명시되어 있다. 그 기본 취지부터 정당 정치를 극복하고자 하는 목적이었던 것이다(참여정부 국정운영백서 편찬 위원회 2008, 64).

국정과제위원회의 설치로 참여정부의 국정 운영 시스템은 '대통 령·국정과제위원회·정부부처'의 삼각 구도를 이뤘다. 대통령이 국정 방향을 제시하면, 국정과제위원회에서 중장기 계획을 수립하고, 각 관련 부처가 단기 과제와 정책 현안을 검토하고 집행하는 시스템이었 다. 정당정치의 원칙에 따르면 집권당이 담당해야 할 일을 대통령 직 속의 국정과제위원회가 담당하는 모양새였다. 참여정부백서는 국정 과제위원회의 설립 목적이 "기존 대의 민주주의의 비효율성과 불신을 극복"하는 동시에 "정부·시민사회·시장 간의 계서적(階序的)인 관계를 다양한 행위자들 간의 수평적 상호 협력 관계로 전환하고자 하는 참여 민주주의에 바탕을 둔 공공 정책 결정의 구조"라고 했지만 사실상 집권당을 무력화시키는 결과를 가져왔다.

국정과제위원회 체제는 국정 과제 전체를 총괄 조정하는 정책기획위원회와 12개의 국정과제위원회로 구성되었다. 12개의 국정과제위원회에는 동북아시대위원회, 정부혁신지방분권위원회, 국가균형발전위원회, 행정중심복합도시건설추진위원회, 저출산고령사회위원회, 지속가능발전위원회, 빈부격차·차별시정위원회, 교육혁신위원회, 농어업·농어촌특별대책위원회, 과학기술중심사회추진기획단, 사람입국일자리위원회, 문화중심도시조성위원회가 있었다.

이렇게 대선 공약 실천 과제가 집권당이 아닌 행정부와 관료를 중심으로 다루어짐으로써 민간의 아이디어가 무시되는 결과가 초래되었다. 관료들이 국민보다 대통령의 눈치를 더 보기 때문이다. 그리고 무엇보다 집권당인 열린우리당의 무력화를 가져왔다. 그것은 정당정치의 원칙에 위배되는 일이었다.

노무현의 당정 분리 원칙은 임기 동안 지속되었다. 그는 여당에는 지시하고 야당에는 로비하는 과거의 방식이 아닌, 행정부의 수장으로서 입법부를 상대하고 국민 여론을 등에 업고 직접 대국민 정치를 펼치는 방향으로 나아갔다. 이처럼 노무현이 대중에게 직접 호소하는 전략을 구사하자 야당(한나라당)과 보수 언론은 이를 포퓰리즘이라고 규정하면서 국회와의 대화와 협력을 중시하기보다는 대통령 자신의 권한과 입장을 강조하는 독선적이고 대결적인 리더십이라고 비난했다.

당정 분리에 의한 부작용으로 효율적인 국정 운영을 위한 당정 간의 원활한 협력이 미흡했고, 이로 인해 정책 조율 과정에서 당정 간에 혼선이 나타났으며, 결과적으로 노무현 정부와 열린우리당의 정국 주도력과 갈등 조정력이 현저히 약화되었다.

국민들의 입장에서 보면 당정 분리는 옳지 않은 일이었다. 국민들이 여당인 열린우리당을 극적으로 원내 과반수의 다수당을 만들어 준 것은 대통령과 여당이 합심해서 국정을 효율적으로 잘 운영해 달라는 의미였다. 그런데 노무현은 제왕적 대통령의 권한을 내려놓겠다며 원내 다수당인 여당과의 관계를 멀리했다.

문재인에 따르면 노무현도 나중에 당정 분리에 대해 '우리 현실에서 시기상조가 아니었나'며 후회했다고 한다. 문재인은 노무현의 당정 분리에 대해 "열린우리당은 탄핵 역풍에 힘입어 다수당이 됐고, 처음엔 과반이 넘기도 했지만 효율적이지 못했다. 강력하지도 못했다. 개혁을 위한 입법이나 정책 수립에 일사 분란하지 못했다. 좀 더 과감하고 속도 있는 개혁을 위해서는 여당과의 공조가 반드시 필요했다." 며 비판적으로 평가했다(문재인 2011, 342).

노무현은 당정 분리를 시기상조라고 뒤에 평가했지만, 시기상조라기보다는 오히려 정치 혁신이라는 당시의 분위기가 만들어 낸, 민주주의 원칙에 맞지 않은, 그 자체로 잘못된 목표였다고 하는 것이 옳을 것이다. 당정 분리는 여당의 무력화, 국정에서 여당이 소외되고 국정이 관료들에게 포획되는 결과를 초래했다. 정당정치의 약화는 막강한 힘을 가진 관료들에게 국정 장악의 기회를 줬고, 결국 당정 분리가 정당정치를 약화시킨 틈을 타고 행정 관료들이 비집고 들어와 결국 다시 권력의 중심을 차지했다.

관료들은 선출된 권력이 아님에도 불구하고 한국에서 매우 큰 권력을 가지고 있다. 관료들은 대통령이나 국회 같은 선출된 공무원들에게 보고를 올린다. 그러나 그들은 대통령을 포함한 선출직은 그저 왔다 가는 사람처럼 생각한다. 반면 관료들은 영원하다. 민주주의가 관료에 포획되지 않을 수 있는 방법, 현대 대의제 민주주의가 민중적일 수 있는 최소 요건은 정당정부를 만드는 것이고, 집권당을 통치의 주체로 만드는 것이다. 당정 분리는 이 길을 막는 결과를 가져왔다.

노무현 정부와 탈권위주의

권력 기관에 의해 서거로 내몰린 노무현

일간 신문사 선임 기자로 일하는 한 선배와 논쟁을 한 적이 있다. 국방부를 출입하는 그 선배는 국방부와 우리 군이 제대로 돌아가려면 사관학교 출신이 아닌 사람이 국방부 장관이 되어야 한다고 말했다. 육사 출신이 국방부 장관이 되면 육사 선후배들로부터 들어오는 민원이 너무 많고, 특히 인사 민원이 너무 많아서 공정하게 제대로 인사가 이뤄지려면 사관학교 출신이 아닌 사람이 국방부 장관이 되어야 한다는 것이었다.

사실 현대 민주주의 국가에서 군에 대한 가장 큰 원칙은 문민 통제다. 그것은 국민으로부터 선출된 권력에 의해 군이 통제되고 운영되어야 한다는 원칙이다. 우리 헌법도 제86조 제3항("군인은 현역을 면한 후가 아니면 국무총리로 임명될 수 없다")과 제87조 제4항("군인은 현역을 면한 후가 아니면 국무위원으로 임명될 수 없다")에서 군에 대한 문민 통제를 분명히 규정하고 있다.

그러나 우리나라의 경우 예편 후 1~2년 내에 국방부 장관으로 영전하는 반면, 미국의 경우 골드워터·니콜스 법에 의해 국방부 장관에는 예편 후 7년이 지난 사람만 임명될 수 있다. 그 유명한 콜린 파월(Colin Powell) 전 미국 합참의장도 예편한 지 7년이 안 되어 국방부 장관에 임명되지 못하고 국무부 장관에 임명되었다. 다른 선진국에서는 군 출신이 아닌 국방부 장관도 많다. 여성이 국방부 장관을 맡기도 하는데, 독일·스페인·스웨덴·핀란드·노르웨이·일본 등이 그렇다.

노무현 대통령은 국방부 장관에 군 출신이 아닌 사람을 임명하려고 했던 것으로 알려져 있다. 국회 국방위원장 출신 장영달에게 국방부 장관을 준비하라고 언질까지 줬으나 워낙 군에서 반대가 심해서 결국 그렇게 하지 못한 것으로 알려져 있다.

나는 국방부를 출입하는 선배에게 사관학교 출신이 아닌 국방부 장관 임명은 대단히 위험한 일이라고 말했다. 처음에는 언론의 주목을 받을지 몰라도 군에 대한 문민 통제를 어렵게 할 수 있다. 국회 국방위원회 경험에 비춰볼 때 우리나라 군 조직은 매우 폐쇄적이고 밖에서 군 내부를 들여다보는 것이 사실상 불가능한 조직이었다. 그런데 우리 군의 힘은 막강하다. 만일 군 출신이 아닌 사람을 국방부 장관에 임명하면 그 사람은 군을 제대로 통제할 수 없을뿐더러, 군이 권력에 의해 무시당했다고 생각할 경우 어떤 위험한 일을 벌일지 모르는 일이라고 나는 말했다.

공정한 인사를 위해 사관학교 출신이 아닌 사람을 국방부 장관에 임명해야 한다는 그 선배의 주장은 우리나라 진보 세력들이 권력에 대해 가지고 있는 기본적인 입장을 보여 준다. 즉 주어진 권력을 적극적으로 활용하여 지지자들과 국민들의 요청 사항을 실현하려고 하기보다는 권력 자체를 약화시키는 데 더 관심이 있는 것이다. 그리고 그것이 정권의 약화를 초래한다.

다행히 노무현은 직업군인 출신이 아닌 사람을 국방부 장관에 임명하지는 않았다. 그러나 그 전까지 검찰 출신을 임명해 왔던 법무부 장관에 검찰 출신이 아닌 사람들을 연이어 임명했고, 그 결과 권력 기관인 검찰에 정권 내내 시달렸으며, 퇴임 후에는 죽음으로까지 내몰렸다. 노무현은 국가 발전을 위해서는 검찰의 중립을 보장한 것이 옳다고 생각했고, 그렇게 실천했으며, 그것에 대해 자부심을 느낀다고 여러 차례 밝혔다. 그러나 대통령이 검찰의 정치적 독립을 보장하면 검찰도 부당한 특권을 스스로 내려놓지 않겠느냐는 기대는 충족되지 않았다. 검찰은 그렇게 하지 않았다.

오히려 검찰은 노무현 대통령 임기 내내 청와대 참모들과 대통령의 친인척들, 후원자와 측근들을 집요하게 공격했다. 노무현은 이를 검찰의 정치적 독립을 추진한 대가로 생각하고 묵묵히 받아들였다. 정치적 독립과 정치적 중립은 다른 문제였던 것이다. 노무현은 "검찰 자체가 정치적으로 편향되어 있으면 정치적 독립을 보장해 주어도 정치적 중립을 지키지 않는다. 정권이 바뀌자 검찰은 정치적 중립은 물론이요 정치적 독립마저 스스로 팽개쳐 버렸다."고 후회했다. 노무현은 "제도 개혁은 하지 않고 검찰의 정치적 중립을 보장하려 한 것은 미련한 짓이었다. 퇴임한 후 나와 동지들이 검찰에서 당한 모욕과 박해는 그런 미련한 짓을 한 대가라고 생각한다."고 회고했다(노무현 2010,

273-275).

노무현 정부의 키워드, '공정한 법치'와 '탈권위주의'

노무현 정부를 이해하는 키워드는 무엇일까? 노무현은 대통령으로서 무엇을 하고자 했고, 또 무엇을 했던가? 많은 사람들이 많은 이야기를 했지만, 나는 '공정한 법치주의의 실현'이라고 생각한다. 실제로 노무현 자신이 그렇게 여러 차례 말했다. 노무현은 "참여정부의 과제는 권력 스스로의 개혁, 권력의 권위주의와 특권적 구조를 해체하는 것이다."라고 했다.

노무현의 자서전 『운명이다』는 노무현이 가장 소중하게 생각했던 가치가 '공정한 법치주의의 실현'이었다면서 이렇게 말한다. "나는 대통령으로서 무엇을 했던가? 나는 '공정한 법치주의'를 세우기 위해 특히 많은 노력을 했고, 여러 가지 희생을 감수했다. 김대중 대통령은 인권을 적극 보장함으로써 국가 폭력에 대한 두려움을 거의 다 걷어냈다. 그러나 법을 초월하는 정치적 행위 또는 통치행위라는 관념이 있을 수 있다. 나는 법률가로서든 정치인으로서든, 통치행위 이론을 인정하지 않았다. 권력자가 헌법과 법률에 따라 국정을 운영해야 한다는 법치의 원칙을 존중하면서 일했다"(노무현 2010, 205-206).

'공정한 법치주의의 실현'은 노무현 정부의 성과와 한계를 동시에 보여 주는 국정 철학이었다. 그리고 그것은 민주주의가 아니라 자유주의 내지 공화주의에 가까웠다. '공정한 법치주의의 실현'의 성과로 노무현 시대를 거치면서 한국 정치와 사회를 오랜 세월 지배해 왔던 권위주의가 해체되었고, 절차적 민주주의가 심화되었다. 그리고 '공정한 법치주의의 실현'은 '당정 분리'와 동전의 양면이었다. 행정부에서는 '공정한 법치주의의 실현', 여당과 국회에 대해서는 '당정분리'를 목표로 했다. 이는 결국 탈권위주의로 압축되었다. 노무현은 탈권위주의를 통해 권력의 분산을 도모하고 고질적인 권위주의 정치 문화를 극복하려 했던 것이다.

노무현은 수직적이며 위계적인 권력 피라미드의 정점에 있는 대통령 스스로가 권위주의적 권력 동원과 활용을 포기하고, 민주적이고 수평적인 리더십을 행사하는 것을 탈권위주의라고 강조했다. 그는 행정부 운영에서 책임총리제와 분야별 책임 장관제를 도입해, 대통령에게 모든 것을 의존해 왔던 기존의 행정부 운영에 변화를 시도했다. 분권은 그가 후보 시절부터 강조해 왔던 신념이었다.

노무현은 일상적인 국정 운영은 총리가 총괄하도록 하고, 대통령은 장기적 국가 전략 과제와 주요 혁신 과제에 집중하겠다고 선언하면서 국정 분권을 실천했다. 이에 따라 청와대 내의 정무수석실을 폐지하고 대통령 비서실장과 정무수석이 담당하던 대국회 업무도 총리실로 이관시켜 버렸다. 대통령 비서실과 국가안전보장회의는 대통령에게 보고하는 내용을 총리에게도 똑같이 보고하도록 지시했다.

이처럼 일상적 국정 운영과 관련된 사안은 총리가 주가 되고 대통령비서실은 종이 될 것임을 강조하면서 대통령 비서실장의 역할과 권위는 김영삼 정부 및 김대중 정부 시기의 그것과 비교할 수 없을 정도로 축소됐다. 이는 이명박 정부 및 박근혜 정부와 비교해 봐도 물론이다. 특히 박근혜 정부의 대통령 비서실장은 최고 실세, 왕실장이다.

노무현은 내각 운영에 있어서도 부문별 책임장관제를 도입, 정동영·김근태·천정배 등 여권 실세에게 권한을 부여해 분권적 국정 운영을 강화했다. 또한 중앙 권력의 과감한 지방 이전을 위해 예산 편성과 인사권을 지방으로 이전했다. 노무현은 검찰, 국정원, 경찰, 국세청 등 4대 권력 기관의 의사 결정과 집행에 대한 자신의 영향력을 억제해 이들 기관의 정치적 자율성과 중립성을 높이려 했다. 노무현은 권력 유지에 사용되던 편리한 '권력의 수단,' 즉 검찰 장악을 통한 사법부 통제, 국정원을 통한 공작 정치 등을 포기했음을 천명했다.

그러나 돌이켜보면, 노무현의 국정 철학인 '공정한 법치주의 실현'과 '탈권위주의'는 너무 소극적인 국정 철학이었다. 양극화를 넘어 함께 잘 사는 사회를 만들기 위해서는, 세계의 성공한 진보 정부의 경험이 보여 주듯이 적극적인 정치가 필요했다. 그러나 노무현은 '공정한 법치주의'를 국정 운영의 핵심 철학으로 삼았기에 사실상 대통령으로서 좀 더 적극적인 정치를 할 수 있는 기회를 스스로 포기하고 말았다.

그리고 이는 기본적으로 국가와 정치에 대한 부정적 사고가 영향을 미쳤다고 할 수 있다. 사실 한국의 보수 정부들이 민주국가의 역할 범주를 넘어서까지 권력을 행사하려 했던 것, 특히 이명박 정부가 지나치게 과도한 권한을 행사했던 것과 박근혜 정부가 국가주의적 성향마저 띄는 것에 비하면, 한국의 민주 정부, 특히 노무현 정부는 주어진 권한을 충분히 행사하지 못하는 한계를 보여 줬다.

다음과 같은 노무현의 회고는 이를 잘 보여 준다. "많은 사람들이 나를 힐난했다. 왜 바보같이 권력 기관을 다 풀어 주었느냐고. 바보라서 그랬던 것이 아니다. 대한민국의 발전을 위해서는 꼭 필요한 일이라서 그랬던 것이다. 나는 제왕적 대통령이 되기를 거부했다. 장관과 공무원들, 여러 헌법기관과 정부 기관들이 자기 책임 아래 자주적이고 자율적으로 국민을 위해 일하는 나라를 만들고 싶었다. 대통령이 권력 기관을 사조직처럼 이용하는 제왕적 대통령의 시대를 확실하게 마감하고 싶었다. 그래서 그렇게 한 것이다"(노무현 2010, 269).

그런데 과연 이런 노무현의 생각은 옳은 것일까? 나는 그렇지 않다고 생각한다. "장관과 공무원들, 여러 헌법기관과 정부 기관들이 자신의 책임 아래 자주적이고 자율적으로 국민을 위해 일하는 나라"는 결코 민주주의의 원칙에 맞지 않다. 민주주의의 원칙은 "장관과 공무원들, 여러 헌법기관과 정부 기관들이 선거에서 나타난 주권자인 국민의 뜻을 실현하기 위해 일하는 나라"이다.

민주주의 국가의 주인은 국민이다. 국민의 뜻은 선거를 통해 나타난다. 선거에서 당선된 대통령과 국회의원은 국민의 뜻을 실현하기 위해 행정부의 공무원들을 민주주의적으로 통제해야 하는 것이다. 최장집은 "민주주의하에서도 관료가 광범위한 국가 자율성을 향유하면서 정책의 결정과 집행에 커다란 재량권을 갖는다면, 민주주의와 권위주의는 실질적인 차이를 갖지 못한다고 말할 수밖에 없을 것이다."라고 지적한다(최장집 2010, 160).

흔히들 노무현에 대해 "편 가르기" 내지 "너무 과격했다", 또는 "너무 진보적이었다"고 비판하곤 한다. 그러나 이는 잘못된 평가라고 나는 생각한다. 그것은 노무현의 탈권위주의적인 언어나 행동이 그런 인상을 주었을 뿐이다. 내가 보기에 노무현이 가장 잘못한 일은 지지자를 소중히 여기지 않은 것이었다. 국정 운영에 여당이 적극적으로 함께하게 만들지도 않았고, 관료들을 민주적으로 통제하지도 못했다. 그것은 노무현의 국정 철학이 너무 소극적인 '공정한 법치주의 실현'과 '탈권위주의'였던 것에서 비롯되었다.

검찰에 대한 민주적 통제의 방기와 그 후과

노무현은 4대 권력 기관인 검찰, 국정원, 경찰, 국세청에 대해 정치적 독립성과 자율성을 보장했다. 그러나 그의 순수한 의도는 제대로 실현되지 않았고, 오히려 반대 결과를 초래했다. 권력 기관에 대한 민주적 통제를 방기하는 것이 되었고, 마침내 슬픈 사건으로 이어졌다. 노무현은 퇴임 후 검찰에 의해 죽음으로 내몰렸고, 서거 후 2012년 대선에서는 국정원에 의해, 서해 북방한계선을 북한에 넘겨준 역적으로 왜곡되었다. '호랑이 등에 올라탔다'라는 말이 있다. 권력 기관은 제대로 민주적 통제를 하지 않으면 오히려 잡아먹히는 무서운 존재임을 검찰과 국정원은 보여 줬다.

먼저 검찰의 경우를 살펴보자. 노무현은 검찰 개혁의 핵심은 권력이 검찰을 정권의 목적에 활용하려는 욕망을 스스로 절제하고, 검찰도 스스로 정권의 눈치 보기에서 벗어나는 것으로 생각했다. 그래서 노무현은 기회가 있을 때마다 그런 의지를 검찰에 전달했고, 청와대는 검찰에 주요 사건에 대해 지시·조율하지 않았다. 그렇게 검찰 수사의 독립성과 중립을 보장해 주는 것이 검찰 개혁이라고 보았던 것이다. 그러나 이런 순수한 의도는 제대로 실현되지 않았고, 오히려 반대의 결과를 초래했다.

노무현과 검찰 간의 지겨운 갈등은 참여정부 초대 법무부 장관으로 검찰 출신이 아닌 강금실 변호사를 임명한 것에서 시작되었다. 파격 그 자체였던 참여정부 초대 내각 중에서 최대 파격은 강금실 법무부 장관의 임명이었다. 당시 강금실을 노무현에게 추천한 것은 문재인이었는데, 문재인은 법무부 장관이 아니라 환경부 장관이나 보건복지부 장관을 염두에 두었고, 노무현이 법무부 장관에 임명한다고 할 때 재고를 요청했다고 한다. 그러나 노무현은 강금실을 법무부 장관에 임명했다.

강금실 장관은 2003년 3월 6일, 참여정부 출범 직후에 고검장 인사를 단행했다. 검찰은 조직적으로 반발했다. 이로 인해 참여정부 출범 후 첫 초미의 현안은 검찰과의 갈등이 되고 말았다. 언론은 '검란', '집단 항명' 등으로 보도했다. 그로 인해 '대통령과 검사와의 대화' 자리가 마련되어 텔레비전으로 생중계되기도 했다. 문재인은 당시 검찰 간부들이 단단히 오해를 하고 있었으며, 피해 의식을 갖고 있었다고 회고했다. 그들은 참여정부가 과거 식의 인사로 자신들을 모두 밀어낼 것이라 생각했다. 특히 고검장 인사에서 배제된 이들이 인사 불만을 부채질했다. 젊은 검사들까지 오해했고 집단적으로 반발했다. 그 배경에는 강금실에 대한 거부감이 크게 작용했다(문재인 2011).

이렇게 검찰과 참여정부의 갈등이 시작되자 검찰은 2003년 내내 여야의 대선 자금을 모두 뒤졌다. 이 사안에 대해서도 노무현은 자신의 국정 철학인 '공정한 법치주의 실현' 원칙을 지켰다. 검찰의 독립성을 보장했다. 검찰에 수사를 지시하지도 않았지만 그렇다고 수사를 막지도 않았다. 검찰의 대선 자금 수사는 1997년의 국세청 불법 대선 자금 모금 사건 수사에서 시작되었는데, 2003년 8월부터 SK 비자금 수사에 착수했다. 그리고 10월부터 대선 자금 '차떼기' 사건을 연이어 공개해 정치권 전체를 엄청난 소용돌이에 몰아넣었다.

이 과정에서 12월 19일 이회창이 검찰에 출두했고, 서정우, 최돈웅, 신경식, 서청원, 박상규 등 이회창 후보 측의 여러 사람들이 정치자금법 위반 혐의로 줄줄이 구속됐다. 동시에 검찰은 노무현 대선 자

금 수사를 진행하면서, 기업으로부터 수십억 원대의 불법 대선 자금
이 건네진 사실을 밝혀냈다. 이 과정에서 창구 역할을 한 안희정을 시
작으로, 이상수, 이재정, 최도술, 강금원, 문병욱 등 노무현 측근들도
잇따라 구속했다. 검찰의 대선 자금 수사는 1년 내내 계속되었고, 정
권 초기 노무현 정부의 발목을 잡았다. 그로 말미암아 검찰 개혁은 사
실상 물 건너가고 말았다. 또한 앞에서 살펴본 것처럼 지구당 폐지를
여야가 결정하게 만들었다.

검찰의 정치적 중립을 위한 과제 가운데 중요한 것이 중수부 폐지
다. 검찰을 정치 검찰로 만드는 데 가장 큰 작용을 하는 것이 대검찰
청 중앙수사부이다. 형사부, 강력부, 공안부 등 대검의 모든 부서는
지검과 고검의 수사를 지휘 감독하는 역할만 한다. 유일하게 직접 수
사 기능을 갖고 있는 것이 중수부다. 이곳에서 대검의 정치성과 정치
편향성이 생기게 된다. 대검 중수부와 같은 사례는 우리나라 말고는
세계적으로 없다. 그런데 노무현 정부 첫해 1년 내내 대선 자금 수사
를 한 곳이 대검 중수부였다. 노무현은 검찰이 정권 눈치 보지 않고
소신껏 수사를 할 수 있게 보장해 줬다. 그 결과 중수부를 폐지하는
것은 불가능해졌다. 대선 자금 수사는 한나라당과 이회창뿐만 아니라
민주당과 노무현도 겨냥했다. 사실 실제 겨냥한 것은 노무현이라는
현직 대통령이었을 것이다. 그런 상황에서 중수부 폐지를 추진한다면
마치 대선 자금 수사에 대한 보복처럼 보일 수밖에 없었다. 검찰은 아
마도 그것을 노렸을 것이다. 강금실이 법무부 장관에 취임하고 고검
장 인사를 단행하자 정치권을 수사해 검찰 개혁을 무력화시키고자 대
선 자금을 수사했을 것이다.

흥미로운 점은 2003년 대선 자금 수사를 지휘한 대검 중수부장이

안대희였다는 점이다. 그는 20세 최연소 사법고시 합격, 25세 최연소 검사 임용으로 천재 소리를 들었는데, 노무현은 연수원 동기이자 9살 어린 안대희를 무척 아꼈다. 김대중 정부에서 검사장 승진에 두 번이나 물을 먹은 그를 참여정부는 대검 중수부장과 고검장으로 중용했고, 그는 급기야 참여정부의 도움으로 2006년에 대법관에 올랐다. 중수부의 대선자금 수사가 참여정부의 발목을 잡았는데도, 노무현은 그를 대법관에 임명했다. 그리고 대법관에서 퇴임하는 2012년 8월, 퇴임한 지 48일 만에 그는 박근혜 새누리당 후보 캠프에 정치쇄신특별위원장으로 합류했다. 2014년에는 세월호 참사 후 총리 후보자로 지명되었지만 '하루 1천만 원'이라는 고액 수임료를 받은 사실이 드러나면서 전관예우·고액 수임료 논란으로 결국 자진 사퇴하기도 했다.

당시 상황에 대해 노무현 자서전 『운명이다』는 이렇게 회고한다. "(나는) 새 시대의 첫차가 되고 싶었다. 하지만 막상 대통령이 되고 보니 마음먹은 대로 되지 않았다. 취임 첫해부터 도덕성과 정통성에 큰 상처를 입었다. 검찰이 여야의 대선 자금을 모두 뒤졌다. 나는 검찰 수사를 지시하지 않았다. 그러나 수사를 막지도 않았다. 취임하자마자 1년 내내 이 문제로 시달렸다. 내 운명은 새 시대의 첫차가 아니라 구시대의 막차가 되는 것이었다. 모든 것을 운명으로 알고 받아들였다"(노무현 2010, 207).

이처럼 노무현은 '공정한 법치주의의 실현'을 위해 대통령도 헌법과 법률에 따라 국정을 운영해야 한다고 생각했고, 그것이 사실상 행정 관료와 권력 기관에 대한 민주적 통제마저 방기하는 수준에 이르렀다. 그리고 독립성을 보장하려 했던 바로 검찰에 의해 서거에 이르렀다. 노무현 대통령의 서거는 검찰을 비롯한 국세청, 국정원이라는

3대 권력 기관의 합작품이었다.

2008년 여름 광우병 반대 촛불 집회 이후 이명박 정부는 국세청을 동원해 넉 달간이나 태광실업을 먼지 털 듯 조사했고, 검찰이 가세해 노무현의 주변을 샅샅이 뒤졌다. 2009년 초, 검찰은 연일 생중계하듯 본질과 무관한 혐의 사실을 언론에 흘려 노무현을 압박해 갔다. 노무현이 가족의 달러 수수 사실을 알았고, 이는 '포괄적 수수죄'에 해당된다는 기사가 언론을 도배했다. 이에 질세라 국정원도 노무현이 고급 시계를 받았다는 이야기를 언론에 흘렸다. 3대 권력 기관인 국세청, 검찰, 국정원이 동원되어 경쟁적으로 전직 대통령 망신 주기에 나선 것이다. 그러나 검찰은 노무현을 소환 조사하고도 증거를 제시하지 못했다. 사건은 2009년 5월, 노무현 전 대통령의 서거로 마무리되었다.

국정원에 의해, 북방한계선을 포기한 역적이 된 노무현

노무현이 민주적 통제를 포기한 권력 기관은 검찰만이 아니었다. 국정원도 마찬가지였다. 노무현은 임기 내내 한 번도 국정원장으로부터 독대 정보 보고를 받지 않았다. 정례 보고든 수시 보고든 독대 보고는 없었다. 이는 대통령이 국정원 독대 정보 보고를 받는다는 것이 알려지면 국정원의 정보 집중력은 강해지고, 자칫 국정원이 정보의 힘으로 대통령과 국정에 막대한 영향력을 행사할 수도 있기 때문이었다.

국정원의 독대 보고를 받지 않은 이유에 대해 노무현은 "그렇게 되면 분권이니 자율이니 하는 것은 모두 빛 좋은 개살구로 전락하고 만다. 제왕적 대통령은 그 자체로 민주주의와 어울리지 않을 뿐만 아니라, 국정을 파탄의 구렁텅이로 몰아넣을 수도 있다. 그래서 나는 국정원을 정치적으로 활용하지 않았다. 다시 대통령이 되어도 그렇게 할 것이다."라고 설명했다(노무현 2010, 270-271).

이처럼 노무현은 선의로 국정원의 독립을 보장했지만 그의 순수한 의도는 오히려 반대의 결과를 초래했다. 노무현은 2007년 남북정상회담 이후 회의록을 향후 남북정상회담 준비에 필요하면 활용하라고 국정원에 사본을 보관토록 했다. 후임 정부 또한 국정원 독립을 보장하리라 생각한 것이다.

그러나 2012년 대선에서 국정원은 대선 공작에 나섰다. 남북정상회담 대화록을 왜곡·변조·유출하여, 문재인 후보를 '서해 북방한계선을 북한 김정일에게 헌상한 노무현의 후계자'로 낙인찍고, 선거 구도를 종북이냐 아니냐로 몰고 갔다. 뿐만 아니라 국정원의 사이버 정예요원 70여 명이 인터넷에서 야권 후보 낙선 운동을 했고, 서울경찰청은 이에 대한 수사 결과를 조작해 허위 발표했다.

참여정부 시절 국정원장이었던 김만복은 2015년 새누리당에 '팩스 입당'을 해서 논란이 벌어졌다. 그는 8월 극비리에 새누리당 입당원서를 냈고, 9월부터 당비도 냈다. 그러고는 10월 재보선 때 민주당 후보 지지 운동을 했다. 결국 새누리당 윤리위원회는 해당 행위를 했다며 탈당 권유 결정을 내렸다.

노무현은 자신이 독립성을 보장하려고 했던 검찰에 의해 죽음으로 내몰렸고, 서거 후에는 국정원에 의해 서해 북방한계선을 북한에 넘겨준 역적으로 내몰렸다. 앞서도 말했듯이, '호랑이 등에 올라탔다'라는 말처럼, 권력 기관은 제대로 민주적 통제하지 않으면 오히려 잡아먹히는 무서운 존재임을 검찰과 국정원은 보여 줬다. 노무현 정부는 국가란 모든 시민의 요구에 대해 편벽되지 말아야 한다는 것으로 이해했지만, 결과적으로 그것은 참여정부가 국가권력을 행사하는 데 극도로 자제하게 만들었으며, 참여정부가 국정을 진취적으로 하지 못하게 했다.

그러나 공공성이란, '합법적으로 간주되는 폭력을 행사하는 주체'로서의 국가가 단순히 어느 한쪽 편을 들어서는 안 된다는 것을 넘어선다. 오히려 공공성이란 사람들 사이의 관계에서 정의를 수립하기 위해 국가권력을 적극 행사해야 함을 의미한다. 최소한의 일만 하는 국가는 공정성을 담보할 수 없다. 노무현 정부는 집권 당시 국가권력이 개인의 권리를 침해할까 봐 매우 소극적이었는데, 이는 지나치게 겁이 많았다고밖에 할 수 없다.

이처럼 현존하는 긴급한 악을 제거하기 위해, 또한 불평등한 자원 배분을 좀 더 평등한 방향으로 변화시키기 위해서는 국가권력이 적극 개입해야 하는데, 참여정부는 너무 소극적이었다. 헌법에 명시된 국가의 일반 의지가 통용되지 않는 곳이 있다면 이를 바로잡아야 국가다운 국가인데, 참여정부는 그러지 못했다. 관료에 대한 민주적 통제는 민주주의의 기본 원칙임에도 불구하고 참여정부는 '공정한 법치주의 실현', '탈권위주의'라는 이유로 관료에 대한 민주적 통제를 방기했다.

| 11 |

야당 해체가 만든
2012년 대선 패배

야당은 왜 패배의 늪에서 벗어나지 못했는가?

2012년 12월 19일, 제18대 대통령 선거 후 야권 지지자들은 충격에 빠졌다. 사실 2012년 대선은 박근혜의 높은 지지율을 생각할 때, 처음부터 쉽지 않은 선거였다. 그래서 설령 대통령 선거에서 진다 해도 크게 놀라지 않으리라 생각했다. 그런데 정말 선거에서 패배하자 나도, 많은 야권 지지자들도 충격에 빠졌다.

그도 그럴 것이 선거 며칠 전부터 정권 교체가 가능할 것 같은 희망이 보였기 때문이다. 투표 3일 전에 있었던 3차 텔레비전 토론에서 문재인이 박근혜보다 훨씬 잘해냈다. 언론에서는 문재인이 여론조사 결과에서 앞서기 시작했다고 보도했다. 야권표가 결집하는 모습도 보였다. 무엇보다 12월 19일 투표일, 오전부터 투표율이 높았다. 야권 지지자들은 기대감에 부풀었다. 오후 6시 투표가 종료되고 출구 조사 결과를 발표하는 시점을 전후로 새누리당과 민주당은 희비가 엇갈렸다. 출구 조사 결과가 전해지기 전까지 텔레비전에 비친 새누리당 대변인의 표정은 어두웠고, 민주당 대변인의 표정은 밝았다. 그러나 오후 6시 직전 카운트다운이 시작되자, 방송 화면에서 반씩 차지하고 있던 새누리당과 민주당의 표정이 갑자기 바뀌었다. 새누리당 지도부는 웃고 있었고, 민주당 지도부는 표정이 어두웠다. 출구 조사 결과가 전해진 것이다. 드디어 출구 조사가 화면으로 방송되었고, 새누리당 쪽에서는 카메라 플래시가 연달아 터졌다. 반면 민주당 쪽에서는 잠잠했다. 그렇게 사라진 희망, 비록 짧았지만 희망의 기억은 달콤했다.

2007년 대선의 참패에 비해 2012년 대선은 아슬아슬한 패배였다. 그러나 투표율이 높은 선거, 아슬아슬한 박빙의 승부에서 항상 진보가 이겨 왔다는 전통이 깨졌다는 점에서 충격은 오히려 더 컸다. 아예 포기했을 때보다 가능성이 보일 때 실패가 더 충격적이라는 것도 절감했다. 왜 2007년에 이어, 2012년에도 패배했을까?

2007년 대선과 2008년 총선에서 대패한 이후 진보 성향의 시민들은 정당정치에 실망했다. 그로 인해 2008년 여름의 '광우병 쇠고기 수입 반대 촛불 집회'가 일어나자 정당 밖에서 답을 찾는 움직임, 직접민주주의에서 대안을 찾는 흐름이 만들어졌다. 이는 2008년 9월 15일 미국에서 발생한 금융 위기와 결합되면서 진보적 대안들은 제기하되 역시 정당 밖에서 답을 찾는 분위기로 이어졌다.

그리고 앞서도 말했듯이, 2007년 대선 전 당시 열린우리당의 주요 지지자들이 선도적으로 탈당했고, 노무현과의 차별화에 나서 대통합

민주신당을 만들었으나 2007년 대선과 2008년 총선에서 패배함에 따라, 노무현을 계승하는 정치인도, 지지하는 지지자들도 대부분 민주당 밖에 있게 되었다. 또한 그 무렵에는 야권 지지의 중심 세력이 호남에서 2040세대로 바뀌고 있었는데, 당시 민주당은 2040세대를 대변하지 못했다. 오히려 2040세대가 좋아하는 정치인들, 즉 안철수, 문재인, 유시민, 박원순, 김두관 등은 모두 민주당 밖에 있었다. 그 무렵 유력 대선 주자 가운데 민주당 안에 있었던 사람은 오히려 민주당 출신이 아니었던 손학규뿐이었다.

이렇게 야당은 해체되어 있었으며, 그 중심성은 산산 조각 나 있었다. 진보적 성향의 유권자일수록 정당 밖에서 답을 찾는 흐름이 일반화되었다. 촛불 집회, 미국발 금융 위기의 발발, 노무현 대통령과 김대중 대통령의 서거로 이어지면서 복지와 경제민주화의 요구가 거세졌지만 그것을 묶어 내는 힘은 야당이 아니었다. 이런 바탕 위에서 안철수 현상이 일어났다. 그러나 돌이켜보면 결국 이런 식의 야당의 붕괴, 반정당 내지 반정치적 사고는 결국 2012년 대선 패배의 근본 원인이 되고 말았다.

2012년 대선은, 정당 밖에서 유력 대선 후보가 출현해 경선 없이 단일 대선 후보가 되고자 할 때, 결국 패배할 수밖에 없다는 사실을 증명했다. 또한 정권과 여당이 한 몸이 되어 치밀하게 만들어 내는 대선 공작을 야당이 제대로 준비하지 않으면 무참하게 패배할 수밖에 없다는 것을 보여 준 선거이기도 했다. 강한 야당 없이는 정권 교체가 불가능함을 2012년 대선은 증명했다.

'문재인 필패론', '안철수 필승론'의 허구성

2012년 대선 패배 이후 친노 필패론, 문재인 필패론이 강하게 일어났다. 2007년 대선은 노무현 대통령이 실패해서 졌고, 2012년 대선은 문재인 후보가 잘못해서 졌으므로, 앞으로 친노 세력은 물러나야 하며 그래야만 야당에 미래가 있다는 주장이었다. 그러나 그것은 2007년과 2012년의 대선 패배에 대한 가장 잘못된 해석이라고 나는 생각한다. 이런 주장은 만일 중도인 안철수로 단일화되었더라면 이겼을 것이라는 결론으로 이어졌다. 그러나 과연 그럴까? 우선 우리나라 대선에서, 또 대부분의 민주주의 선진국에서 중도 후보가 대통령이 되는 일이 얼마나 있을까. 그런 일은 드물다. 민주 정부 10년을 이끈 김대중, 노무현 대통령은 당시 민주당 후보 가운데 가장 진보적인 지도자였고, 보수 정부를 이끈 대통령들도 대부분 보수정당에서 보수적인 지도자였다. 중도 후보 필승론은 사실과 다르다.

중도필승론은 선거는 간절함이 큰 쪽이 이긴다는 선거의 기본 원리를 무시한다. 중도 필승론의 결정적인 오류가 여기에 있다. 중도론은 정량적 평가만 있지 정성적 평가는 없다. 진보·개혁 유권자는 어차피 찍을 정당이 정해져 있으니 중도만 잡으면 이긴다고 생각한다. 그러나 진보·개혁 유권자는 무조건 투표하지 않는다. 노무현은 1천2백만 표를 얻었지만 정동영은 620만 표밖에 얻지 못했다. 반 토막이 난 것이다.

2012년 대선에서 '진보 필패, 중도 필승론'과 그 연장선상에 있는 '안철수 필승론'의 주장대로 야권이 선거를 치렀다면 정말 이길 수 있었을까? 만일 안철수가 야권 단일 후보가 되었더라면 박근혜와 새누리당은 유례를 찾기 힘든 무소속 대통령의 부당성을 공격하지 않았을까? 무소속 대통령이 등장하면 국정이 파탄 날 수밖에 없고, 대한민국의 민주주의는 후퇴할 수밖에 없다고 공격하지 않았을까?

비록 패배했지만 지난 대선에서 문재인은 1,470만 표를 얻었다. 정동영보다 850만 표가 많았다. 역대 민주당 후보로 가장 많은 득표를 했다. 이를 폄하해서는 안 되는데 폄하가 계속됐다. 지난 대선은 박근혜조차 진보적인 정책을 내걸었던 선거였다. 당색을 빨간색으로 바꾸고, 복지와 경제민주화를 주장해 정책의 차별성이 사라진 선거였다. 그런 선거를 두고 '진보 필패, 중도 필승론'을 주장하는 것은 '자학적인 평가'다. 진보 정책을 내걸은 박근혜보다 문재인이 더 보수적인 정책을 내세워야 이길 수 있었다는 주장이다. 그것은 민주 진보의 정체성을 부정하는 것이고, 1,470만 표의 의미를 부정하는 것이며, 민주 진보 세력을 자기 해체의 길로 이끄는 논리다. 그리고 문재인이 진보 일변도의 공약과 정책을 내세웠던 것도 결코 아니었다. 보수파의 슬로건인 성장과 안정(4대 성장 공약)과 함께 '50대를 위한 5가지 정책'을 선보였으며, 방송 연설 한 편을 50대 정책에 할애하기도 했다.

박근혜에게 배울 용기 있어야 대선을 제대로 평가

대선 평가는 대체로 '왜 박근혜가 이겼는가'보다 '왜 문재인이 졌는가'에 주목했다. 그러나 지난 대선은 문재인이 졌다는 측면보다 박근혜가 이긴 측면이 컸다. 문재인은 1,470만 표로, 역대 진보 최다표인 1천2백만 표(노무현)보다 270만 표를 더 얻었다. 반면, 박근혜는

1,580만 표로, 역대 보수 최다표인 1,150만 표(이명박)보다 430만 표를 더 얻었다. 그럼에도 많은 사람들이 "문재인이 무엇을 잘못했는가"를 묻는다. 그러나 문재인이 그렇게 잘못했다면 1,470만 표를 얻을 수 없었다. 진보·개혁 지지자의 간절함을 불러낼 수 없는 '중도 필승론'으로는 1,470만 표를 얻을 수 없었을 것이다.

박근혜가 지난 대선에서 1,580만 표를 얻은 것은 '문재인의 잘못'보다 '박근혜의 힘'에서 기인했다. 대통령 선거에서 가장 중요한 요소는 후보이다. 지난 대선은 시대정신과 유권자 구도 모두에서 야권에 유리했다. 그것을 돌파해 낸 것이 박근혜 개인의 힘이었다. 새누리당 후보가 박근혜가 아니었다면 애초에 게임 자체가 성립되지 않았을 것이다. 앞에서도 말했지만, 박근혜는 역대 대선 후보 중 가장 센 후보였다. 그 다음은 1992년 대선의 김영삼 정도일 것이다. 왜 박근혜가 센 후보인가?

첫째, 박정희 전 대통령의 딸로서 보수 세력과 영남, 5060세대라는 한국의 주류 세력에게 강력한 영향력을 가지고 있어 이들의 간절함을 동원해 낼 수 있기 때문이다. 더 중요한 것은 둘째인데, 그가 지난 15년 동안 정치를 통해 나름의 국민적 신뢰를 쌓았다는 점이다. 2002년 대선 때는 이회창에 반대하여 한나라당을 탈당하고, 2007년 대선 때는 경선에서 이명박에게 패하는 우여곡절을 겪었다. 박근혜는 독재자의 딸이기는 하지만 지난 15년 동안 의회를 부정한 적이 없다. 오히려 역대 대통령 중에서 김영삼과 김대중 다음으로 국회 경험도 많고, 정당 지도자 경력도 길다. 그 정도면 의회 지도자 출신이라 해도 틀린 말이 아니다.

특히 박근혜는 당대표를 여러 차례 맡아 대체로 성공했다. 민주당에서 당대표는 독배와 같은 자리였다. 그 자리를 맡아 성공한 지도자는 거의 없었고, 대부분 중도하차했다. 반면 박근혜 당대표는 거의 언제나 성공했다. 그 비결은 무엇일까? 그것은 당대표의 가장 큰 역할이 선거라는 데 있다. 지지자들의 열정을 동원할 수 있는 지도자만이 당대표로 성공할 수 있다. 박근혜는 그것을 할 수 있었다. 영남과 보수 세력, 5060세대라는 우리 사회의 주류 세력을 동원할 수 있었고, 그래서 선거에서 승리할 수 있었고, 그렇기에 당대표로 성공했다.

셋째, 박근혜는 지난 대선을 앞두고 일찌감치 복지와 경제민주화 이슈를 선점해 시대정신인 진보 정책을 '물 타기'하는 데 성공했다. 만일 2012년 대선의 시대정신이 진보적이라 할 수 있는 복지와 경제민주화가 아니었더라면 지난 대선과 같은 접전은 아예 없었을 것이다. 아마 일방적인 박근혜의 승리로 끝났을 것이다.

반면, 야권의 후보는 어땠는가? 문재인은 민주당 경선을 통해 경쟁력 있는 후보로 인정받았다. 그러나 박근혜 만한 파괴력은 부족했다. 문재인은 정치를 시작한 지 1년밖에 되지 않았고, 안철수는 대선을 불과 3개월 앞두고 대선 출마를 선언했다.

낮은 지지율에서 출발한 문재인이 1,470만 표, 48%를 득표한 것은 나름의 리더십이 작용한 결과였다. 투표일이 다가올수록 그에게 호감을 갖는 사람들이 많아졌다. 그러나 결국 역부족이었다. 국민들에게 '노무현 대통령의 비서실장'을 넘어서는 독자적 리더십이 부각되기에는 시간이 부족했다. 나는 지난 대선 평가의 핵심은 이것이라고 생각한다. 왜 야당은 박근혜처럼 강력한 대선 후보를 만들어 내지 못했을까? 왜 야당은 박근혜처럼 지지자와 정서적으로 결합한 지도자를 키우지 못했을까? 왜 김대중, 노무현 이후에는 그런 지도자가 없어진 것일까?

민주 정부 10년을 만들어 낸 두 지도자는 하늘에서 갑자기 떨어진 사람들이 아니다. 김대중은 죽을 고비를 여러 차례 넘기며 1971, 1987, 1992년 대선에서 패배하고, 4수 끝에 1997년 대통령에 당선되었다. 노무현 또한 1988년 국회의원에 당선된 이후 15년 동안 부산 출마와 낙선을 겪으며 영남 민주화 세력이라는 소수파의 고통을 돌파해 내 결국 2002년 당선되었다. 이들은 모두 객관적 여건이 나빴던 시대를 주체적 리더십으로 돌파해 낸 대통령이었다.

한국만이 아니다. 세계 역사에서 성공한 진보 정치인들은 거듭된 패배를 극복하고 단련된 지도자들이었다. 미국의 프랭클린 루스벨트 대통령은 소아마비를 극복하고, 오랜 정치 경력 끝에 대통령에 당선되었다. 독일의 빌리 브란트(Willy Brandt) 총리 역시 나치에 저항하며 망명 생활을 견디는 등 오랜 정치 역정 끝에 총리에 오른 인물이었다. 퇴임 후에도 여전히 국민적 사랑을 받고 있는 브라질의 룰라(Lula da Silva) 대통령은 1989, 1994, 1998년 세 번의 대선 패배 후, 4수 끝에 2002년 당선되었다. 프랑스의 미테랑(Francois Mitterrand) 대통령 역시 1965, 1974년 두 번 대선 패배 후, 3수 끝에 1981년 당선되었다. 이들의 성공은 하루아침에 만들어진 것이 아니다.

지난 대선에서 민주 진보 진영이 얻어야 할 교훈은 자신의 정체성과 가치를 훼손하는 '중도 필승론'이 아니라, 오히려 리더십의 중요성이다. 대통령은 시대정신과 유권자 구도만으로 도달할 수 있는 자리가 아니다. 야당은 앞으로 자신의 의지와 능력으로 현실을 돌파해 낼 능력을 갖춘 차기 지도자를 키워 내야만 다음 대선에서 정권 교체를 해낼 수 있다. 다시는 문재인과 안철수처럼, 대선 후보가 본인의 권력의지 없이 '불려 나오는' 모양새가 되어서는 안 된다. 본인이 적극적인 권력의지를 가지고 도전하고, 치열한 경쟁을 거쳐 살아남는 사람이 지도자가 되고 후보가 되어야 한다.

지난 대선의 승부처는 미흡한 단일화였다

지난 대선은 '문재인의 잘못'보다는 '박근혜의 힘'에 의해 승부가 결정되었고, 박근혜는 센 후보였다고 앞에서 말했다. 그렇다면 과연 지난 대선에서 야권은 질 수밖에 없었는가? 그렇지는 않다. 시대정신과 유권자 구도를 볼 때, 충분히 해볼 만한 선거였다. 그렇다면 승부처는 어디였던 걸까? 어디에서 지난 대선의 승부가 결정되었는가?

대선 직후 『중앙일보』가 실시한 유권자 패널 조사에 따르면 응답자의 50%가 박근혜의 승리 요인으로 '기대에 미흡한 야권 후보 단일화'를 뽑았다. 여론조사의 추이를 살펴보면, 2012년 11월 초만 해도 '여권 후보로 정권 연장이냐, 야권 후보로 정권 교체냐'를 물으면 '정권 교체'가 10%p 정도 높았다. 이는 1년 동안 계속되어 온 흐름이었다. 그런데 11월 말에는 '야권 후보' 선호도가 없어지고 여야가 대등해졌다. 11월에 무슨 일이 있었을까? 무엇이 이런 여론의 변화를 이끌었을까?

그것은 바로 단일화 과정이 국민들에게 실망을 줬으며 단일화 마무리도, 단일화 이후에도 국민들의 기대에 미치지 못했기 때문이다. 그 과정을 거치며 전반적인 판세가 12월로 넘어가면서 야권이 어려워진 것이다. 단일화가 제대로 이뤄지지 못해 시너지효과는 고사하고 문재인과 안철수 지지자들을 100% 통합해 내지도 못한 미흡한 단일화는 대선 패배의 결정적인 원인이 되고 말았다.

왜 미흡한 단일화가 결정적이었을까? 2002년과 비교해 보면 그 이유가 분명해진다. 2002년 4월 노무현이 민주당 대선 후보로 결정될 때 여론조사 지지도는 50%를 넘었다. 그중 많은 수가 하반기에 정몽준 지지로 바뀌었지만, 노무현으로 후보가 단일화되자마자 다시 노무현 지지로 바뀌었고, 시너지효과까지 나타나 노무현의 지지도가 급상승했다. 반면, 2012년 대선의 경우 야권 지지자의 다수는 1년 가까이 안철수를 지지했던 사람들이었다. 안철수 현상이, 문재인이 정치를 시작했던 것보다 앞섰던 것이다. 따라서 2012년 단일화가 '안철수의 눈물'로 끝나고, 문재인에 대한 안철수의 지원 활동도 기대에 못 미치자 시너지효과는 고사하고 지지자를 100% 통합해 내지 못했다. 게다가 시간도 부족했다. 안철수 지지자들이 문재인 지지로 바꾸기 위해서는 마음의 시간이 필요한데, 그 전에 대선이 끝나고 말았다.

무엇이 잘못되었을까? 대선 패배 후 그 책임은 고스란히 문재인에게 지워졌다. 그러나 2012년 대선 단일화 과정에서의 아쉬움은 안철수의 책임이 크다. 안철수는 대선을 불과 3개월 앞두고 출마 선언을 하면서, 전략적으로 '단일화 벼랑 끝 전략'을 취했다. 그리고 전략적으로 단일화를 계속 미뤘다. 늦추면 늦출수록 유리하다고 보았기 때문이었다. 이유는 두 가지다.

첫째, 박근혜와 문재인을 함께 '낡은 정치'로 공격하고 자신을 '새 정치'로 내세우기 위해서는 3자(박·문·안) 구도를 유지할 필요가 있었기 때문이다. 단일화 프레임에 들어가는 순간 '낡은 정치 대 새 정치'의 구도가 사라지는 만큼, 안철수는 가능한 한 단일화를 늦춰, 대선을

'낡은 체제 대 새로운 체제', '기득권 대 국민'의 프레임으로 끌고 가려 했다.

둘째, 단일화를 최대한 늦출수록 유리한 경선 방식이 가능하다고 전략적으로 판단했을 것이다. 여론조사 경선이면 이길 것으로 생각하고, 단일화를 최대한 늦춰서 현실적으로 여론조사 외에는 경선 방식이 불가능하도록 만들었던 것이다. 문제는 이런 '단일화 벼랑 끝 전략'이 기본적으로 단일화 자체를 어렵게 만들었고, 국민들에게 단일화의 효과를 감소시키는 치명적 결과를 가져왔다는 점이다.

또한 안철수가 출마를 선언한 이후 계속 주장한 '새 정치와 정치 혁신'은 대선의 전선을 흐트러뜨렸다. '정권 교체'라는 핵심 이슈에 집중해야 할 시점에 정치 혁신에 대한 주장은 결과적으로 야권의 승리를 저해했다. 더구나 안철수가 주장한 정치 혁신은 고작 의원 정수 축소와 같은 비본질적인 것에 불과했다.

야당 해체가 만든 2012년 대선 패배

안철수 현상을 복기하며 우리는 이런 질문을 해 볼 필요가 있다. 과연 안철수 현상의 본질이 안철수의 주장처럼 기존 정당에 대한 부정, 새 정치였는가? 안철수 현상에 물론 그런 측면이 없는 것은 아니지만, 내가 보기에 안철수 현상의 본질은 정권 교체에 대한 열망이었다. 그것은 안철수 현상의 기폭제가 무엇인지를 보면 알 수 있다.

2011년 9월, 안철수가 박원순에게 서울시장 후보를 양보하자 박근혜와의 양자 대결 여론조사에서 엇비슷한 지지율이 나왔다. 이것이

안철수 현상의 시작이었다. 안철수가 야권 단일 후보로 박근혜를 이
길 수 있는 조사 결과가 나온 것이 안철수 현상의 시작이었던 것이다.
즉, 안철수 현상에는 야권 후보 단일화가 전제되어 있었다. 안철수 현
상은 정권 교체를 통해 시대 교체를 이뤄 내고 싶은 염원이 만들어 낸
현상이었다.

그런데 왜 국민들은 정당 밖의 안철수를 야권 후보로 생각했을까?
그것은 직선제 이후 주요 선거마다 단일화가 논의되고 성사되었기에
이를 경험한 국민들에게 (당시) 한나라당 소속이 아니면 민주당이든
아니든 큰 차이가 없는 것으로 받아들여졌기 때문이다. 즉, 국민들에
게 야당은 민주당만을 의미하는 것이 아니라 한나라당을 제외한 모든
정치 세력이라는 넓은 의미의 정당이었던 것이다.

또한 당시에는 2040세대도, 친노 세력도 정당 밖에서 대안을 찾으
려는 분위기가 강했다. 이처럼 당시 야권 지지자들이 정당 밖의 안철
수를 지지한 것은 당시의 흐름과 결부되어 있었고, 또한 여론조사의
설문처럼 안철수가 자연스럽게 범야권 후보, 야권 단일 후보가 될 수
있으리라는 기대가 전제되어 있었다. 그런데 문제는 이렇게 범야권
후보로, 광의의 야당 후보로 받아들여진 안철수를 야당이 검증할 방
법이 전혀 없었다는 것이다. 당력을 모아 대통령 후보에 걸맞게 준비
시키지도 못했고, 검증 시스템을 작동해 주저앉히지도 못했다. 그저
1년 가까이 혹시나 하며 지켜보다가 출마 선언 후에는 그의 '반정치
의 정치' 행보를 받아들일 수밖에 없었다.

당시 민주당은 왜 그럴 수밖에 없었을까? 그리고 앞으로 이를 반복
하지 않을 방도는 없을까? 이것이 2012년 대선 평가의 핵심이다. 그
것은 단일화의 역사가 만들어 낸 역설이요, 야당이 끊임없이 스스로

를 해체해 온 과정이 자신에게 보복한 것이다. 그동안 야당은 얼마나 스스로를 무시하고, 분당하고 탈당하고 당을 깨 왔던가? 사실 그동안 야당이 정당 개혁이라는 명분으로 도입한 대부분의 제도는 당의 중심성과 리더십을 해체하고, 정당을 약화시키는 제도 개혁이었다. 야당의 리더십 해체는 결국 야권 후보 단일화 과정에서의 리더십 부재를 낳았다.

2012년 대선을 통해 야당이 배울 것은 반정치 콤플렉스의 극복, 정당의 중심성과 리더십 강화, 정당을 통한 책임정치의 강화이다. 야당이 자신을 사랑하고 믿지 않으면 그 누구도 야당을 믿고 사랑하지 않는다. 항상 당 밖을 기웃거리는 버릇은 버려야 한다. 야당의 아이러니는 언제나 당 혁신을 부르짖고 새 정치를 강조하며, 탈당과 분당, 그리고 합당을 반복하지만 정작 국회의원의 면면을 보면 오히려 새누리당보다 더 오래되고 변화가 부족하다는 것이다. 야당은 2004년 탄핵역풍으로 국회의원이 된 이른바 '탄돌이'들이 여전히 당의 중심이 되고 있다. 반면에 새누리당은 오히려 국회의원들의 물갈이가 잘 이뤄져 왔다. 그야말로 야당의 아이러니다.

왜 그런 일이 벌어졌을까? 그동안 야당은 리더십이 없는 정당, 주인이 없는 정당이었기에 물갈이가 불가능했고 오로지 계파 간 나눠먹기로 정당이 운영되어 왔기 때문이다. 반면, 새누리당은 이회창에서 박근혜로, 박근혜에서 이명박으로, 다시 박근혜로 이어지는 리더십이 분명했고, 따라서 리더십을 가지고 정당을 운영할 수 있었으며, 그 결과 국회의원 물갈이가 가능했다.

이처럼 정당의 리더십은 책임지고 물러난다고 생기는 것이 아니며, 해체한다고 생기는 것도 아니다. 야당은 그동안 반정치 콤플렉스에 근거한 정당 해체 과정을 반복해 왔고, 그로 인해 리더십이 부재해지면서, 오히려 더 오래된 정치인들이 많은 정당이 되고 말았다. 2012년 대선 패배는 유권자 구도 때문이 아니었다. 리더십이 승부를 갈랐다. 야당을 좋은 정당, 강한 정당으로 재건하지 않고서는 정권 교체가 불가능하다. 야당의 강한 리더십 없이는 정권 교체는 불가능하다. 결국 반정치 콤플렉스의 극복이 관건이다.

야당의 귀환
정치의 귀환

제　4　부

| 12 |

김대중 모델의 귀환,
야당의 귀환

20년 전 김대중은 어떻게 정권 교체를 이루었는가?

야당이 궤멸의 위기에 빠져 있다. 위기의 원인은 야당 분열이다. 여당과 1 대 1로 대결해도 만만치 않은데, 야당이 분열되었으니 필패한다는 위기의식이 팽배하다. 패배감은 지지자들의 정치적 무관심을 낳고 실제로도 패배하게 만드는 원인이 된다. 과연 야당이 이런 절체절명의 위기 상황을 극복해 낼 수 있을까? 제4부에서는 그에 대해 검토해 보자.

2016년 정치권 여기저기서 김대중이 호명되고 있다. 민주당의 분당과 국민의당의 등장으로 호남의 민주당 독점 체제가 붕괴되면서, 호남 유권자들이 어느 정당을 선택할 것인지의 문제가 부각되었기 때문이다. 야당 분열을 두고, 누구는 1988년 제13대 총선에서 김대중과 김영삼의 분열을 떠올리고, 누구는 1996년 제15대 총선에서 김대중의 국민회의와 이기택의 '꼬마 민주당'의 분열을 떠올리고, 누구는 2004년 제17대 총선에서 노무현의 열린우리당과 조순형의 '잔류 민주당'의 분열을 떠올린다. 안철수와 김한길은 자신들의 탈당과 신당 창당을 1995년 김대중의 국민회의 창당과 같은 전략으로 생각하는 듯 보인다. 당시 호남을 기반으로 한 김대중의 국민회의가 이기택의 '꼬마 민주당'에 승리했듯이 안철수 신당이 호남을 기반으로 해 승리하리라 생각하는 것 같다.

한국의 정치 일정은 4년마다 치러지는 총선과 지방선거, 5년마다 치러지는 대선으로 인해 20년의 주기를 갖게 되는데, 2016년 4월 총선과 2017년 12월 대선의 주기는 1996년 4월 총선과 1997년 12월 대선의 주기와 같다. 재밌는 점은 20년 만의 정치적 주기에 비슷한 정치적 상황이 벌어지고 있다는 것이다. 그것이 1996년과 1997년의 상황에 대해 우리가 좀 더 관심을 갖도록 만든다.

야당의 위기 상황은 20년 전인 1996년 제15대 총선 때와 비슷하다. 당시에도 야당은 분열되어 있었고, 결국 총선에서 패배했다. 당시 여당인 신한국당은 야권 분열로 인해 선거 사상 처음으로 서울에서 과반수를 얻는 등 이례적인 강세를 보였고, 비록 전체 의석 과반에는 못 미쳤지만 당초 예상보다 선전하여 안정적인 국정 운영을 할 수 있는 기반을 마련했다. 총선 결과는 신한국당 140석, 국민회의 79석, 자민련 49석, 무소속 16석, 민주당 15석이었다.

1996년 4월 제15대 총선이 끝났을 때, 1년 후인 1997년 12월에 치러질 제15대 대선에서 김대중이 당선될 것으로 예상한 사람은 아무도 없었다. 그도 그럴 것이 국민회의는 당초 목표 의석에 크게 못 미쳤고 중진 의원들도 대거 낙선한 데다 김대중마저 전국구(비례대표)에서 낙선해 정치적으로 타격을 입은 상황이었다. 또 다른 야당인 '꼬마 민주당'은 원내교섭단체 구성에도 실패하고 당의 존립 기반마저 위협받는 처지였다. 그런데 어떻게 김대중은 1996년 총선 패배를 딛고 1997년 대선에서 역사적인 첫 번째 수평적 정권 교체를 이뤄 낼 수 있었을까?

더구나 1997년 김대중의 대통령 당선은 민주 진영이 정권 교체를 이룬 유일한 경험이다. 2012년 대선의 경험은 여당으로서 정권 재창출과 야당으로서 정권 교체는 완전히 다르다는 것을 보여 줬다. 특히 권력을 사유물처럼 함부로 사용하는 한국의 보수 정권을 상대로 정권 교체를 이루는 것은 보통 어려운 일이 아니었다. 보수 정권을 상대로 한 정권 교체, 그것도 1년 전 총선 패배를 딛고 이룬 첫 번째 수평적 정권 교체, 그것이 어떻게 가능했을까?

돌이켜보면 외부 요인의 영향이 컸다. 김대중에게 유리한 초대형 이슈들이 연이어 터졌다. 1997년 대선은 되돌아보면 하늘이 김대중을 대통령으로 만들어 주겠다고 작정하고 도와준 선거 같았다. 당시 이회창 측의 모 인사는 이렇게 말했다고 한다. "이회창 후보가 대통령에 당선되지 못한 데는 1백 가지 이유가 있다. 그런데 만일 그중에 단 한 가지라도 없었다면 이회창 후보가 당선될 수 있었다."

첫째 유리한 외부 요인은 여당 경선에 불복한 이인제가 탈당해 '국민 신당'을 창당하고 출마한 것이었다. 이인제는 대선에서 19.2%를 득표해, 고작 1.53%p 차이로 신승한 김대중의 대통령 당선에 혁혁한 공을 세웠다.

둘째, 김영삼 대통령이 여당 후보인 이회창을 적극적으로 밀지 않았다는 점이다. 이회창이 민정계(TK)를 등에 업고 김영삼을 맹공했기 때문이다. 대구 유세장에서는 김영삼 인형을 화형식하는 일까지 벌어졌다. 이회창은 김영삼과의 차별화를 위해 김영삼이 만든 신한국당을 없애고 조순과 함께 한나라당을 창당했다. 보수 진영의 분열은 김영삼 대통령이 전두환·노태우 전 대통령을 구속한 데서 비롯되었다. 이것이 PK(김영삼)에 대한 TK(전두환·노태우)의 민심 이반을 가져왔고, 이회창은 TK와 결합하면서 김영삼과의 차별화에 나섰던 것이다. 이는 한마디로 보수의 분열이었고, 이인제 탈당의 기반이 되었다.

셋째, 한국전쟁 이후 최대의 국가 위기라고 일컬어지는 IMF 외환위기가 발생한 것이다. 미국에서 흑인이 대통령에 당선되는 것은 한국에서 호남 대통령이 당선되는 것보다 어려운 일인데, 2008년 오바마가 당선되었다. 금융 위기 발생 직후였다. 김대중도, 오바마도 선거 직전에 전대미문의 경제 위기가 발생한 것이 당선에 결정적으로 기여했다.

넷째, 이회창 후보 아들 병역 문제라는 초대형 스캔들이 터진 것이다. 이것은 이회창의 지지율을 낮추는 데 큰 기여를 했다. 후보 개인과 관련된 대선 이슈 중 이렇게 강력한 이슈는 이전에도 이후에도 없었다.

다섯째, 이회창이 역대 보수 진영 후보 가운데 가장 약한 후보였다는 점이다. 이회창은 영남 출신이 아니었다. 한국 정치에서 지역 구도를 만들어 낸 박정희 시대 이후 보수 진영 대선 후보가 영남 출신이 아니었던 적은 이회창이 유일하다. 그리고 대선에서 패배한 보수 진영 후보도 이회창이 유일하다. 민주 정부 10년을 가능케 한 가장 결정적인 기여자는 다름 아닌 상대 후보 이회창이었다.

이렇게 큼직큼직한 대선 호재들이 많았음에도 불구하고 김대중은 고작 1.53%p 차이로 힘겹게 승리했다. 생각해 보면, 만일 이런 대선 호재 가운데 단 하나만이라도 2012년에 재현되었더라면 문재인은 이겼을 것이다. 더구나 상대는 역대 보수 진영 대선 후보 중 가장 센 후보인 박근혜였다. 그런 박근혜를 상대로 온갖 대선 공작을 뚫고 문재인이 48%를 득표해, 고작 3.6%p 차이로 석패한 것은 놀라운 일이다. 그만큼 유권자 구도와 시대정신이 1997년에 비해서 민주 진영에 훨씬 유리했던 것이다.

그렇다면 1997년에는 그저 운이 좋아서 외부 요인에 의해 김대중이 당선되었는가? 물론 그렇지 않다. 내가 강조하고 싶은 점이 바로 이것이다. 위에서 언급한 다섯 가지 외부적 요인은 주체적 역량이 제대로 갖춰져 있었기 때문에 김대중의 당선으로 이어질 수 있었다. 그것은 마키아벨리의 표현을 빌어, 비르투가 갖춰져 있었기 때문에 포르투나는 승리로 이어질 수 있었던 것이다.

나는 제13장에서 포르투나와 비르투에 대해, 특히 비르투의 실제적 의미에 대해 자세히 살펴볼 것이다. 마키아벨리가 『군주론』에서 비르투의 사례로 든 것은 군대였다. 용병이 아니라 자국 민중에 의해 조직된 군대였다. 그람시(Antonio Gramsci)는 '현대의 군주'란 정당이라고 했다. 그렇다면 '현대의 군주'인 정당에게 비르투란 무엇일까? 그것은 당원이요, 열혈 지지자이다.

1997년 대선에서 여러 가지 포르투나, 즉 외부적 요인이 있었지만 그것만으로 김대중이 승리한 것은 아니었다. 김대중에게는 비르투가 있었다. 1997년 김대중이 대통령이 될 수 있었던 것은 주체적 역량이 뛰어났기 때문이다. 당원과 열혈 지지자들, 호남 유권자들, 민주주의를 염원하는 유권자들의 간절함이 있어 이들이 야당의 군대가 되었다. 당내에는 좋은 인적 자원이 있었고, 당이 단결되어 있어서 대선 정국을 능동적으로 잘 헤쳐 나갈 수 있었다. 그랬기에 김종필과의 DJP 연대도 성사시킬 수 있었다. 무엇보다 김대중 자신의 권력의지도 투철했다. 이처럼 비르투가 있었기에 김대중은 승리할 수 있었다. 외부 요인만으로 승리한 것이 아니다.

돌이켜보면 2012년 대선도 1997년 대선만큼이나 외부 요인은 좋았다. 물론 앞에서 내가 언급한 1997년 대선의 다섯 가지 외부 요인처럼 좋은 호재가 있지는 않았지만 그 다섯 가지를 모두 합쳐 놓은 정도의 외부 요인이 있었다. 그것은 바로 시대정신과 유권자 구도였다. 2012년 대선은 1997년 대선과는 비교할 수도 없을 만큼 시대정신이 진보에 유리했고, 세대 구도의 등장으로 인해 유권자 구도도 좋아졌다. 그런데 왜 졌을까? 그 이유는 분명하다. 비르투가 없어서 졌다. 새누리당은 북방한계선 공세나 종북 프레임 등 흑색선전까지 미리 준비한 전략에 따라 선거를 이끌어 간 데 비해, 민주당은 공을 쫓아 우르르 몰려가는 동네 축구 같은 선거를 치렀기 때문에 진 것이다. 나는 2012년에 그랬던 것처럼 2017년에도 야당으로 정권 교체를 이루려면 비르투, 즉 주체적 역량이 반드시 필요하다고 생각한다.

한 가지 덧붙이자면 1996년 총선에서 국민회의를 이끈 김대중은 대거 물갈이를 단행해 신진 인사로 당을 전면 쇄신했다는 점이다. 당시 영입된 국회의원은 지금 봐도 쟁쟁하다. 김근태, 정동영, 천정배, 신기남, 정세균, 추미애, 김영환, 김한길, 류선호, 정동채, 김민석 등이후 당을 이끌었던 사람들이다. 당의 면면을 혁신하는 것은 정권 교체를 이룰 수 있느냐를 가름하는 중요한 사안이다.

안철수와 김한길은 2016년 자신들의 탈당과 신당 창당을 1995년 김대중의 국민회의 창당과 같다고 생각하는 듯 보인다. 당시 총선에서 호남을 기반으로 한 김대중의 국민회의가 이기택의 '꼬마 민주당'에 승리했듯이 안철수 신당이 호남을 기반으로 하여 승리하리라 생각하는 것 같다. 그러나 그것은 시대착오다. 지금 민주 진영의 최대 기반은 호남보다도 20대에서 50대 초반까지의 세대다.

또한 시대착오일 뿐만 아니라 김대중을 욕되게 하는 일이다. 김대중이 야당 대표였던 시절, 민주 진보 세력의 최대 기반은 호남이었는데, 이기택 등은 호남 필패론, 김대중 필패론을 주장하며 김대중의 정계 복귀 반대, 퇴진론을 주장했다. 김대중은 그것을 돌파해 내기 위해 국민회의를 창당한 것이다. 앞서 이미 강조했듯이, 지금 민주 진보 세력의 가장 큰 힘은 노무현을 기억하는 사람들이다. 공격을 받는다고 호남이나 노무현 지지자들을 멀리해야 더 큰 지지를 받을 것이라 생각한다면, 한참 잘못된 생각이다.

더구나 1996년 총선 때는 보수도 김영삼의 신한국당과 김종필의 자민련으로 분열되어서 4당 체제로 선거가 치러졌다. 반면 2016년에는 야권만 분열되어 있다. 따라서 선거 연대가 없다면 야당은 필패할 수밖에 없는 구도이며, 그것을 벗어나는 길은 야권 지지자들에 의한 야당 단일화, 즉 '선택과 집중'에 의한 전략적 몰아주기 투표밖에 없다. 그러지 못하면 결국 야당 간 골육상쟁(骨肉相爭)의 비극을 피할 수 없게 될 것이다.

'어게인 2002, 노무현 모델'이 불가능한 이유

2012년 대선 당시 많은 언론 보도와 야권 전략가들이 '어게인 2002'를 염두에 두고 있었다. 2002년 대선에서 노무현의 극적인 당선은 빛나는 성공 모델이었고, 이후 민주 진영의 전략가를 자처하는 사람들의 전략이란 기실 모두 '어게인 2002'인 경우가 많았다. 그러나 2012년은 2002년과 달랐다. 아마 2017년은 2002년과 더 달라질 것이다. '어게인 2002' 모델은 작동되기 어렵다. 무엇이 다른가?

첫째, 2002년에는 이인제 대세론이 형성되어 있던 경선 국면을 노무현이 바람을 일으키며 역전 드라마를 연출한 반면, 2012년에는 경선 시작 이전부터 문재인 대세론이 형성되어 있었고, 이것이 뒤집어지지 않았다. 그런데 언제나 새로운 사람이 대선 후보 경선에서 역전 드라마로 당선되어야만 하는가? 역대 대선에서 그렇게 대통령이 된 사람이 얼마나 있었는가? 사실 노무현 외에는 없었다. '어게인 2002'에 매몰되어, '새로운 인물', '새로운 바람'이라는 고정관념에 빠지면, 대선을 철저히 준비하지 못하고 또 다시 2012년처럼 동네 축구 하듯이 치를 수밖에 없다. 그런데 그것은 2012년 대선에서 보듯이 치명적으로 위험하다.

둘째, 2002년에는 민주당이 민주 진영의 중심 세력이었던 데 반해 2012년에는 그렇지 못했다는 점이다. 그로 인해 후보 단일화 국면에서 주도권을 발휘하지 못했고, 단일화 이후에도 효과가 반감되었다. 흔히 2002년 대선 당시 노무현이 민주당과 무관하게 당선된 것으로 간주된다. 당시 민주당은 후보단일화협의회를 중심으로 노무현을 흔들었고, 민주당 밖의 개혁당과 시민 세력이 노무현을 대통령에 당선시켰다는 것이다. 물론 그런 점이 없는 것은 아니지만, 2012년 대선을 치른 후 되돌아보면, 2002년에는 민주당이 민주 진영의 중심으로 확고히 자리 잡고 있었기에 노무현이 당선될 수 있었다고 볼 수 있다.

민주당의 중심성이 없으면 막판 후보 단일화도 그 효과가 떨어진다는 것을 2012년 대선은 보여 줬다. 유력 대선 주자가 민주당 밖에서 등장하고, 민주당 밖에서 경선 없이 야권 단일 후보가 되려고 할 때의 어려움을 보여 준 것이다. 그것은 현실적으로 정권 교체의 실패로 나타났다.

셋째, '새 정치' 대 '낡은 정치' 프레임의 파괴력의 차이였다. 2002년 대선과 2004년 총선에서 진보 진영의 무기였던 '새 정치'는 이명박 정부 이후에는 보수 진영의 무기가 되어 버렸다. 반정치 전략은 대개 여당의 전략이었다. "정치가 대통령의 국정을 발목 잡아요. 야당을 혼내 주세요."라는 논리가 '새 정치'와 결합되는 경우도 많았고, "국정을 발목 잡는 야당을 심판하자."는 주장이 '새 정치'로 포장되는 경우도 많았다. 따라서 반정치의 전략은 야당의 전략이 되기 쉽지 않고, 여당의 전략에 더 가깝다. 2002년 대선과 2004년 총선에서 진보 진영이 썼던 '새 정치'의 전략은 여당이었기에 가능했다.

넷째, 가장 결정적인 차이점은 민주당이 2002년에는 여당이었지만, 2012년에는 야당이었다는 점이다. 그것이 결정적인 이유는 무엇보다 2002년에는 국정원 대선 공작이 없었다는 것이다. 언론 환경도 2012년에는 매우 불리했다. 물론 2002년에도 보수 신문은 노무현에게 적대적이었지만, 2012년에 비하면 아무 것도 아니었다.

2012년 대선에서 대선 공작은 심각한 수준이었다. 국정원이 '김정일 국방위원장에게 서해 북방한계선을 헌상한 노무현과 그 무리'로 낙인찍을 목적으로 대화록을 발췌·변조·유출하자, 새누리당이 정치 공세를 가했고, 언론은 대대적으로 보도했으며, 이들의 삼박자 합동 작전의 효과는 매우 컸다. 선거는 북방한계선을 포기했는가 안 했는가, 종북인가 아닌가 따위의, 야권에 불리한 구도로 진행되었으며, 문재인 후보는 '북방한계선을 포기한 대통령의 비서실장'이라는 사람들의 선입관에서 자유롭지 못했다.

2002년 대선에서 노무현이 당선된 드라마는 많은 이들을 감동시켰다. 주목받지 않던 후보가 당내 경선에서 이변을 만들어 내고, 선거 운동 직전에 막판 단일화가 성공했던 것 등은 이후 대선 때마다 '어게인 2002'를 시도하게 했다. 그러나 2012년의 경험을 돌아보면 2002년 모델은 여당일 때나 가능한 것이다. 야당으로 정권 교체를 이루려고 할 때, 그리고 무엇보다 상상을 초월하는 정보기관과 언론의 대선 공작이 만연할 때, 2002년 모델은 불가능하다. 2002년 모델은 대선 공작에 취약하다. 감동적인 드라마를 만들려고 할 때, 정보기관과 여당, 그리고 언론이 집중적으로 대선 공작을 해 버리면 감동적인 드라마는 불가능해진다. 2002년과 같은 드라마는 정보기관의 대선 공작이 없을 때나 가능한 모델이다. 야당이 이런 대선 공작을 뚫어내고 정권 교체를 이루려면 다른 방식을 생각해야 한다. 그것은 야당을 강화하고, 정권 교체를 바라는 지지자들의 간절함과 철저히 결합하는 것 외에는 방법이 없다.

2002년 모델은 야당이 정권 교체를 이루는 모델이 아니다. 그것은 여당이 정권 재창출을 해내는 모델이다. 야당이 정권 교체를 하려면 야당을 강화하고 지지자들과 긴밀히 결합하는 방법 외에는 없다. 우리 현실에서 그것은 김대중 모델과 박근혜 모델이 있었을 뿐이다. 특히 민주 세력에게는 김대중 모델이 유일하다.

낯선 선거에서 중도표의 향기가 난다?

2014년 지방선거 이후, 지방선거에서 야당의 선전은 야당이 사라진 선거 전략의 승리이며, 이것이 야당의 미래라는 주장이 있었다. 이런 주장을 하는 자칭 전략가들은 야당의 미래가 2010년 지방선거처럼 진보적 정책과 이슈를 두고 격돌하는 선거 방식이 아니라 2014년 지방선거처럼 진보적인 정책도 이슈도 사라진 선거에 있다고들 했다.

대표적인 예가 『시사인』 2014년 6월 10일자 "어떤 실험"이라는 제목의 커버스토리였는데, 이 기사에서 『시사인』은 2014년 지방선거에서 몇몇 야권 후보의 캠페인은 이전과 무척 달랐다면서 2010년 지방선거가 무상 급식 이슈로 지지층을 모으는 '결집형'이었다면, 2014년 지방선거는 전선을 뭉개고 저공비행하듯 다가가는 '침투형'이었다고 평가했다. 이 기사는 이러한 새로운 야권의 선거 전략이 "집토끼의 이탈 없이, 중도 표를 잡을 수 있는 아주 도발적인 선거 실험"이었다고 높이 평가하며, 앞으로 야당의 미래는 쟁점과 이슈가 부각되었던 2010년 지방선거 방식이 아니라 이슈도, 쟁점도, 심지어는 야당도 사라진 2014년 지방선거 방식이라고 지적했다.

나는 생각이 다르다. 정치에서 정당이 사라지고 개인의 이미지나 인기에만 좌지우지되는 순간 정치는 개인화되고 민주주의는 후퇴한다. 6·4 지방선거에서 야당 소속 현역 단체장들이 승리한 것은 야당을 없애 버린 선거 전략, 진보적인 정책도 이슈도 없애 버린 선거 전략의 승리가 아니다. 그것은 세월호 참사에 따른 야권 후보의 이득과 현역 프리미엄의 영향일 뿐이다.

2014년 지방선거에 임하는 야당의 전략은 한마디로 '무위(無爲)의 전략'이요, 무(無)전략의 전략이었다. 야당은 '조용한 선거'라는 이름으로 정당이 사라진 선거를 치렀다. 박원순(서울), 안희정(충남), 최문순(강원)처럼 인물들의 개인 역량에 기댔을 뿐, 야당은 없었다. '강한 후보'가 '약한 정당'을 뒤로 숨기고 선거를 치렀다. 야당을 무력화시키려는 선거 전략 치고는 그래도 그나마 참패를 모면한 것은 현역 단체장들이 야당 소속이라는 것과 더불어 선거 전에 일어난 세월호 참사 때문이었다.

선거 준비 단계를 생각해 보자. 대선 이후 안철수는 신당 창당을 추진했다가 지방선거를 앞두고 전격적으로 민주당과 합당했다. 합당 후에는 기초 선거 무공천을 밀어붙였으나 당원들과 국민들의 여론에 밀려 결국 철회하고 말았다. 만일 안철수 신당이 창당되어 야권이 분열되었거나 기초 선거 무공천이 끝까지 관철되었다면 야당은 지방선거에서 참패했을 것이다.

지방선거가 두 달도 남지 않은 4월 16일 세월호 사건이 발생했고, 지방선거는 이 사건의 영향하에 치러졌다. 그러나 막상 선거 결과는 예상과 많이 달랐다. 세월호 참사가 지방선거를 집어삼킬 것처럼 보였는데, 막상 지나고 보니 거리로 쏟아져 나온 세월호 사고에 대한 분노를 오히려 지방선거가 집어삼킨 꼴이 되고 말았다. 민주주의에서 선거는 중요한 사회 갈등이나 사안을 공공 의제로 만들어야 하는데, 2014년 지방선거는 그렇지 못했다. 오히려 중요한 의제를 없애 버리는 선거였다. 이는 당시 야당 지도부, 즉 김한길과 안철수가 복지를 비롯한 진보적 의제에 동의하지 않았기 때문이다.

야당이라면 세월호 사건처럼 큰 국가적 재난이 닥쳤을 때, 유가족과 국민의 편에 서서 정부의 무능과 거짓을 질타하고 진실 규명에 앞장서야 했다. 그러나 당시 야당은 문제 해결에 도움이 되기는커녕, 존재감조차 보여 주지 못했다. 제대로 된 전술이 없었던 것도 문제지만, 이슈가 터질 때마다 몸을 낮추고 제 목소리를 내지 않았던 모습은 야당의 행보로는 적절하지 않았다. '박근혜의 눈물' 마케팅이 보수 결집에 상당한 역할을 한 것은 야당이 아무것도 하지 않았기 때문이다.

결론적으로 말하자면, 2014년 지방선거의 이른바 '낯선 선거 모델'은 현역 프리미엄이 없는 경우 가능하지 않은 모델이다. 야당이 권력 교체를 위해 택할 수 있는 모델은 결코 아니다.

새누리당은 야당 10년 동안 어떻게 단련되었는가?

나는 지금 야당이 정권 교체를 이뤄 내기 위해서는 새누리당이 과거 야당 시절이었던 10년을 어떻게 보냈는지 배워야 한다고 생각한다. 새누리당이 야당 시절 계속되었던 위기, 특히 탈당과 분열의 위기를 어떻게 극복했고, 그를 통해 지금처럼 보수의 중심으로 확고히 섰는지 벤치마킹해야 한다고 생각한다. 새누리당은 어떻게 야당 10년 동안 단련되었을까? 그리고 어떻게 지금처럼 강한 정당이 되었을까? 그 비밀은 세 번의 분당 위기에 숨어 있다. 그것은 1997년과 2000년, 그리고 2002년에 있었다.

첫 번째 위기는 1997년 대선 때 발생했다. 1997년 12월 대선을 앞두고 경선에 불복한 이인제가 탈당해 '국민신당'을 창당하고 대통령 후보에 출마했다. 이인제는 그해 대선에서 19.2%를 득표했는데, 특히 부산(30%), 경남(31%), 강원(31%), 충북(29%)에서 높은 득표를 했다. 이인제의 득표는 고작 1.53%포인트 차이로 신승한 김대중의 대통령 당선에 혁혁한 공을 세웠다. 당시 보수 진영 유권자들에게 이인제의 탈당과 출마로 인한 김대중 대통령의 당선이 얼마나 견디기 힘든 일이었는지는 지금 생각해도 이해가 될 만하지만, 그것은 이후 새누리당에 비슷한 분당의 상황이 발생했을 때마다 지지자들로 하여금 다른 데 눈 돌리지 않고 압도적으로 새누리당을 지지하게 만든 원동력이 되었다.

반면, 2003년 민주당 분당과 열린우리당 창당의 성공은 이후 야당이 위기에 처할 때마다 탈당과 분당을 거듭하는 재앙으로 작용했다. 그리고 더 비극적인 것은 이후에도 반복되었던 탈당과 분당의 주역이 다름 아닌 열린우리당 창당의 주역들(정동영, 천정배, 김한길)이었다는 점이다.

두 번째 위기는 2000년 총선 때 다시 발생했다. 그것은 민주국민당의 창당이었다. 당시 한나라당 총재인 이회창은 공천에서 당내 중진들을 대거 탈락시켰다. 조순, 김윤환, 이기택, 이수성, 김광일, 신상우 등 그야말로 쟁쟁했던 중진들은 공천에서 탈락하자 탈당해 민주국민당을 창당했다. 당시로서는 오히려 민주국민당이 영남에서 더 큰 지지를 받는 것처럼 보였다. 왜냐면 김윤환, 이기택, 이수성, 김광일, 신상우 등 민주국민당의 인물들은 모두 영남의 큰 별들이었던 반면, 이회창은 영남 출신이 아니었기 때문이다. 그러나 기대와 달리 민주국민당은 지역구 1명, 비례대표 1명을 당선시키는 데 그치고 말았다.

세 번째, 한나라당(현 새누리당)이 보수의 중심으로 확고하게 자리 잡았음을 최종적으로 보여 준 사건은 2002년 지방선거 때 일어났다. 지금은 완전히 잊힌 사건이지만 당시 한나라당에 반기를 들고 보수 분열을 기도한 정치 지도자는 다름 아닌 박근혜였다. 2002년 지방선거를 앞두고 박근혜는 이회창을 '제왕적 총재'라고 비판하면서 탈당해 박근혜 신당인 '한국미래연합'을 창당했던 것이다.

한국 보수의 원류인 박정희의 딸로서 전국적 지명도를 가진 박근혜가 만든 신당 '한국미래연합'은 당시 지방선거에서 성과를 거둘 것으로 전망되었다. 하지만 '박근혜 신당'의 결과는 보잘 것 없었다. 광역·기초단체장, 지역구 광역·기초의원을 단 한 명도 당선시키지 못했다. 비례대표 광역의원 2명(대구와 경북 각 1명)만을 당선시켰는데, 정당투표 득표율도 대구 8.25%(한나라당 76.23%), 경북 5.46%(한나라당 74.9%)에 불과했다. 그 외 지역에서는 '한국미래연합'이 있는지도 몰랐다.

결국 박근혜는 그해 대선을 앞둔 11월에 한나라당에 복당하여 이회창 후보 선거운동에 참여한다. 이런 뼈아픈 실패의 경험이 있었기에 박근혜는 2007년 대선 후보 경선 패배 이후에도 탈당하지 않았고 한나라당 내 야당으로 남아 있었다. 자신은 한나라당에 있으면서 자신을 추종하는 세력들이 한나라당 밖에서 '친박연대'라는 정당을 만드는, 세계 정당사에 보기 드문 기이한 상황을 연출하면서도 한나라당을 탈당하지 않았던 것이다.

세 차례 위기 극복 과정을 거치면서 군사독재의 시녀에 불과했던, 부끄럽고 형편없는 역사를 가진 새누리당이 지금은 보수의 중심으로 확고히 섰다. 이런 보수정당의 힘이 있었기에 2007년 이명박 당선도,

2012년 박근혜 당선도 가능했다. 생각해 보면 지금의 새누리당이 강해진 것은 야당 10년을 제대로 보냈기 때문이다. 그 결과 새누리당은 리더십, 제도, 문화, 조직력 등에서 야당보다 훨씬 더 발전된 정당을 만들어 냈다. 무엇보다 새누리당은 서러운 야당 생활 10년 동안 두 가지를 만들어 냈다. 새누리당이라는, 보수 세력의 중심이 되는 강고한 정당을 만들어 냈고, 이명박과 박근혜라는 두 명의 지도자를 만들어 냈다.

민주당도 야당 생활 10년을 향해 가고 있다. 그런데 과연 새누리당이 야당 생활 10년 동안 만들어 낸 두 가지를 만들어 내고 있는지 자문해 봐야 한다. 민주당은 민주 진보 세력을 확고히 대변하는 정당이 되고 있는가? 향후 정권 교체를 이뤄 내고 새로운 민주 정부를 책임질 지도자들을 키워 내고 있는가?

2012년 대선 당시 야당의 양대 대선주자였던 문재인과 안철수는 모두 자신의 롤 모델이 프랭클린 루스벨트 대통령이라고 밝혔다. 세계 대공황과 제2차 세계대전이라는 전대미문의 국가적 위기를 극복했던 미국사(史) 유일의 4선 대통령, 프랭클린 루스벨트를 연구한 대부분의 학자들은 그의 성공 비결이 '정치'라고 결론을 내린다. 루스벨트는 정치를 피하지 않았고, 청산하거나 극복해야 할 대상으로 보지 않았으며, 적극적으로 정치를 활용했고, 정치를 통해 미국과 세계를 변화시켰다. 미국의 역사학자 조지 맥짐시(George McJimsey)는 "루스벨트가 대통령이라는 지도자로서 이룬 성과를 들여다보면, 그 핵심에는 '권력에 대한 이해'가 있다"며, "루스벨트는 권력이 민주주의의 정치 문화에서 어떻게 작동할 수 있는지에 대해 속속들이 이해했다."고 지적했다(맥짐시 2010).

그런데 아이러니하게도 지난 2012년 대선 당시 문재인과 안철수가 야권의 양대 대선 주자가 될 수 있었던 것은 두 사람 모두 비정치적인 이미지 때문이었다. 그런데 더욱 재밌는 것은 지금 두 사람은 모두 정당 지도자의 길을 가고 있다. 야당 후보로서 정권 교체를 이뤄내기 위해서는 정당을 기반으로 할 수밖에 없고, 결국 야당 지도자의 길만이 정권 교체의 길임을 두 사람은 자연스럽게 체득한 것일까?

나는 다시 한 번 강조한다. 야당이 정권 교체로 나아가기 위해 믿을 것은 정당을 강화하고, 정당 일체감을 갖는 유권자를 늘려 가는 것밖에 길이 없다. 새누리당과 보수 세력이 서러운 야당 생활 10년 동안 온갖 위기를 겪으면서도 자신의 정당을 중심으로 단결하고, 정당 일체감을 갖는 유권자들을 늘려 온 것을 민주당은 배워야 한다. 그 힘든 과정 없이 정권 교체는 불가능하다. 얄팍한 여론 정치로 정권 교체는 어림도 없는 일이다.

| 13 |

마키아벨리에게 진보 집권을 묻다

지금 야당은 경멸의 대상이다

지금 야당의 가장 큰 문제는 '경멸의 대상'이라는 점이다. 언론과 여당뿐만 아니라 소속 국회의원으로부터도 경멸당하고 있다. 소속 국회의원과 당대표까지 당을 경멸함으로써 자신의 정치적 입지를 키우는 상황, 그것이 바로 야당이 처한 문제의 핵심이다. 당내 민주화도 좋고 자율성 강화도 좋지만 정당은 지도자에 대한 복종과 최소한의 기율이 없으면 제대로 유지되기 어렵다는 것을 야당은 보여 주고 있다. 무엇보다 야당이 경멸의 대상이 되는 가장 큰 이유는 걸핏하면 탈당해서 신당을 만들고 상황이 여의치 않으면 다시 합당을 해 온 역사 때문이다.

영화 〈명량〉을 보면, 전투 전날 불리해 보이는 상황에서 제 목숨 건

지겠다고 병영에서 도주하던 병사가 잡히자 이순신은 친히 그의 목을 친다. 군이든 정당이든 조직의 기율이 살아 있어야 승리할 수 있다. 그런데도 민주당이 위기에 처할 때마다 기다렸다는 듯이 제시되는 해법은 '해체 수준으로 혁신해야 미래가 있다'는 식의, 오히려 야당을 더 경멸의 대상으로 몰아넣는 것이었다. 나는 오히려 지금으로부터 5백 년 전에 쓰인 마키아벨리의 『군주론』이 지금 야당 위기의 본질을 가장 정확히 분석해 내고 있다고 생각한다.

2013년은 『군주론』 5백 주년의 해였다. 그래서 그 전후로 관련된 책도 많이 출판되었고 학술 발표, 언론 보도도 많았다. 나는 그들처럼 마키아벨리를 전공한 학자는 아니다. 그렇지만 『군주론』을 여러 차례 읽으면서 그 속에 지금 야당의 문제점을 극복하는 길이 있다고 생각하게 되었다.

『군주론』에서 마키아벨리는 군주가 무엇보다 경계해야 하는 것은 경멸의 대상이 되는 것이라고 여러 차례 강조한다. 그것은 군주가 귀족 또는 민중으로부터 경멸을 받게 되면 권력의 기반이 붕괴되고, 결국 반란의 원인이 되어 권력을 잃게 되기 때문이다(마키아벨리 2014, 283). 그는 군주가 경멸의 대상이 되지 않는 방도에 대해서도 다양하게 언급한다. 사실, 현실 정치를 떠올리며, 『군주론』에서 내가 가장 인상 깊게 읽었던 부분이 바로 이 부분이다. 나만의 독창적인 독해인 셈이다.

군주가 경멸의 대상이 되는 이유는 무엇인가? 이에 대해 마키아벨리는 "군주가 경멸당하는 것은 변덕스럽고 경박하고 유약하고 소심하며 우유부단한 인물로 여겨질 때"라고 말한다. 그의 답은 명확하다. 그것은 "배가 암초를 피해 가듯, 군주는 이를 경계해야 한다. 그는 자신의 행동 속에서 어떤 위엄·기백·무게감, 그리고 강력함이 감지되도록 노력해야 한다. 신민들 사이의 사적 거래에 영향을 미치는 사안에 관한 한 자신의 결정을 번복하는 일이 없어야 한다."는 것이다(마키아벨리 2014, 284).

이는 마키아벨리의 정치철학과 깊은 관련이 있다. 익히 알려져 있듯이 마키아벨리는 민주적 공화주의자였다. 민주적 공화주의자로서의 진면목은 그의 또 다른 대표작『티투스 리비우스의 로마사 첫 10권에 관한 강론』에 잘 나타나 있다.『군주론』이 피렌체의 군주, 로렌초 데 메디치에게 헌정했던 책이었던 만큼 공화주의적 성향을 간접적으로 드러냈다면,『강론』에서 마키아벨리는 민주적 공화주의의 이념과 가치를 좀 더 직접적으로 말하고, 좀 더 폭넓게 다룬다.

직접적이지는 않지만『군주론』에서도 마키아벨리의 민주적 공화주의자의 면면을 찾아볼 수 있다. 그는 "군주는 자신의 권력을 유지하기 위해 귀족보다는 민중과 더 친화적인 관계를 유지할 필요가 있다"고 말한다. 군주에게 최선의 요새는 민중으로부터 미움을 사지 않는 것이며, "민중이 당신을 미워한다면 어떠한 요새도 당신을 지켜 주지 못한다."고 지적하기도 한다.『군주론』은 곳곳에서 군주가 권력을 유지하기 위해 귀족보다는 민중과 더 친화적인 관계를 유지해야 하고, 민중을 기반으로 정치를 해야 한다고 강조한다. 그런 이유로 장 자크루소는『군주론』을 '공화주의자들의 책'이라고 평가했다.

이처럼 민중을 자신의 정치적 기반으로 삼을 때, 군주는 경멸의 대상이 될 수 있다는 점을 주의해야 한다. 마키아벨리는 "본성적으로 민중은 변덕스럽기 때문"이라고 말한다. 그는 "어떤 한 문제에 대해서 사람들을 설득하기는 쉬우나, 그렇게 해서 설득된 생각을 계속 유지하게 하는 일은 어렵다."고 지적한다(마키아벨리 2014, 175). 무려 5백 년 전에 마키아벨리는 민중을 정치적 기반으로 하는 군주, 민주주의 자들의 위험성을 간파했던 것이다.

군주가 경멸을 피하는 방법, 비르투 : 자신의 군대

그렇다면 마키아벨리가 『군주론』에서 군주가 민중을 정치적 기반으로 삼으면서도 경멸의 대상으로 전락하지 않기 위한 방도로 제시하는 것은 무엇일까? 그것은 "사람들이 더 이상 믿지 않을 경우 힘으로라도 그들이 믿게끔 질서를 부과하는 것이 필요하다."는 것이다. 그리고 그것은 군주가 자신의 군대로 무장하는 것을 의미한다. 마키아벨리는 『군주론』에서 민중의 변덕스러움, 설득된 생각을 계속 유지하게 만드는 것의 어려움, 힘으로라도 그들이 믿게끔 질서를 부과해야 하는 필요성을 강조하면서, 그렇게 하지 못해서 파멸한 지도자로 지롤라모 사보나롤라(Girolamo Savonarola)를 든다.

사보나롤라는 1494년부터 피렌체를 4년간 통치하면서 일반 시민도 국정에 참여할 수 있게 했던 대평의회를 제도화해 공화정을 열고, 부패와 사치를 근절하기 위해 개혁 정치를 폈던 사람이다. 그러나 기대감만 높였을 뿐 실제 변화가 그에 미치지 못하자 사람들의 불만은 높아졌고, 귀족들의 반격과 음모, 교황의 탄압이 효과를 발휘하게 되어 결국 사보나롤라는 참다못한 대중으로부터 버림받아 극심한 고문을 받고 화형에 처해졌다. 마키아벨리는 사보나롤라가 무장하지 않았기 때문에 자신을 믿지 않았던 사람들을 믿게 할 수도 없었고, 자신을 믿었던 사람들의 지지를 유지할 수 없었으며, 나아가 자신을 믿었던 사람들조차 더 이상 믿지 않게 되었을 때, 속수무책으로 자신이 만든 신질서와 함께 몰락했다고 평가했다.

『군주론』에서 가장 유명한 개념이 바로 군주의 두 가지 덕목인, '포르투나'(fortuna)와 '비르투'(virtu)인데, 군주가 외적으로 주어지는 '포르투나'에 의지하지 말고, 자기 자신의 '비르투'로 위기를 극복하라는 것이 바로 『군주론』의 핵심 메시지다. 포르투나가 '자기 밖의 운명적 힘'을 의미한다면, 비르투는 '자신의 의지와 능력'이다. 포르투나에 의해 권력을 잡는 것은 우연한 행운이나 타인의 도움으로 집권하는 것이고, 비르투에 의한 것은 자력, 즉 준비를 철저히 하고 의지를 단단히 한 뒤 상황의 변화에 맞게 강제력과 지략을 잘 써서 권력을 잡는 것이다.

마키아벨리는 포르투나의 힘은 절반을 넘지 못하며, 절반 이상은 비르투에 달려 있다고 역설한다. 비록 포르투나에 의해 집권했다 하더라도 비르투를 발휘해 새로운 권력을 안정시키는 일이 중요하다고 그는 강조한다. 마키아벨리는 위기가 닥쳤을 때 군주가 '포르투나'에 의지하지 말고, '비르투'로 위기를 극복하라고 이야기하면서 무엇보다 용병이 아니라 자신의 군대를 가져야 한다고 말한다.

『군주론』 제12~14장은 군주가 알아두어야 할 군사 업무에 대해 설명하는 데 할애된다. 마키아벨리는 "무력을 갖추지 못한 것이 당신에게 나쁜 결과를 초래하게 만드는 원인 가운데 하나는, 그 때문에 당신이 경멸받게 된다는 점에 있다. 군주는 경멸이라는 오명에 빠지지 않도록 항상 경계해야 한다."고 경고한다(마키아벨리 2014, 254).

그런데 『군주론』 제12~14장은 겉으로 보기에는 군주의 군사 업무에 대한 이야기 같지만, 곳곳에 민중의 조직화에 대한 이야기가 덧붙여져 있다. 마키아벨리는 좋은 정치는 좋은 법과 제도만으로는 실현될 수 없다고 보았다. 더욱 중요한 것은 물적 기반이 뒷받침되어야 하는데, 그 물적 기반이란 바로 좋은 군대요, 그 좋은 군대란 바로 자국의 민중으로 조직화된 군대를 의미했다. 마키아벨리는 일반 민중이 공동체를 지키는 일에서 소외된다면 그 어떤 군사적 승리도 정치적으로는 위험을 초래할 뿐이라고 지적했다. 민중을 참여시키는 것이 국가 안보를 튼튼히 하고 바람직한 공적 질서를 만들어 가는 가장 중요한 방법이라는 것이다. 따라서 마키아벨리에게 무력을 갖추지 못한 군주란 민중의 참여로 공동체를 지킬 수 없는 군주를 의미하며, 그런 군주는 결국 몰락하게 된다고 경고한다.

마키아벨리는 군주는 전쟁과 관련된 훈련을 늘 생각해야 하고, 평화 시에 더 많이 훈련해야 하며, '마음으로 하는 훈련'도 게을리 하지 않아야 한다고 지적했는데, 그것은 전시보다도 평화 시에 민중을 조직화하고 조직된 시민의 힘을 키워야 한다는 의미였다. 마키아벨리는 "현명한 군주라면 항상 이와 같이 행동해야 한다. 평화 시에도 태만해서는 안 된다. 역경에 처했을 때 활용할 수 있도록 그와 같은 방식을 부지런히 익혀야 한다. 그래서 운명의 여신(즉 포르투나)이 변심했을 때, 군주는 자신이 역경에 대처할 준비를 하고 있다는 것을 그녀가 알 수 있게 해야 한다."고 강조했다(마키아벨리 2014, 258).

2012년 대선에서 나타난 유권자 구도

마키아벨리는 비르투와 관련해 군대의 중요성을 여러 차례 강조했다. 그가 말하는 군대는 용병이 아니라 자기 나라의 민중에 의해 조직된 군대였다. 앞서도 말했지만 안토니오 그람시는 『옥중 수고』에서 '현대의 군주'란 '정당'이라고 했다. '현대의 군주'인 정당에게 비르투란 무엇일까? 그것은 당원이요, 지지자요, 시민이다. 마키아벨리의 조언을 지금 야당에 적용하자면, 그것은 정권 교체로 나아가기 위해 믿을 것은 정당을 강화하고, 정당 일체감을 갖는 유권자를 늘려 가는 것밖에 길이 없다는 것이다.

그런데 민주당은 왜 경멸의 대상이 되었을까? 나는 현재 민주당의 당원 구조가 자신의 지지 기반을 제대로 반영하지 못하기 때문이라고 생각한다. 다시 말해 지지 기반과 당원 구조가 일치하지 않아 민주당이 무시당한다고 생각한다. 이유를 알아보기 위해 먼저 지난 2012년 대선에서 나타난 유권자 구도부터 살펴보자.

지난 2012년 대선은 그야말로 '세대 전쟁'이었다. '50세 후반 이상 세대의 실버 혁명'이었다. 이것을 확인하려면, '5세 간격' 연령별 득표율을 살펴봐야 한다. '5세 간격' 득표율 표(방송3사 출구 조사 자료)를 살펴보면, 지난 대선에서 유권자가 연령별로 3분위로 뚜렷하게 나뉘었음을 알 수 있다. 각 분위 내에서는 오차 범위를 벗어나지 않는 거의 일치하는 투표 성향을 보였다.

1분위는 20~40대 초로 문재인이 압도적 우세(문재인·박근혜 득표율 : 66 대 34)였다. 2분위는 40대 후~50대 초로 박근혜가 다소 우세(문·박 득표율 : 46 대 54)였다. 3분위는 50대 후반 이후로 박근혜의 압도적

5세 간격 세대별 득표율 비교

2012년			2002년			변화(2002~2012년)	
연령대	문재인	박근혜	연령대	노무현	이회창	진보후보	보수후보
20대초	64.6	35.4					
20대후	68.0	32.0					
30대초	67.3	32.7	20대초	60.2	33.6	+7.1	-0.9
30대후	65.5	34.5	20대후	62.6	30.9	+2.9	+3.6
40대초	66.6	33.4	30대초	61.3	31.7	+5.3	+1.7
40대후	45.9	54.1	30대후	56.9	37.4	-11.0	+16.7
50대초	45.8	54.2	40대초	48.9	46.5	-3.1	+7.7
50대후	29.0	71.0	40대후	45.1	52.2	-16.1	+18.8
60대	29.2	70.8	50대	40.0	56.7	-10.8	+14.1
70세 ↑	25.8	74.2	60대	38.2	60.4	-12.4	+13.8

우세(문·박 득표율 : 28 대 72)였다. 결국 2012년 대선은 문재인을 압도적으로 지지한 1967년 이후 태어난 세대와, 박근혜를 더욱 압도적으로 지지한 1957년 이전에 태어난 세대의 대결이었다. 이런 세대 투표 성향은 2002년 대선에 비해 훨씬 강화되어 그야말로 '세대 전쟁'이라는 표현이 맞을 만한 선거였다.

재밌는 점은 같은 40대와 50대인데도, 40대 전반과 후반 사이에, 그리고 50대 전반과 후반 사이에 투표 성향의 차이를 보였다는 점이다. 문재인은 40대 전반까지 지지 기반을 넓혔지만 결국 박근혜가 50대 후반 이상에서 놀랍도록 압도적인 지지를 얻어 당선되었다. 이는 박근혜의 당선이 1957년 이전에 태어난 분들에 의한 '실버 혁명' 덕분임을 보여 준다.

그런데 2012년 대선 때 50대는 2002년 대선 때 40대였다. 위의 표는 이 점을 감안하여 만들었다. 따라서 이 표를 보면, 각 세대들이 지난 10년 동안 얼마나 보수화되고, 진보화되었는지 알 수 있다. 비교해 보면 대체로 대부분의 세대에서 박근혜 지지율이 높아졌고, 문재인 지지율이 낮아졌다. 나이가 들수록 보수화된 것이다. 그런데 예외적으로 문재인의 득표율이 높아진 세대가 있다. 바로 30대 초반에서 40대 초반까지의 세대인데, 이들에서 2012년 문재인은 2002년 노무현보다 각각 7.1%p, 2.9%p, 5.3%p씩 득표율이 높아졌다.

반면, 2012년 박근혜가 2002년 이회창에 비해 확연히 득표율을 높인 세대는 50대 후반과 40대 후반 세대였다. 다르게 표현하면 10년 사이에 가장 보수화된 세대가 바로 50대 후반과 40대 후반 세대였다. 흥미로운 점은 같은 40대인데도 40대 초반은 2002년 대선에 비해 진보화되었는데, 40대 후반은 확연히 보수화되었고, 같은 50대인데도 50대 초반의 보수화 정도는 미미한 데 반해, 50대 후반의 보수화 정도는 컸다. 왜일까?

먼저 왜 같은 40대인데도 1967년생을 기준으로 40대 전·후반의 투표 성향이 크게 다를까? 그것에 대한 한 가지 설명 방법은 1967년 이후에 태어난 사람들은 1997년 이후에 30세를 맞이했다는 것이다. 1997년은 우리나라에 IMF 외환 위기가 닥친 해다. IMF 경제 위기 전에 사회 진출을 마친 1966년생 이전 세대는 민주화를 이끌었지만 경제 호황기에 사회에 진출해 어렵지 않게 주류 사회에 편입될 수 있었다. 반면 1967년생 이후 세대는 민주화의 성과를 향유한 포스트-민주화 세대로서 자유주의적 성향이 강하면서도 사회 진출기에 IMF 경제 위기를 겪는 등 고단한 청춘을 보냈고, 지금도 삶이 별로 나아지지 않아 주류 사회에 대한 비판과 불만이 축적된 세대라고 할 수 있지 않을까?

그러면 왜 같은 50대인데도 1957년생을 기준으로 50대 전·후반도 확연히 다른 투표 성향을 보였을까? 이에 대해서는 좀 더 면밀한 연구가 필요하겠지만 재밌는 점은 1957년생은 1977년에 스무 살이 되었다는 점이다. 1977년은 한국의 일인당 국민소득이 1천 달러를 처음으로 넘었던 해였다. 후진국을 막 벗어난 해였다. 그리고 1979년 유신 시대는 종언을 고했다. 20대 청춘을 유신 시대와 함께 보냈는가가 '박정희에 대한 향수'와 '박근혜에 대한 매력'이 내재화되는 데 작용했을 수 있지 않았을까?

민주당은 왜 '호남당'을 넘지 못했을까?

이처럼 지난 2012년 대선의 유권자 구도는 세대 구도였고, 민주 진보 진영의 다수파는 20대에서 40대까지, 넓게 보면 50대 초반까지의 세대였다. 이들의 힘이 2017년 정권 교체의 원동력이 될 것이다. 그런데 문제는 현재 민주당은 정당 구조상 여전히 이들을 포용하지 못하고 있다. 다음 표는 2015년 1월 18일 기준으로 본 민주당의 권리 당원과 전국 대의원의 지역별 분포인데, 이런 문제점이 여실히 나타난다.

여기서 민주당의 권리 당원은 1년에 3회 이상 당비를 납부한 당원들이다. 그런데 권리 당원 중 호남에 거주하는 사람들은 전체의 55.5%이다. 여기에 호남에 거주하지 않지만 호남 출신인 사람들을

민주당 권리당원 현황

지역	권리당원		전국 대의원	
	인원	비율	인원	비율
서울	37,503	14.3%	3,606	24.5%
경기·인천	41,470	15.8%	4,047	27.5%
충청	18,856	7.2%	1,414	9.6%
호남	145,854	55.5%	2,311	15.7%
영남	8,678	3.3%	2,728	18.5%
제주·강원	10,250	3.9%	613	4.2%
합계	262,611	100.0%	14,719	100.0%

포함하면 권리 당원 중 호남 출신 비율은 80% 수준에 이를 것으로 분석된다. 그리고 민주당 권리 당원의 평균 연령은 58세다.

2012년 대선에서 나타난 유권자 구도를 보면 민주당의 주된 지지자들은 호남도 있었지만 20대에서 50대 초반까지의 젊은 세대였다. 그런데 민주당은 인적구조의 면에서 여전히 호남당이요, 고연령의 정당이다. 20년 전, 30년 전에 김대중에 의해 만들어진 정당 그대로인 것이다. 김대중 이후 민주당을 호남당이 아닌 전국 정당으로 만들기 위한 노력이 있었지만 민주당의 당원 구조는 크게 변하지 않았던 것이다.

선거에서 민주당을 지지하는 사람들과 민주당을 구성하고 있는 당원이 서로 다른 상황, 이것이 지금 민주당이 겪고 있는 위기의 본질이다. 유권자 구도는 변화되어 지역 구도보다 세대 구도가 좀 더 본질적이고, 젊은 세대가 민주당의 지지 기반인데, 정작 이들은 민주당의 당원으로 들어오지는 않고 있는 것이다. 이렇게 된 것은 2004년 지구당 폐지가 결정적인 원인이다. 지구당 폐지는 앞에서도 말했듯이, 이후 한국 민주주의의 지속적인 침체를 만들어 냈는데, 특히 민주당에게 불리하게 작용했다. 지구당을 없애면서 민주당의 기반은 사실상 무력화된 반면, 새누리당의 지지 기반은 관변 단체를 통해 유지되었기 때문이다.

지구당 폐지 이후 일선의 선거운동 모습도 판이하게 달라졌다. 새누리당은 여전히 조직 선거를 치른다. 조직이 만들어 내는 다양한 모임을 중심으로 선거운동을 진행한다. 반면 민주당은 일선 조직이 사실상 존재하지 않다 보니 바람 선거에 기댄다. 새누리당의 선거운동은 돈이 드는 반면 효율적이며 강력하고, 민주당의 선거운동은 돈은 적게 드는 반면 비효율적일 수밖에 없다.

지구당 폐지 이후 민주당은 지역 조직을 강화하려는 노력을 등한시했고, 당내 경선도 여론조사 경선을 활용하면서 당원을 정당 운영에서 배제하는 흐름이 계속되었다. 당원들과 호남 유권자들은 어차피 찍어 줄 사람들이라며 등한시한 것이다. 이것이 현재 민주당 위기의 본질, 민주당 분당의 근본 원인이다.

해결책은 민주당 당원의 확대, 특히 젊은 세대로 당원을 확대하는 것 외에는 답이 없다. 어떻게 가능할까? 한 가지 방법은 온라인과 소셜 미디어를 적극 활용하는 것이다. 소셜 미디어는 사람들을 불러 모을 만한 잠재력이 있다. 우리는 다양한 맥락에서 이 힘을 목격해 왔다. 만약 소셜 미디어를 활용하지 않았다면 버락 오바마는 대통령은 물론, 민주당의 대통령 후보가 되지 못했을 것이다. 2015년 영국에서 제레미 코빈(Jeremy Corbyn)이 노동당 당수가 되고, 2016년 미국 민주당 대통령 후보 경선에서 버니 샌더스(Bernie Sanders)가 돌풍을 일으키는 것도 마찬가지다. 이들은 소셜 미디어를 통해 젊은 세대들의 열기를 모아 낼 수 있었고, 부자들뿐만 아니라 평범한 시민들, 특히 젊은 세대에게 후원을 받을 수 있었다.

이처럼 온라인과 소셜 미디어 활용은 2040세대를 위한 전략이 될 수 있다. 1984년에 천리안통신이 처음으로 온라인으로 제공되었고, 인터넷 커뮤니티로 새로운 공론장이 보편화된 것이 1994년이다. 2016년 현재, 84학번은 만 50세, 94학번은 만 40세다. 이들이 2016년 10만 온라인 민주당 당원 가입의 주역들이다. 2016년 민주당이 구상 중인 '내 손 안의 민주주의'(Democracy in my hand)와 1백만 온라인 정당 가입 전략은 이들 세대를 대상으로 한 것이다. 10만 가입자들이 각 4명의 새로운 가입자를 만들어 이를 통해 50만 가입자로 확대되고, 다시 40만이 4명의 신규 가입자를 만들어서 160만 명의 가입자로 확대하는 구상인 것이다(임채원 2015).

그것이 좋은 효과를 거두려면 정책과 결합해야 하고, 갈등이라는 호랑이 등에 올라타는 수밖에 없다. 정당이 갈등을 지배해야 지지자들의 간절함과 결합할 수 있다. 그 방법에 대해서는 이 책의 제3장에서 자세히 살펴보았다. 그중 가장 인상적인 것은 프랭클린 루스벨트가 뉴딜 정책을 통해 40년 민주당 전성시대를 열었던 것이다. 당시 미국 민주당은 당 조직을 활용해 수백만 달러에 이르는 국가 재정을 시민들에게 분배했다. 그 결과 미국 가정의 거의 절반 정도가 뉴딜 프로그램 중 하나 이상의 지원을 받았으며, 시카고나 피츠버그 같은 도시의 민주당 조직은 정부 지원 예산의 분배를 통제하면서 수백만의 새로운 유권자를 등록시킬 수 있었다. 민주당의 새로운 지지자들은 대부분 실업 계층이었으며, 이들은 일자리나 긴급 구제 기금을 제공했던 정당 조직에 기꺼이 정치적 지지를 보냈다(크랜슨·긴스버그 2004).

새로운 세대와 낡은 진보(?)의 결합

2015년 영국 노동당에서 누구도 생각하지 못했던 제레미 코빈이 당수에 당선되어 주목을 받더니, 2016년에는 버니 샌더스가 돌풍을 일으켰다. 두 사람 모두 집권에 성공해서 실제적인 변화를 만들어 내기 전에 성급하게 평가하는 것은 시기상조이다. 그럼에도 불구하고 1980년대 신자유주의의 진원지였던 미국과 영국에서 나타난 샌더스와 코빈 현상을 살펴보면 흥미로운 지점이 있다. 그것은 돌풍을 일으킨 지지자들과 두 정치인이 겉으로 보기에 너무 다르다는 점이다.

코빈 현상도, 샌더스 현상도 그 주역은 20대와 30대의 젊은 세대다. 현실에서 희망을 찾을 수 없는 젊은 세대가 두 정치인들에게 돌풍을 몰아 준 주역이다. 생각해 보면, 젊은 세대가 지도자로 선호하는 정치인들은 대체로 젊고, 정치 경력이 짧고, 스마트하고, 멋있고, 비정치적 이미지가 강했던 사람들이었다. 존 F. 케네디, 빌 클린턴, 토니 블레어, 버락 오바마, 노무현, 안철수 등이 그랬다.

그런데 샌더스도 코빈도 다르다. 나이도 많고, 오랫동안 정치를 해 온 낡은 정치인이며, 그러면서도 진보의 신념을 올곧게 지켜 온 사람들이다. 1990년대 이후 유행한 '새로운 진보'의 관점에서 본다면 두 사람은 모두 철지난 '낡은 진보'를 상징하는 고리타분한 사람들이다.

한마디로 코빈 현상도, 샌더스 현상도 그 본질은 새로운 세대인

2030세대와 낡은 진보 정치인의 모순적인 결합이다. 이 이야기를 책의 말미에 하는 이유는『진보 세대가 지배한다』와 이번에 발간하는『정치의 귀환』의 핵심 요지가 그렇기 때문이다.

나는『진보 세대가 지배한다』에서 2040세대가 한국뿐만 아니라 다른 나라에서도 정치 변화의 주역이 될 수 있다고 분석했다. 그러나 현실은 그렇게 되지 않았고, 그에 대한 고민과 답을 이 책『정치의 귀환』에 담았다. 그리고 그것은 정치의 귀환, 민주주의 철학의 귀환, 정당정치의 귀환, 갈등을 회피하지 않고 적극적으로 대변하는 야당의 모습이었다. 안타깝게도 결코 새로울 것이 없는 것들이다. 1990년대 이후 유행한 '새로운 진보'의 관점에서 본다면 이 책의 주장은 고리타분하고 철지난 '낡은 진보'의 시대착오적 주장일 수도 있다. 하지만 나는 새로운 시대를 열 수 있는 답은 역설적으로 그 '낡음'에 있다고 생각한다. 특히 젊은 세대의 고통을 극복하는 길은 바로 그 '낡음'에 있는 것이다.

민주주의는 그 역사가 무려 2천5백 년이나 된 낡은 사상이요, 낡은 제도다. 그러나 현재 한국 사회와 전 세계가 앓고 있는 불평등의 문제를 해결할 수 있는 유일한 해답은 무려 2천5백 년이 된 이 낡은 사상이자 제도인 민주주의의 실현에 있다고 나는 생각한다.

마키아벨리에게 진보 집권을 묻다

민주주의란 본질적으로 '인민주권', 즉 민중이 지배하는 정치형태를 의미한다. 민주주의란 본질적으로 민중의 '권력에의 참여'와 민중에 의한 '국가 통제'를 함께 포함한다. 따라서 민주주의가 지향하는 이상적인 시민의 모습은 자유롭고 평등한 개인, 공동체 문제에 적극적인 참여자, 나아가 도덕적 자기 결정과 정치적 선택의 능력을 갖춘 주권자에 있다. 그리고 이들이 정치에 참여하는 것은 어떤 수준이든 '권력의지'가 전제되어 있다. 즉, 자신의 참여로 세상을 바꾸겠다는 권력의지가 있어야만 시민들은 정치에 참여하고 그 힘으로 세상을 바꾸는 것이다. 민주당은 이런 시민들의 힘을 모아내야 한다.

마키아벨리는『군주론』에서 신생 군주국의 군주, 개혁자는 위험에 처할 수밖에 없다면서 이렇게 말한다.

"새로운 체제를 건설하는 사람들은 자신의 일을 추진하는 과정에서 큰 어려움을 겪게 된다. 위험은 늘 따라다니게 마련이고 최선의 해결책은 자기 자신의 비르투로 극복하는 것이다. 하지만 위험을 극복하고 자신의 성공을 시기하는 자들을 섬멸함으로써 존경을 받게 되면, 그들은 강력하고 확고하며 존중받는 성공한 지도자로 남게 된다"(마키아벨리 2014, 175-176).

또한 마키아벨리는 "의심의 여지없이 군주는 자신에게 닥친 어려움과 자신이 직면한 반대를 극복할 때 위대해진다."면서 다음과 같이 강조한다.

"이런 이유로 운명의 여신은, 다른 경우에도 그렇지만 특히나 세습 군주보다 더 큰 명성을 필요로 하는 신생 군주를 위대하게 만들고자 할 때, 그를 위해 적을 만들어 내고 이들로 하여금 신생 군주를 공격하게 한다. 그렇게 해서 그 신생 군주가 적대 세력을 극복할 기회를 만들어 주고, 그 적대 세력을 사다리 삼아 더 높이 올라가게 해준다. 따라서 많은 사람들은 다음과 같이 판단한다. 현명한 군주라면 그런 기회가 주어질 경우, 자신을 향한 적대감을 교묘하게 조장하고 이를 극복함으로써 자신의 위대함을 증대시키는 결과를 성취한다"(마키아벨리 2014, 306).

| 참고문헌 |

갈봉근. 1975.『유신헌법 해설』. 광명출판사.

강원택. 2011. "한국에서 정치 균열 구조의 역사적 기원 : 립셋-록칸 모델의 적용."『한국과 국제정치』제27권 제3호.

곽준혁. 2013.『지배와 비지배 : 마키아벨리 '군주' 읽기』. 민음사.

권혁범. 2004.『국민으로부터의 탈퇴』. 삼인.

김대중. 2010.『김대중 자서전』(김택근 정리). 삼인.

김욱. 2015.『아주 낯선 상식』. 개마고원.

김효전. 2012. "카를 슈미트의 생애와 정치적인 것의 개념"(옮긴이 해설). 카를 슈미트.『정치적인 것의 개념』(김효전·정태호 옮김). 살림.

나종석. 2012. "문제적 정치철학자 카를 슈미트, 어떻게 볼 것인가"(옮긴이 해제). 카를 슈미트.『현대 의회주의의 정신사적 상황』(나종석 옮김). 길.

남덕우. 2009.『경제개발의 길목에서』. 삼성경제연구소.

노무현. 2010.『운명이다』(유시민 정리). 돌베개.

단테, 알리기에리. 2013.『신곡, 지옥 편』(박상진 옮김). 민음사.

달, 로버트. 1989.『민주주의와 그 비판자들』(조기제 옮김). 문학과 지성사.

레이코프, 조지. 2004.『코끼리를 생각하지 마』(유나영 옮김). 삼인.

마넹, 버나드. 2004.『선거는 민주적인가』(곽준혁 옮김). 후마니타스.

마이어, 피터. 2011.『정당과 정당체계의 변화(Party System change)』(김일영·이정진·함규진 옮김). 오름.

마키아벨리, 니콜로. 2011.『군주론』(박상섭 옮김). 서울대학교출판문화원.

_____. 2014.『군주론』(박상훈 옮김). 후마니타스

맥심지, 조지. 2010.『위대한 정치의 조건』(정미나 옮김). 21세기북스.

무페, 샹탈. 2007.『정치적인 것의 귀환』(이보경 옮김). 후마니타스.

문재인. 2011.『문재인의 운명』. 가교출판.

_____. 2013.『1219 끝이 시작이다』. 바다출판사.

민병두·이진복 등. 2015.『새로운 진보 정치』. 메디치.

민주당 대선평가위원회. 2013.『새로운 출발을 위한 성찰, 제18대 대선평가보고

서와 자료』.

밀, 존 스튜어트. 2005. 『자유론』(서병훈 옮김). 책세상.

바텔스, 래리 M. 2012. 『불평등 민주주의 : 자유에 가려진 진실』(위선주 옮김). 21세기북스.

박노자. 2012. 『당신을 위한 국가는 없다』. 한겨레출판.

박상훈. 2009. 『만들어진 현실』. 후마니타스.

_____. 2011. 『정치의 발견』. 폴리테이아.

_____. 2013. 『민주주의의 재발견』. 후마니타스.

_____. 2015. 『정당의 발견』. 후마니타스

박정희. 1962. 『우리 민족의 나아갈 길』 동아출판사

박찬표. 2010. 『한국의 48년 체제』. 후마니타스.

베버, 막스. 2011. 『소명으로서의 정치』(박상훈 옮김). 폴리테이아.

사르토리, 지오반니. 1986. 『현대정당론(Parties and Party System)』(어수영 옮김). 동녘.

샌델, 마이클. 2010. 『정의란 무엇인가(Justice : what's the right thing to do)』 (이창신 옮김). 김영사.

샤츠슈나이더, E. 2008. 『절반의 인민주권(The Semisovereign People)』(현재호·박수형 옮김). 후마니타스.

슈미트, 카를. 2010. 『정치신학: 주권론에 관한 네 개의 장』(김항 옮김). 그린비.

_____. 2012a. 『정치적인 것의 개념』(김효전·정태호 옮김). 살림.

_____. 2012b. 『현대 의회주의의 정신사적 상황』(나종석 옮김). 길.

알레시나, 알베르토 & 에드워드 글레이저. 2012. 『복지국가의 정치학(Fighting Poverty in the US and Europe)』(전용범 옮김). 생각의 힘.

에마뉴엘, 람 & 브루스 리드. 2008. 『더 플랜』(안병진 옮김). 리북.

웨스턴, 드루. 2007. 『감성의 정치학』(뉴스위크 한국판 옮김). 뉴스위크 한국판.

윌슨, 에드워드. 2013. 『지구의 정복자』(이한음 옮김). 사이언스북스.

유시민. 2011. 『국가란 무엇인가』. 돌베개.

유용민. 2015. 『경합적 민주주의』. 커뮤니케이션북스.

유창오. 2011. 『진보 세대가 지배한다』. 폴리테이아.

이헌재. 2012. 『위기를 쏘다』. 중앙북스.

임채원. 2015. 『소득불평등 완화를 위한 포용경제의 세계적 동향과 전망』. 민주

정책연구원(연구용역보고서).

전인권. 2006. 『박정희 평전』. 이학사.

중앙일보 특별취재팀. 1998. 『실록 박정희: 한 권으로 읽는 제3공화국』. 중앙M&B.

참여정부 국정운영백서 편찬위원회. 2008. 『참여정부 국정운영백서』. 국정홍보처.

최장집. 2010. 『민주화 이후의 민주주의』. 후마니타스.

최준영. 2007. "공화당의 남벌(南伐)전략과 남부의 정치적 변화." 『신아세아』 14권 3호(2007년 가을).

최형익. 2008. "입헌독재론: 칼 슈미트의 주권적 독재와 한국의 유신헌법." 『한국정치연구』 제17집 제1호.

크랜슨, 매튜 A. & 밴저민 긴스버스. 2013. 『다운사이징 데모크라시』(서복경 옮김). 후마니타스.

크루그먼, 폴. 2003. 『대폭로』(송철복 옮김). 세종연구소.

_____. 2008. 『미래를 말하다(the Conscience of a Liberal)』(예상한 외 옮김). 현대경제연구원북스.

페팃, 필립. 2012. 『신공화주의: 비지배 자유와 공화주의 정부』(곽준혁 옮김). 나남.

하이트, 조너선. 2014. 『바른 마음』(왕수민 옮김). 웅진 지식하우스.

한상진·최종숙. 2014. 『정치는 감동이다』. 메디치.

허시먼, 맬버트. 2010. 『보수는 어떻게 지배하는가』(이근영 옮김). 웅진 지식하우스.

Alberto Alesina, Edward Glaeser, and Bruce Sacerdote. 2001. "Why Doesn't the United States Have a European-Style Welfare State?" Brookings Paper on Economics Activity(Fall).

Lipset, S. M. and Stein Rokkan. 1967. "Cleavage Structures, Party Systems and Voter Alignments : An Introduction." Lipset and Rokkan eds. *Party Systems and Voter Alignments*. New York: Free Press.

Sartori, Giovanni. 1990. "The Sociology of Parties : A Critical Review." Peter Mair ed. *The West European Party System*. Oxford University Press.

Schattschneider, E. E. 1942. *Party Government*. Rinehart &Company INC.